Waltraud Cornelißen · Katrin Fox (Hrsg.)

Studieren mit Kind

Schriften des Deutschen Jugendinstituts: Gender

Das Deutsche Jugendinstitut e. V. (DJI) ist ein zentrales sozialwissenschaftliches Forschungsinstitut auf Bundesebene mit den Abteilungen „Kinder und Kinderbetreuung", „Jugend und Jugendhilfe", „Familie und Familienpolitik", „Zentrum für Dauerbeobachtung und Methoden", dem Forschungsschwerpunkt „Übergänge in Arbeit" sowie den Forschungsgruppen „Gender und Lebensplanung" und „Migration, Integration und interethnisches Zusammenleben". Es führt sowohl eigene Forschungsvorhaben als auch Auftragsforschungsprojekte durch. Die Finanzierung erfolgt überwiegend aus Mitteln des Bundesministeriums für Familie, Senioren, Frauen und Jugend und im Rahmen von Projektförderung aus Mitteln des Bundesministeriums für Bildung und Forschung. Weitere Zuwendungen erhält das DJI von den Bundesländern und Institutionen der Wissenschaftsförderung.

Waltraud Cornelißen
Katrin Fox (Hrsg.)

Studieren mit Kind

Die Vereinbarkeit von Studium
und Elternschaft:
Lebenssituationen, Maßnahmen
und Handlungsperspektiven

VS VERLAG FÜR SOZIALWISSENSCHAFTEN

Bibliografische Information Der Deutschen Nationalbibliothek
Die Deutsche Nationalbibliothek verzeichnet diese Publikation in der
Deutschen Nationalbibliografie; detaillierte bibliografische Daten sind im Internet über
<http://dnb.d-nb.de> abrufbar.

1. Auflage Juni 2007

Lektorat: Stefanie Laux

Der VS Verlag für Sozialwissenschaften ist ein Unternehmen von Springer Science+Business Media.
www.vs-verlag.de

Umschlaggestaltung: KünkelLopka Medienentwicklung, Heidelberg
Umschlagfoto: © Jan Roeder
Gedruckt auf säurefreiem und chlorfrei gebleichtem Papier

ISBN 978-3-531-15493-0

Inhalt

Einleitung

Waltraud Cornelißen, Katrin Fox

Angesichts der geringen Geburtenrate insbesondere von Akademikerinnen wird neuerdings die Frage aufgeworfen, ob Frauen mit hohen Bildungsaspirationen eine Familiengründung nicht schon während des Studiums planen sollten. Gelegentlich wird sogar behauptet, das Studium stelle für junge beruflich ambitionierte Frauen mit Kinderwunsch die beste Phase für eine solche Entscheidung dar. Auch der 7. Familienbericht lässt sich so verstehen. Der These muss ernsthaft nachgegangen werden, denn die Geburtenrate unter Akademikerinnen und Akademikern ist anhaltend niedrig, der Kinderwunsch bei jungen Männern und Frauen (auch solchen mit Abitur) ist aber sehr verbreitet[1]. Viele schieben die Realisierung ihrer Kinderwünsche so lange hinaus, bis deren Umsetzung biologisch nicht mehr möglich ist oder bis sich die Paarkonzepte so verändert haben, dass sie mit einem Kind nicht mehr vereinbar scheinen. Besonders ausgeprägt ist dieses Phänomen bei Akademikerinnen, die eine wissenschaftliche Laufbahn einschlagen (Auferkorte-Michaelis u. a. 2005).

Die Situation von Studierenden und jungen Akademikerinnen und Akademikern mit Kind oder mit Kinderwunsch in den Blick zu nehmen, ist umso wichtiger, als sich die Bildungs- und Ausbildungszeiten seit Jahrzehnten verlängern. Ob sich dieser Trend mit der Modularisierung des Studiums in Bachelor- und Masterstudiengänge umkehren lässt und damit das Zeitfenster für die Familiengründung nach dem Studium wieder weiter wird, wird sich erst noch zeigen. Der Anteil derjenigen, die studieren, ist seit 1980 ganz erheblich gestiegen. Dies gilt ganz besonders bei den jungen Frauen. Die Studienanfängerquote von Frauen lag 1980 noch deutlich unter 20 Prozent. Sie erreicht inzwischen, wie die der Männer fast 40 Prozent und könnte in Zukunft noch zunehmen (Konsortium Bildungsberichterstattung 2006: 106).

---

1 Von den 24- bis 29-jährigen Frauen mit Fach- bzw. Hochschulreife hatten 2003 20 % ein Kind, weitere 68 % wünschten sich ein Kind. Insgesamt zeigen sich damit 88 % der Altersgruppe an einem Leben mit Kind orientiert. Unter den gleichaltrigen Männern mit höherem Bildungsabschluss sind dies 86 % (Cornelißen 2006: 144).

Eine bessere Vereinbarkeit von Studium und Kindern könnte also einem steigenden Anteil der jungen Generation helfen, eigene Lebenspläne zu realisieren. In diesem Zusammenhang stellt sich allerdings die Frage, wie groß das Interesse an einem Studieren mit Kind heute tatsächlich ist, wie groß der Bedarf an Vereinbarkeitslösungen werden könnte und wie sich Kommunen und Hochschulen auf diese Situation einstellen.

Bisher haben Studierende ihre Kinder häufig schon vor dem Studium bekommen oder Studentinnen sind während des Studiums *ungeplant* schwanger geworden. 2002 konnten sich nur 2 % der Studierenden vorstellen, während des Studiums ein Kind zu bekommen (Middendorff 2003: 15 sowie in diesem Sammelband). Studierende ohne Kinder schätzen die Rahmenbedingungen an den Hochschulen für eine Vereinbarkeit von Elternschaft und Studium noch ungünstiger ein als die studierenden Eltern selbst (Middendorff 2004: 142 sowie in diesem Sammelband). Die insgesamt vorherrschende Sorge, ein Kind sei nur schwer mit einem Studium und dem anschließend gewünschten Berufseinstieg zu vereinbaren, könnte sich ändern, wenn die Rahmenbedingungen für eine aktive Elternschaft während des Studiums verbessert würden.

Unter dem Blickwinkel der Geschlechtergerechtigkeit ist auch zu fragen, wie die Praxis der Studierenden mit Kind aussieht: Wird die Vereinbarung von Studium und Elternschaft von beiden Elternteilen getragen oder werden sich letztlich vor allem die Studienzeiten der Mütter verlängern und insbesondere deren Studienabschlüsse durch Elternschaft gefährdet.

Die Konzeption des Sammelbandes erfolgt in Anlehnung an einen Workshop, der im November 2006 zusammen mit der Frauenbeauftragten der Universität Heidelberg, Agnes Speck, in Heidelberg durchgeführt wurde.

Im *ersten* Teil werden Beiträge zusammengestellt, die die Lebenssituation und die Lebensentwürfe junger Frauen und Männer darstellen. Die Beiträge sind so angeordnet, dass sie die LeserInnen zunächst allgemein in die Lebensentwürfe junger Frauen und Männer einführen (Beitrag von Sabine Sardei-Biermann) und dann die Lebenssituation von Studierenden mit und ohne Kind genauer in den Blick nehmen (Elke Middendorff; Helfferich/ Hendel-Kramer/ Wehner). Kathrin Dressel betrachtet (überlebte?) Normalitätsvorstellungen und institutionelle Rahmenbedingungen, die bisher dazu führen, dass Studierende in Deutschland nur selten eine Familie gründen. Kurt Starke beschreibt die Vereinbarkeit von Studium und Familie in der DDR und der Beitrag von Sibylla Flügge liefert eine juristisch fundierte Beschreibung der aktuellen finanziellen und rechtlichen Rahmenbedingungen des Studierens mit Kind.

Im *zweiten* Teil folgen exemplarische Berichte von einzelnen Hochschulen, über Maßnahmen zur Verbesserung der Situation studierender Eltern. Ines Müller informiert über Angebote und Vorhaben in Gießen, Sabine Franke berichtet von Entwicklungen an der Universität Bamberg, Agnes Speck über Projektmaßnahmen an der Universität Heidelberg und Beate Mittring von den Aktivitäten für Studierende mit Kind in München. Der Teil schließt mit einem Beitrag von Christine Bald ab, die über das Auditierungsverfahren der Hertie-Stiftung berichtet, in dem Hochschulen als familienfreundlich zertifiziert werden.

Diese Beiträge können nur *stellvertretend* für Berichte von Initiativen an Hochschulen stehen. An vielen Orten herrscht gegenwärtig nämlich eine regelrechte Aufbruchstimmung, was die Verbesserung von Rahmenbedingungen für Elternschaft und Studium betrifft. Oft gehen der veränderten Hochschulpolitik Bedarfsanalysen voraus[2].

Dem zweiten Teil des Sammelbandes ist ein *Exkurs* angefügt, in dem drei studierende Mütter unterschiedlicher Universitäten und Bundesländer ihre Situation und ihre Probleme schildern (Julia Bäumer, Marita Gottwald und Michaela Mertens). Uns schien es wichtig, dass die Problematik des Studierens mit Kind auch aus der Perspektive der Betroffenen und ihrer alltäglichen Lebensführung beleuchtet wird.

Im *dritten* Teil werden Resultate des Workshops in Heidelberg und anschließende Überlegungen zusammengetragen. Dabei geht es einerseits um den Handlungsbedarf an den Hochschulen und andererseits um den Forschungsbedarf in einem institutionellen Kontext, der sich derzeit aus verschiedenen Gründen in einem raschen Umbruch befindet.

---

2 Dies wurde auch auf einer Veranstaltung des Zentrums für interdisziplinäre Frauen- und Geschlechterforschung (ZFG) an der Universität Oldenburg im Februar 2007 deutlich. Dort berichteten Petra Schmalz und Juliane Pegel Ergebnisse aus einer Studie zu den Erfahrungen und Bedürfnissen studierender Eltern in Oldenburg. Jenny Kurtz berichtete von empirischen Befunden und praktischen Erfahrungen von Eltern an der Humboldt Universität Berlin. Inzwischen geht es bei der Diskussion um Kinderbetreuung an Hochschulen auch längst nicht mehr nur um den notwendigen Umfang der Betreuung, sondern auch um pädagogische Konzepte der Kleinkindbetreuung und um Kooperationen von Hochschule und Kommunen. Dies machte in Oldenburg eine Diskussion mit Anna Müller (Flummi e. V. Hochschule Bremen), Hannah Wadenpohl (Modellkrippe der HAWK Hildesheim) und Heike Bathke (Universität Oldenburg) deutlich, die die Vor- und Nachteile unterschiedlicher Betreuungsangebote diskutierten.

Literatur

Auferkorte-Michaelis, Nicole/ Metz-Göckel, Sigrid/ Wergen, Jutta/ Klein, Anette (2005): Junge Elternschaft und Wissenschaftskarriere. Wie kinderfreundlich sind Wissenschaft und Universitäten?, In: Zeitschrift für Frauenforschung & Geschlechterstudien Heft 3/ 2005: 14-23

Cornelißen, Waltraud (2006): Kinderwunsch und Kinderlosigkeit im Modernisierungsprozess. In: Berger, Peter A./ Kahlert, Heike (Hrsg.): Der demographische Wandel. Chancen für die Neuordnung der Geschlechterverhältnisse. Frankfurt/ Main, New York: 137-163

Konsortium Bildungsberichterstattung (Hrsg.): Bildung in Deutschland. Ein indikatorgestützter Bericht mit einer Analyse zu Bildung und Migration. Berlin

Teil 1:

Lebenssituation und Lebensentwürfe von Studierenden und die gesetzlichen Rahmenbedingungen für die Existenzsicherung von Studierenden mit Kind(ern)

Familien- und berufsbezogene Orientierungen von Studierenden und anderen jungen Erwachsenen

Sabine Sardei-Biermann

Im Zuge von Modernisierungsprozessen haben normative Vorgaben für die Gestaltung des eigenen Lebens und dessen Verlauf an Relevanz verloren und individuelle Optionsmöglichkeiten erheblich zugenommen. Insbesondere für Frauen ist eine größere Vielfalt an Lebensentwürfen jenseits der herkömmlichen „Familienbiographie" entstanden (vgl. z. B. Keddi/ Pfeil/ Strehmel/ Wittmann 1999). Erwerbstätigkeit ist inzwischen zu einem selbstverständlichen Teil des Lebens von Frauen geworden. Auch wenn es im Kontext dieser Entwicklungen Angleichungstendenzen in den Lebenschancen von Frauen und Männern gegeben hat und im allgemeinen Bildungsbereich die jungen Frauen die jungen Männer bereits „überholt" haben, haben herkömmliche Geschlechterprofile ihre Wirkung noch nicht verloren. Dies gilt selbst für die Gruppe der Hochqualifizierten, obwohl moderne Lebensvorstellungen und egalitäre Rollenvorstellungen mit zunehmendem Bildungsniveau verstärkt vertreten werden (Gille 2006; Schulz/ Blossfeld 2006; Blohm 2006). Vor diesem Hintergrund soll in diesem Beitrag gefragt werden, welche Lebensentwürfe im Hinblick auf Familie und Beruf die Generation der gegenwärtig Studierenden verfolgt. Lassen sich dabei Anzeichen dafür finden, dass Studierende „modernere", weniger traditionelle Lebenskonzepte vertreten als andere junge Erwachsene, die nicht studieren bzw. studiert haben? Kommen herkömmliche Geschlechterprofile bei beiden Gruppen in gleicher Weise zum Ausdruck oder sind solche Geschlechterdifferenzen bei Studierenden weniger ausgeprägt? Lassen sich Belege dafür finden, dass weniger traditionelle Lebenskonzepte mit mehr Geschlechtergleichheit in den Einstellungen und Orientierungen verbunden sind? Diese Fragestellungen werden im Folgenden anhand der Daten des DJI-Jugendsurvey analysiert.

1   Die Datenbasis: der DJI-Jugendsurvey

Der Jugendsurvey des Deutschen Jugendinstituts (DJI) ist eine repräsentative Studie bei Jugendlichen und jungen Erwachsenen und Teil der replikativen Forschungsvorhaben im Rahmen der Sozialberichterstattung des DJI.[1] In den ersten beiden Erhebungswellen (1992 und 1997) wurden jeweils ca. 7.000 16- bis 29-Jährige mit deutscher Nationalität befragt (vgl. Hoffmann-Lange 1995; Gille/ Krüger 2000); die dritte Erhebungswelle von 2003 basiert auf Interviews mit ca. 9.000 in Privathaushalten wohnenden 12- bis 29-Jährigen in Deutschland; dabei wurden nicht nur deutsche, sondern auch ausländische Jugendliche und junge Erwachsene einbezogen (Gille/ Sardei-Biermann/ Gaiser/ de Rijke 2006). Die Befragungen fanden jeweils mündlich (face-to-face) statt. Die Themenbereiche des DJI-Jugendsurvey sind Lebensverhältnisse und -vorstellungen, Werte, gesellschaftliche und politische Einstellungen und Beteiligung. Aufgrund der replikativen Anlage gibt es für viele Fragestellungen Vergleichsdaten von zwei, häufig auch drei Untersuchungszeitpunkten und damit die Möglichkeit, sozialen Wandel zu untersuchen.

Mit den Daten des DJI-Jugendsurvey lassen sich Studierende und andere junge Erwachsene, die nicht studieren oder studiert haben, bis zum Alter von 29 Jahren miteinander vergleichen. Um die Altersverteilung in beiden Gruppen möglichst ähnlich zu halten, wurde die untere Altersgrenze bei 20 Jahren festgesetzt.[2] Basis der im Folgenden dargestellten Analysen sind damit die ca. 4.100 20- bis 29-Jährigen, die zu *703 Studierende* sind und zu *3.162 andere junge Erwachsene, die nicht studieren oder studiert haben*; die Gruppe der jungen Erwachsenen, die bereits einen Hochschulabschluss hat und nicht mehr studiert (N=209), wird im Weiteren nicht berücksichtigt, weil sie sich in ihren Orientierungen teilweise von den Studierenden unterscheidet und zahlenmäßig

---

1   Projekthomepage des DJI-Jugendsurvey, verfügbar unter: www.dji.de/jugendsurvey
    Der DJI-Jugendsurvey wurde vom Bundesministerium für Familie, Senioren, Frauen und Jugend im Rahmen der Finanzierung des DJI gefördert.
2   Unter den 18- bis 19-Jährigen gibt es einen sehr viel geringeren Anteil an Studierenden als in den höheren Altersjahrgängen.

zu wenig vertreten ist.[3] Die 20- bis 29-jährigen Studierenden sind durchschnittlich ein halbes Jahr jünger als die anderen jungen Erwachsenen, so dass
Alterseffekte bei dem Vergleich der beiden Gruppen kaum eine Rolle spielen
können.

2   Lebensformen und -bedingungen

Relevante Bedingungsfaktoren familien- und berufsbezogener Orientierungen
junger Erwachsener sind u. a. ihre privaten Lebensformen; bei der Gruppe der
anderen jungen Erwachsenen sind auch das Bildungsniveau und die Erwerbsbeteiligung von Bedeutung. Einen Überblick über die privaten Lebensformen der
20- bis 29-jährigen Studierenden und anderen jungen Erwachsenen vermittelt
Abbildung 1.

Etwa ein Drittel der jungen Erwachsenen lebt bei den Eltern; in beiden
Gruppen gilt dies für die jungen Männer häufiger als für die jungen Frauen; der
Unterschied zwischen den Geschlechtern ist aber bei den Studierenden viel geringer als bei den anderen jungen Erwachsenen. Auch das Alleinleben ist in
beiden Gruppen mit gut einem Fünftel nicht selten. Ebenfalls etwa ein Fünftel
lebt mit einem Partner bzw. einer Partnerin ohne Kind zusammen. Während
Studentinnen und Studenten etwa gleich häufig allein bzw. in einer partnerschaftlichen Lebensform ohne Kind leben, sind es in der Gruppe der anderen
jungen Erwachsenen die jungen Frauen, die seltener als die jungen Männer allein
und häufiger mit einem Partner ohne Kind leben. Eine familiale Lebensform mit
Kindern ist bei Studierenden ziemlich selten, bei den anderen jungen Erwachsenen mit insgesamt fast einem Fünftel aber keine Ausnahme. Bei Letzteren sind
die geschlechtsspezifischen Unterschiede in den Anteilswerten dieser Lebensform besonders ausgeprägt: gut ein Viertel der jungen Frauen, aber nur etwa ein
Zehntel der jungen Männer lebt mit eigener Familie. Ein Zusammenleben mit
anderen Personen, z. B. in einer Wohngemeinschaft, ist bei Studierenden mit
etwas weniger als einem Fünftel (17 %) etwa dreimal so häufig wie bei anderen

---

3 Bei den im Folgenden dargestellten Auswertungen werden – wie auch bei allen sonstigen
  Veröffentlichungen der Projektgruppe des Jugendsurvey im DJI – zwei Gewichtungsfaktoren ver-
  wendet: (1) ein Designgewicht zum Ausgleich der disproportionalen Stichprobe, denn Befragte in
  Ostdeutschland wurden bei der Erhebung zu einem größeren Anteil einbezogen als es ihrem Be-
  völkerungsanteil entspricht; diese Stichprobenanlage wurde gewählt, um auch für Ostdeutschland
  genügend differenzierte Analysen zu ermöglichen; und (2) ein Altersgewicht, da in der Stichprobe
  jüngere Altersjahrgänge überrepräsentiert waren, was sich wahrscheinlich aus der besseren Er-
  reichbarkeit ergibt (vgl. de Rijke 2006).

jungen Erwachsenen, in beiden Gruppen etwas häufiger bei den jungen Frauen. Insgesamt sind die Geschlechterdifferenzen in den Lebensformen bei den Studierenden viel geringer als bei der Vergleichsgruppe. Bei den anderen jungen Erwachsenen sind es die jungen Frauen, die viel häufiger als die jungen Männer in partnerschaftlichen oder familialen Lebensformen leben und damit Familienbildungsprozesse viel früher vollziehen; sie sind auch viel häufiger bereits verheiratet (31 % zu 13 %).

Abbildung 1:   Private Lebensformen Studierender und anderer junger Erwachsener (in Prozent)

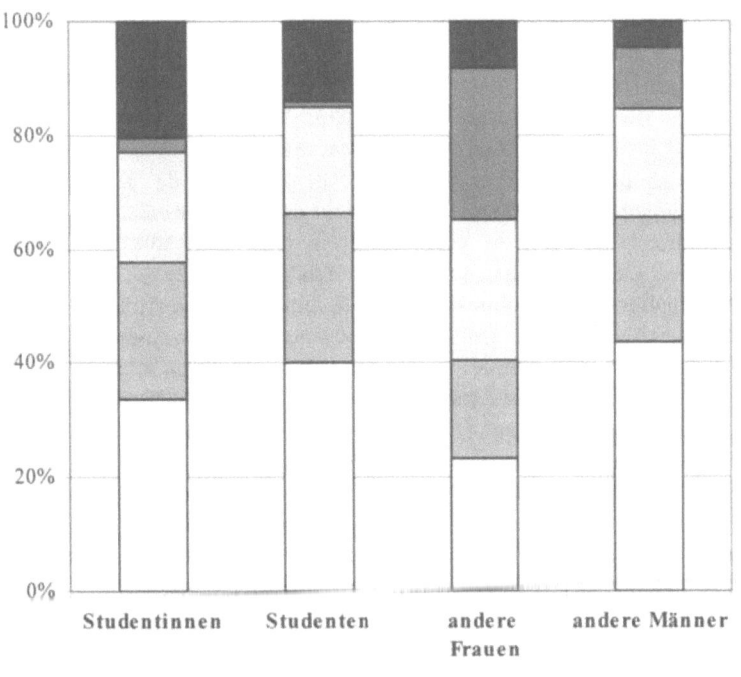

Quelle: DJI-Jugendsurvey 2003

In der Gruppe der anderen jungen Erwachsenen haben fast ein Viertel die Fachhochschul- bzw. Hochschulreife und etwas weniger als die Hälfte (46 %) die Mittlere Reife. Die Hälfte der jungen Frauen ist erwerbstätig, 14 % sind noch in Ausbildung, ein Zehntel ist arbeitslos und ein gutes Viertel ist nicht oder kaum erwerbstätig; letztere haben ganz überwiegend Kinder zu betreuen bzw. sind in Elternzeit. Von den jungen Männern sind etwas weniger als zwei Drittel (63 %) erwerbstätig, 16 % sind noch in Ausbildung, 15 % sind arbeitslos und einige Prozent (6 %) nicht oder kaum erwerbstätig.

3   Einschätzungen im Hinblick auf Familie und Beruf

Die Daten des DJI-Jugendsurvey ermöglichen es, die Wichtigkeit familien- und berufsbezogener Lebensbereiche in der Sicht der jungen Erwachsenen, Aspekte ihrer Lebensentwürfe und Zukunftsvorstellungen, ihre normativen Rollenorientierungen im Hinblick auf die Arbeitsteilung zwischen Familie und Beruf und ihre Einschätzungen von Merkmalen des Berufs sowie der Gleichstellung von Frauen und Männern im Berufsleben zu untersuchen. Dies wird im Folgenden dargestellt.

3.1 Wichtigkeit von Lebensbereichen

Wie wichtig sind jungen Erwachsenen im Alter von 20 bis 29 Jahren Beruf und Arbeit, Partnerschaft und eine eigene Familie mit Kindern? Gibt es dabei Geschlechterdifferenzen? Beruf und Arbeit sowie eine Partnerschaft haben für Studierende und andere junge Erwachsene eine sehr hohe Bedeutung; um 90 % mit geringen Schwankungen halten diese Lebensbereiche für sich persönlich für wichtig. Geschlechterdifferenzen sind dabei gering; weder ist den jungen Männern der Beruf wesentlich wichtiger als den jungen Frauen noch wird eine Partnerschaft von den jungen Frauen für viel wichtiger gehalten als von den jungen Männern (vgl. Abbildung 2). Wie zu erwarten geben die Studierenden oder anderen jungen Erwachsenen, die einen festen Partner bzw. eine feste Partnerin haben, einer Partnerschaft einen deutlich höheren Stellenwert.

Abbildung 2:   Wichtigkeit von ausgewählten Lebensbereichen für Studierende
               und andere junge Erwachsene* (in Prozent)

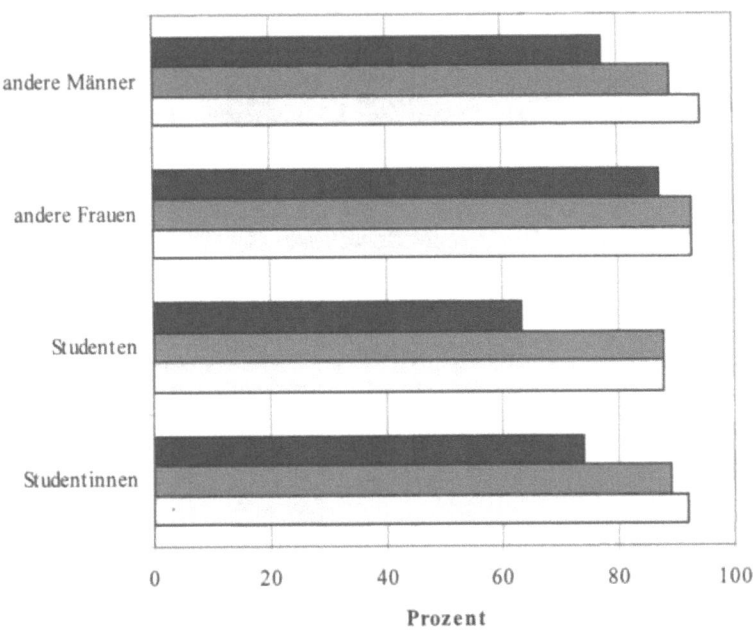

□ Beruf und Arbeit ▣ Partnerschaft ■ eigene Familie und Kinder

Quelle: DJI-Jugendsurvey 2003
* Die Frage lautete: Wie wichtig sind für Sie persönlich die einzelnen Lebensbereiche auf dieser
Liste? Außer den drei Lebensbereichen in der Abbildung wurde nach Eltern und Geschwister, Freizeit und Erholung, Schul- und Berufsausbildung, Politik, Kunst und Kultur, Freunde und Bekannte
sowie Religion gefragt. Dargestellt wird die Zustimmung zu den Skalenpunkten 5 bis 7 einer Skala
von 1 "Überhaupt nicht wichtig" bis 7 "Sehr wichtig".

Eine eigene Familie und Kinder sind den 20- bis 29-Jährigen insgesamt weniger
wichtig als Beruf und Arbeit und auch weniger wichtig als eine Partnerschaft
(vgl. Abbildung 2). Bei der Einschätzung der Familie kommen Geschlechterdifferenzen deutlich zum Ausdruck, sowohl bei den Studierenden wie auch bei den
anderen jungen Erwachsenen; bei beiden Gruppen gleichermaßen betragen diese

ca. 10 %. Studentinnen wie auch die anderen jungen Frauen sind familienorientierter. Dass die Bedeutung einer eigenen Familie bei den Studierenden insgesamt geringer ausfällt als bei der Vergleichsgruppe hängt damit zusammen, dass Studierende ziemlich selten mit Partner bzw. Partnerin und Kindern zusammenleben, während dies bei den anderen jungen Erwachsenen bereits für fast ein Fünftel zutrifft; für diejenigen, die mit einer eigenen Familie zusammenleben, hat sie fast ohne Ausnahme einen sehr hohen Stellenwert. Aber auch die anderen jungen Erwachsenen, die noch nicht mit Familie leben, halten eine eigene Familie und Kinder für wichtiger als Studierende. Dies hängt vermutlich damit zusammen, dass die anderen jungen Erwachsenen in ihrer Entwicklung in Richtung von Familienbildung und Familiengründung bereits weiter sind.

3.2 Lebensentwürfe und Zukunftsvorstellungen

Die Einschätzungen der Wichtigkeit von Lebensbereichen sind vor allem Ausdruck der jeweiligen Lebenssituation; sie haben zwar teilweise einen Bezug auf die Zukunft, beinhalten aber noch keine expliziten Vorstellungen über das eigene zukünftige Leben. Im Hinblick auf solche Lebensentwürfe wurden im DJI-Jugendsurvey einige weitere Aspekte erhoben: In Bezug auf Familie und Beruf wurde nach der zukünftigen Fokussierung des eigenen Lebens auf einerseits Kinder und Haushalt und andererseits Beruf gefragt; darüber hinaus wurden Vorstellungen zur partnerschaftlichen Arbeitsteilung bei der Hausarbeit untersucht. Welche Unterschiede lassen sich in dieser Hinsicht zwischen Studierenden und anderen jungen Erwachsenen feststellen? Haben Studierende tatsächlich weniger traditionelle Lebensvorstellungen (vgl. Abbildung 3)?

Abbildung 3:   Lebensentwürfe im Hinblick auf Familie und Beruf bei
                Studierenden und anderen jungen Erwachsenen (in Prozent)

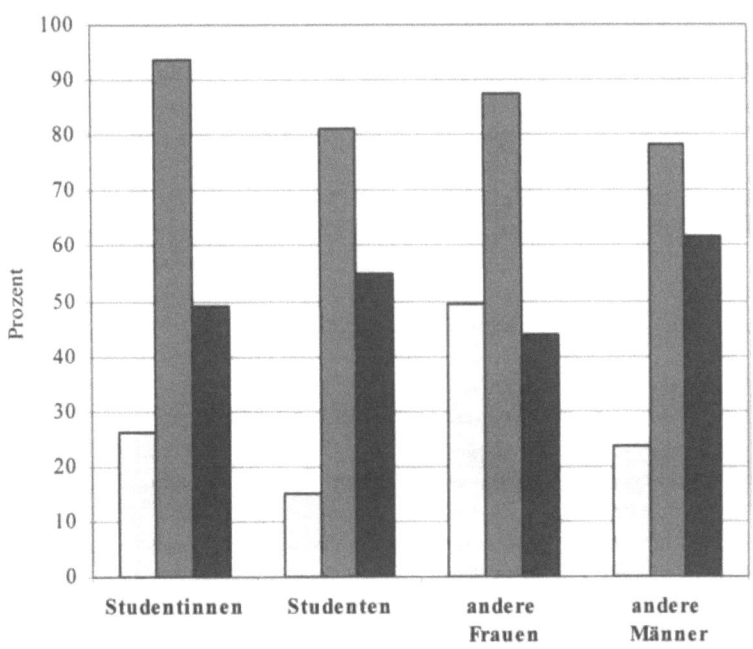

□ Kinder und Haushalt ▨ Hausarbeit teilen ▪ Beruf das Wichtigste

Quelle: DJI-Jugendsurvey 2003
* Die Frage lautete: Wenn Sie an Ihre Zukunft denken, sagen Sie mir bitte zu jeder der folgenden
Aussagen, inwieweit diese auf Sie zutreffen. (1) Ich möchte mich hauptsächlich um Kinder und
Haushalt kümmern. (2) Ich möchte die Hausarbeit mit meinem Partner/ meiner Partnerin teilen. (3)
Der Beruf wird für mich das Wichtigste im Leben sein. Dargestellt wird die Zustimmung zu den
Skalenpunkten 4 bis 6 einer Skala von 1 "Trifft überhaupt nicht zu" bis 6 "Trifft voll und ganz zu".

Eine partnerschaftliche Arbeitsteilung wird von der großen Mehrheit der
Studierenden und der anderen jungen Erwachsenen fast gleichermaßen vertreten.
Bei den jungen Frauen sind dies um 90 % und bei den jungen Männern um
80 %; die Geschlechterdifferenz ist bei beiden Gruppen in etwa gleich. Traditionelle Lebensvorstellungen werden in dieser Hinsicht in beiden Gruppen nur von
einer kleinen Minderheit befürwortet. Was die zukünftige Fokussierung des

eigenen Lebens auf Kinder und Haushalt betrifft sind jedoch erhebliche Unterschiede zwischen Studierenden und anderen jungen Erwachsenen feststellbar: etwa ein Viertel der Studentinnen verfolgt einen solchen familienzentrierten Lebensentwurf, bei den anderen jungen Frauen sind es die Hälfte. 15 % der Studenten und etwa ein Viertel der anderen jungen Männer stimmen ebenfalls einem solchen familienorientierten Lebensentwurf für sich zu. Bemerkenswert ist dabei, dass die Geschlechterdifferenzen in der Gruppe der Studierenden vergleichsweise recht gering sind; bei den anderen jungen Erwachsenen sind sie – entsprechend herkömmlicher Geschlechterprofile – sehr stark ausgeprägt. Bei der Ausrichtung des eigenen Lebens insbesondere auf den Beruf – „der Beruf wird für mich das Wichtigste im Leben sein" – sind die Geschlechterdifferenzen bei den Studierenden noch geringer; fast die Hälfte der Studentinnen und etwas über die Hälfte der Studenten verfolgen einen solchen berufszentrierten Lebensentwurf. Bei den anderen jungen Erwachsenen sind die Geschlechterdifferenzen auch bei der Ausrichtung des eigenen Lebens auf den Beruf viel größer und entsprechen hier ebenfalls zu einem größeren Ausmaß herkömmlichen Geschlechterprofilen. Diese Befunde können als Anzeichen dafür betrachtet werden, dass Studierende weniger traditionelle Lebenskonzepte haben *und* diese auch mit mehr Geschlechtergleichheit verbunden sind.

Bedeutet die geringere Zentrierung des eigenen Lebensentwurfs auf Kinder und Haushalt bei den Studierenden auch, dass sie sich weniger Kinder wünschen als die anderen jungen Erwachsenen? Entspricht die im Vergleich zu anderen Bildungsgruppen höhere Kinderlosigkeit von Akademikerinnen und Akademikern (vgl. Statistisches Bundesamt 2006) möglicherweise auch geringeren Kinderwünschen von Studierenden? Dies ist nach den Daten des DJI-Jugendsurvey keineswegs der Fall (vgl. Abbildung 4), was im Hinblick auf Studierende durch andere Untersuchungen bestätigt wird (Middendorff 2003 sowie in diesem Buch; Kemkes-Grottenthaler 2004). Etwa 5 % der Studierenden wie auch der anderen jungen Erwachsenen – und zwar bei jungen Frauen und Männern fast gleichermaßen – wünschen sich keine Kinder. Gut ein Zehntel ist sich noch nicht darüber im Klaren, ob sie Kinder haben möchten. Die ganz große Mehrheit der Studierenden und der anderen jungen Erwachsenen – über 80 % – haben bereits Kinder oder wünschen sich Kinder. Bei den Studierenden sind dies deutlich mehr als die Akademikerinnen und Akademiker, die in höherem Alter dann tatsächlich Kinder haben (Statistisches Bundesamt 2006).

Abbildung 4:   Kinderwünsche von Studierenden und anderen jungen
                Erwachsenen (in Prozent)

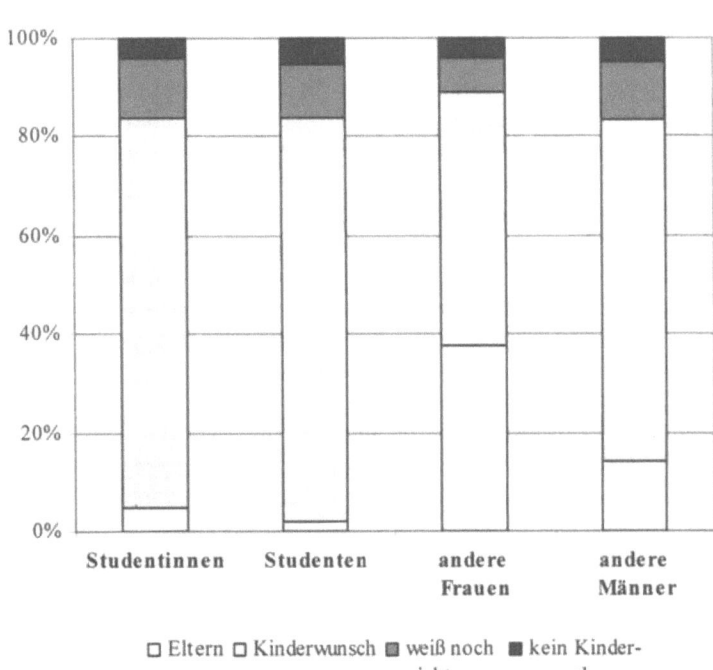

| □ Eltern | □ Kinderwunsch | ▨ weiß noch | ■ kein Kinder- |
| | | nicht | wunsch |

Quelle: DJI-Jugendsurvey 2003

3.3 Rollenorientierungen zur Arbeitsteilung zwischen Familie und Beruf

Studierende verfolgen seltener als andere junge Erwachsene herkömmliche Lebenskonzepte und die Geschlechterdifferenzen sind bei ihnen in dieser Hinsicht
viel geringer. Entspricht dies auch ihren normativen Orientierungen bezüglich
der Aufgaben von Frauen und Männern bei der Arbeitsteilung zwischen Familie
und Beruf? Middendorff (2003 sowie in diesem Buch) hatte im Rahmen ihrer
Untersuchung der Lebensentwürfe von Studierenden u. a. deren Lebensvorstellungen im Hinblick auf die berufliche Integration der Frau und des Mannes in

Abhängigkeit vom Alter ihres Kindes erfragt; dabei zeigte sich, dass bei Studierenden nach wie vor das Phasen-Modell überwiegt, nach dem sich Frauen deutlich stärker aus dem Berufsleben oder Studium zurückziehen als ihre Partner.

Im DJI-Jugendsurvey wurden solche Rollenorientierungen genereller und in
der Form der Zustimmung zu unterschiedlichen Items erfragt: „Wenn Kinder da
sind, soll der Mann arbeiten gehen und die Frau zu Hause bleiben und die Kinder
versorgen" und „Auch wenn eine Frau arbeitet, sollte der Mann der 'Hauptverdiener' sein und die Frau sollte die Verantwortung für den Haushalt tragen.".
Damit werden eher allgemeine normative Orientierungen erfasst, deren Umsetzung in konkreten Situationen noch offen bleibt. Auf dieser eher generellen
Ebene zeigt sich eine Entsprechung der Vorstellungen der Studentinnen und
Studenten nur partiell (vgl. Abbildung 5). Studenten stimmen einer traditionellen
Arbeitsteilung, wenn Kinder da sind, etwas häufiger zu als Studentinnen – die
große Mehrheit der Studenten (über drei Viertel) und über 80 % der Studentinnen lehnen eine solche Arbeitsteilung aber ab. Bei der Einschätzung der
Zuschreibung der „Hauptverdienerrolle" an den Mann und der Verantwortung
für den Haushalt an die Frau sind bei den Studierenden ebenfalls deutliche Geschlechterunterschiede feststellbar – aber auch hier werden solche herkömmlichen Zuschreibungen ganz überwiegend abgelehnt: von drei Viertel der Studenten und etwas weniger als 90 % der Studentinnen. Diese sehr geringe Zustimmung zu traditionellen Einstellungen, die Studierende auf einer generellen Ebene
zum Ausdruck bringen, scheint in gewisser Weise in Widerspruch zu sein zu den
Vorstellungen, die Studierende in der Studie von Middendorff (2003 sowie in
diesem Buch) geäußert haben: hier sprechen sich fast 40 % der Studentinnen und
fast 50 % der Studenten dafür aus, dass die Frau ihre Tätigkeit (Studium bzw.
Job) aussetzt, solange das Kind unter drei Jahre alt ist, während ca. 95 % der
Studentinnen und Studenten sind dafür, dass der Mann seine Tätigkeit in einer
solchen Situation fortsetzt (Middendorff 2003: 16). Möglicherweise kann dies
als Hinweis darauf verstanden werden, dass Studierende auf einer generellen
Ebene überwiegend wenig traditionelle Orientierungen haben, bei der Konkreti-
sierung und Umsetzung in den Alltag mit Kindern aber zu wenig Realisierungs-
chancen für ihre Einstellungen sehen; vielleicht erscheint Studierenden eine
zeitlich befristete Umsetzung einer traditionellen Arbeitsteilung durchaus mit
einer generellen Ablehnung einer solchen Aufteilung vereinbar.

Im Vergleich zu der Gruppe der anderen jungen Erwachsenen zeigt sich bei
den Rollenorientierungen zur Arbeitsteilung zwischen Familie und Beruf, dass
Studierende herkömmlichen Einstellungen weniger häufig zustimmen, die Geschlechterdifferenzen bei ihnen aber ähnlich ausgeprägt sind (vgl. Abbildung 5).

Abbildung 5:   Einstellungen zur Arbeitsteilung zwischen Familie und Beruf bei
                Studierenden und anderen jungen Erwachsenen (in Prozent)

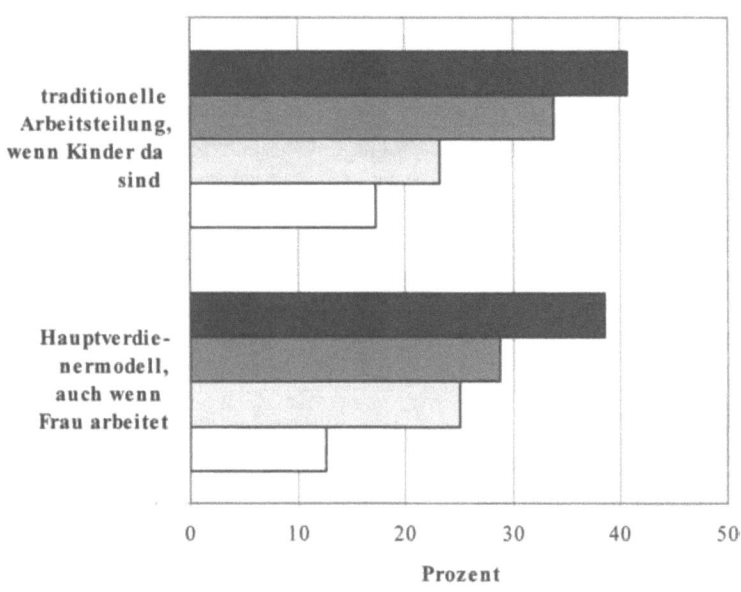

☐ Studentinnen ☐ Studenten ▨ andere Frauen ▦ andere Männer

Quelle: DJI-Jugendsurvey 2003
* Die Frage lautete: Im Folgenden geht es um die Situation von Männern und Frauen im Alltagsleben. Inwieweit stimmen Sie persönlich diesen Aussagen zu? (1) Wenn Kinder da sind, soll der Mann
arbeiten gehen und die Frau zu Hause bleiben und die Kinder versorgen. (2) Auch wenn die Frau
arbeitet, soll der Mann der "Hauptverdiener" sein, und die Frau sollte die Verantwortung für den
Haushalt tragen. Dargestellt wird die Zustimmung zu den Skalenpunkten 4 bis 6 einer Skala von 1
"Stimme überhaupt nicht zu" bis 6 "Stimme voll und ganz zu".

Mit den Daten des DJI-Jugendsurvey lässt sich auch nachweisen, dass traditionelle Orientierungen im Hinblick auf die geschlechtsspezifische Arbeitsteilung
zwischen Familie und Beruf einem erheblichen sozialen Wandel unterliegen;
dies wird auch durch andere Studien bestätigt (z. B. Blohm 2006). Für die hier
betrachteten Aspekte liegen Vergleichdaten für die Jahre 1992 und 1997 vor;
allerdings ist dieser Vergleich nur für Deutsche möglich. Dabei zeigt sich, dass
die Zustimmung zur traditionellen Arbeitsteilung seit Anfang der 1990er Jahre

deutlich und fast kontinuierlich abgenommen hat (vgl. Abbildung 6).[4] Besonders
interessant an diesem Befund ist, dass auch die Geschlechterdifferenzen dabei
abgenommen haben und zwar bei beiden Gruppen. Nach wie vor ist aber die
Zustimmung bei den Studierenden geringer als bei den anderen jungen Erwachsenen.

Abbildung 6:   Zustimmung zur traditionellen Arbeitsteilung bei Studierenden
                und anderen jungen Erwachsenen 1992, 1997 und 2003 (nur
                Deutsche) (in Prozent)

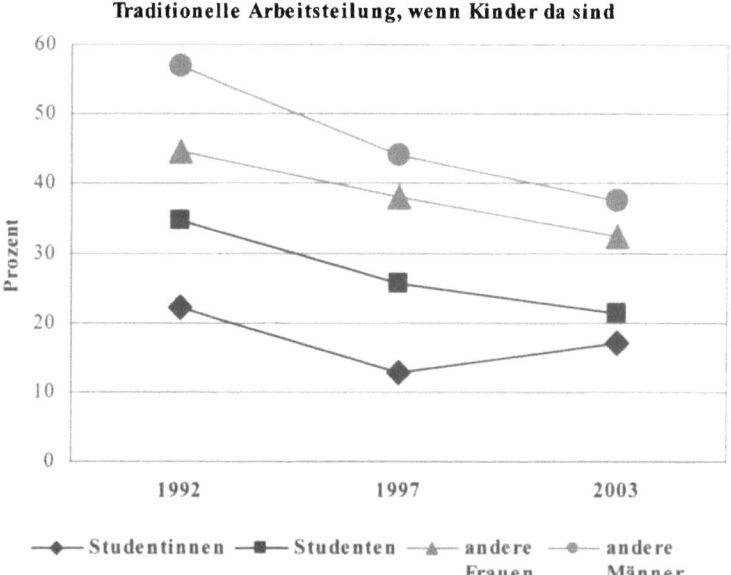

Quelle: DJI-Jugendsurvey 2003
* Die Frage lautete: Im Folgenden geht es um die Situation von Männern und Frauen im Alltagsleben. Inwieweit stimmen Sie persönlich diesen Aussagen zu? "Wenn Kinder da sind, soll der Mann
arbeiten gehen und die Frau zu Hause bleiben und die Kinder versorgen." Dargestellt wird die Zustimmung zu den Skalenpunkten 4 bis 6 einer Skala von 1 "Stimme überhaupt nicht zu" bis 6
"Stimme voll und ganz zu".

4 Der Anstieg von 13 % auf 17 % von 1997 bis 2003 bei den Studentinnen ist sehr gering und
   statistisch nicht auf dem .05 Niveau signifikant (Chi-Quadrat nach Pearson); er sollte m. E. deshalb nicht als tendenzielle Umkehr interpretiert werden.

Abbildung 7:   Zustimmung zum „Hauptverdienermodell" des Mannes bei
                Studierenden und anderen jungen Erwachsenen 1992, 1997 und
                2003 (nur Deutsche) (in Prozent)

Hauptverdienermodell, auch wenn die Frau arbeitet

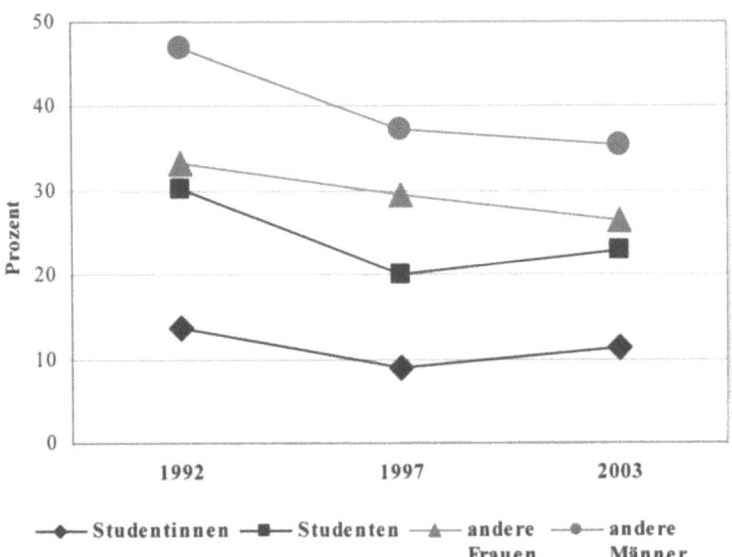

—◆— Studentinnen   —■— Studenten   —▲— andere   —●— andere
                                        Frauen   Männer

Quelle: DJI-Jugendsurvey 2003
* Die Frage lautete: Im Folgenden geht es um die Situation von Männern und Frauen im Alltagsleben. Inwieweit stimmen Sie persönlich diesen Aussagen zu? "Auch wenn die Frau arbeitet, soll der Mann der "Hauptverdiener" sein, und die Frau sollte die Verantwortung für den Haushalt tragen." Dargestellt wird die Zustimmung zu den Skalenpunkten 4 bis 6 einer Skala von 1 "Stimme überhaupt nicht zu" bis 6 "Stimme voll und ganz zu".

Auch was die Zustimmung zu dem herkömmlichen „Hauptverdienermodell" des Mannes und der Verantwortung der Frau für den Haushalt betrifft, hat es seit Anfang der 1990er Jahre bei beiden hier betrachteten Gruppen eine Abnahme gegeben (vgl. Abbildung 7);[5] bei diesem Aspekt sind die Geschlechterdifferenzen aber erhalten geblieben. Insbesondere die jungen Frauen befürworten das „Hauptverdienermodell" des Mannes und die Verantwortung der Frau für den Haushalt etwas seltener als eine traditionelle Arbeitsteilung, wenn Kinder da sind (vgl. Abbildung 6 und 7); möglicherweise denken sie bei letzterem Aspekt an Regelungen für begrenzte Zeiten, wodurch sich in ihrer Sicht nichts an ihrer grundsätzlichen Mitzuständigkeit für das Einkommen und den Lebensunterhalt ändert.

3.4 Einschätzungen von Arbeit und Beruf

Arbeit und Beruf ist inzwischen für junge Frauen zu einem selbstverständlichen Teil ihres Erwachsenenlebens geworden; die Hälfte der Studentinnen und 44 % der anderen jungen Frauen verfolgen einen ausgesprochen berufszentrierten Lebensentwurf. Haben sich ihre Einschätzungen von Berufsarbeit damit auch an diejenigen der jungen Männer angeglichen, für die Berufsarbeit seit Jahrzehnten zur „Normalbiographie" gehört? Bei vielen Einstellungen zu Merkmalen von Arbeit und Beruf lassen sich kaum geschlechtsspezifische Unterschiede feststellen (ohne Abbildung). Dies gilt etwa für die Wichtigkeit einer interessanten Tätigkeit, eines guten Betriebsklimas, eines sicheren Arbeitsplatzes und selbständigen Arbeitens; diese Aspekte werden von 80 % bis über 90 % der jungen Erwachsenen für wichtig erachtet. Eine interessante Tätigkeit ist Studierenden im Vergleich zu den anderen jungen Erwachsenen etwas wichtiger, ein sicherer Arbeitsplatz ist ihnen etwas weniger wichtig; dies sind graduelle Unterschiede, die mit Unterschieden in erwartbaren Berufspositionen korrespondieren könnten. Auch viel Freizeit wird von jungen Frauen und Männern in beiden Gruppen in etwa gleich eingeschätzt; zwischen gut 30 % und gut 40 % von ihnen halten diesen Aspekt für wichtig, die anderen jungen Erwachsenen etwas häufiger als die Studierenden. Das Fehlen von Geschlechterunterschieden bei diesen Einstellungen spricht für eine gewisse Angleichung des Arbeits- und Berufsverständnisses zwischen den Geschlechtern, was sich bei beiden Gruppen feststellen lässt.

---

5 Der Anstieg bei den Studentinnen bzw. Studenten von 1997 bis 2003 beträgt 2 % bzw. 3 %; er ist ebenfalls zu gering für inhaltliche Interpretationen.

Abbildung 8: Wichtigkeit von ausgewählten Merkmalen von Arbeit und Beruf
bei Studierenden und anderen jungen Erwachsenen (in Prozent)

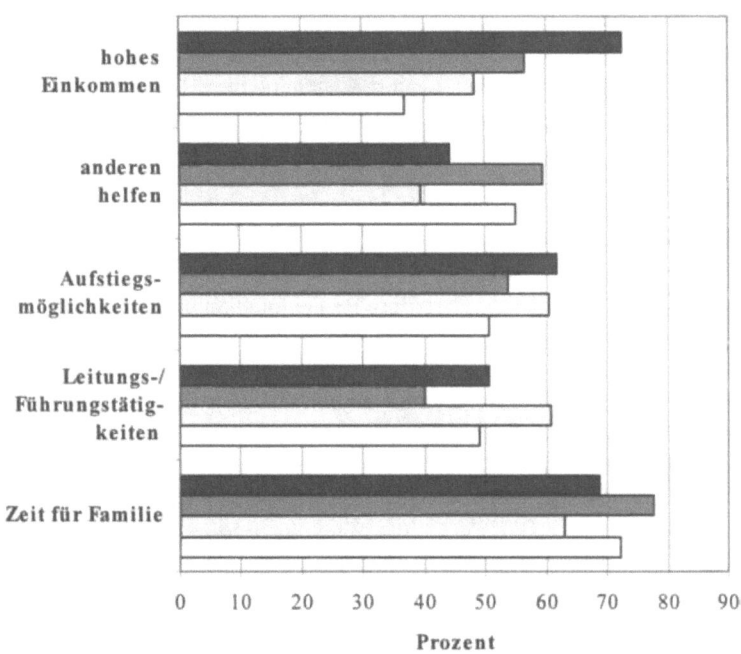

□ Studentinnen □ Studenten ▨ andere Frauen ■ andere Männer

Quelle: DJI-Jugendsurvey 2003
* Die Frage lautete: Auf dieser Liste steht Verschiedenes über die Arbeit und den Beruf. Für wie
wichtig halten Sie persönlich diese Merkmale? Außer den Merkmalen in der Abbildung wurde noch
nach "Interessante Tätigkeit", "Selbständig arbeiten können", "Ein gutes Betriebsklima", "Viel Freizeit haben" und "Einen sicheren Arbeitsplatz haben" gefragt. Dargestellt wird die Zustimmung zu
den Skalenpunkten 5 und 6 einer Skala von 1 "Überhaupt nicht wichtig" bis 6 "Sehr wichtig".

Dennoch gibt es nach wie vor Aspekte von Arbeit und Beruf, die junge Frauen
und Männer in beiden Gruppen etwas unterschiedlich einschätzen, was herkömmlichen Geschlechterprofilen durchaus entspricht (vgl. Abbildung 8): ein
hohes Einkommen, gute Aufstiegsmöglichkeiten und Leitungs- und Führungs-
aufgaben sind jungen Männern wichtiger – ein Beruf, bei dem man anderen
helfen kann, und ein Beruf, der einem genügend Zeit für die Familie lässt, ist

jungen Frauen wichtiger.[6] Geringere Geschlechterdifferenzen bei den Studierenden werden dabei in keinem Fall deutlich. Allerdings ist das Ausmaß nicht gering, zu dem junge Frauen diejenigen Merkmale ebenfalls für wichtig halten, die
den jungen Männern wichtiger sind. Es ist anzunehmen, dass im Zuge der zu-
nehmenden Erwerbsbeteiligung von Frauen in den letzten Jahrzehnten (vgl. den
Beitrag von Dressel in diesem Buch) auch die Geschlechterdifferenzen bei der
Einschätzung von Arbeit und Beruf abgenommen haben.

Abbildung 9:   Einschätzungen zur Gleichstellung im Berufsleben bei
                Studierenden und anderen jungen Erwachsenen (Mittelwerte)

Gleichstellung von Frauen und Männern im Berufsleben

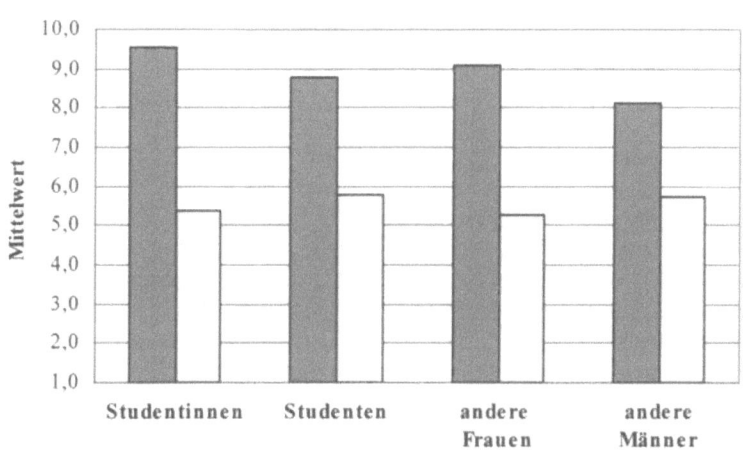

☐ wünschenswert ☐ verwirklicht

Quelle: DJI-Jugendsurvey 2003
* Die Frage lautete: Über das Thema Gleichstellung von Frauen und Männern im Berufsleben gibt es
gegensätzliche Ansichten. Welche Ansicht vertreten Sie? (A) Die Gleichstellung von Frauen und
Männern im Berufsleben ist (1) überhaupt nicht wünschenswert bis (10) sehr wünschenswert. (B) Die
Gleichstellung von Frauen und Männern im Berufsleben ist bei uns in Deutschland (1) überhaupt
nicht verwirklicht bis (10) voll und ganz verwirklicht.

---

6 Die Geschlechterdifferenzen bei den beruflichen Aspekten „anderen zu helfen", „gute
  Aufstiegsmöglichkeiten" und „hohes Einkommen" zeigen sich auch in dem 9. Studierendensurvey
  von 2003/ 2004 (Bargel/ Multrus/ Ramm 2005).

Im DJI-Jugendsurvey wurde auch danach gefragt, inwieweit junge Erwachsene eine Gleichstellung von Frauen und Männern im Berufsleben für wünschenswert und inwieweit sie diese in Deutschland für verwirklicht halten. Dabei zeigt sich, dass die Zustimmung zum Ziel der Gleichstellung im Berufsleben sehr hoch ist, bei den jungen Frauen in beiden Gruppen noch etwas mehr als bei den jungen Männern (vgl. Abbildung 9). Die Zustimmung ist bei den Studierenden nur wenig größer als bei der Vergleichsgruppe. Das Ausmaß, zu dem die Gleichstellung im Berufsleben in Deutschland bereits verwirklicht ist, wird aber für ziemlich gering gehalten: in etwa in der Mitte zwischen „überhaupt nicht verwirklicht" und „voll und ganz verwirklicht". Junge Frauen schätzen die Verwirklichung noch etwas weniger gut ein als junge Männer. Allerdings hat die Verwirklichung in der Sicht der jungen Erwachsenen seit Anfang der 1990er Jahre deutliche Fortschritte gemacht (Zunahme des Mittelwerts von 1992 bis 2003 bei den Studierenden um 0,9 und bei den anderen jungen Erwachsenen um 0,5); an der Wertschätzung der Gleichstellung als wünschenswertes Ziel hat sich für junge Erwachsene in dieser Zeit aber fast nicht verändert.

4   Zusammenfassung

In diesem Beitrag konnten einige Belege dafür dargestellt werden, dass Studierende häufiger moderne bzw. nicht traditionelle Lebenskonzepte und Orientierungen verfolgen als andere junge Erwachsene, die nicht studieren oder studiert haben. Dass mit diesen Lebensentwürfen der Studierenden zugleich eine größere Geschlechtergleichheit in den Einstellungen und Orientierungen verbunden ist, lässt sich allerdings nur partiell aufzeigen; dies gilt etwa für die zukünftige Fokussierung des eigenen Lebens auf einerseits Kinder und Haushalt und andererseits auf den Beruf. Bei der Einschätzung der Wichtigkeit von familialen Lebensbereichen und von einigen Merkmalen des Berufs sowie bei den normativen Orientierungen im Hinblick auf die geschlechtsspezifische Arbeitsteilung zwischen Familie und Beruf kommen jedoch bei den Studierenden herkömmliche Geschlechterprofile in ähnlichem Ausmaß zum Ausdruck wie bei den anderen jungen Erwachsenen. Solche Rollenorientierungen unterliegen zwar einem erheblichen sozialen Wandel, damit ist aber nur teilweise eine Angleichung in den Einstellungen der jungen Frauen und Männer verbunden.

Literatur

Bargel, Tino/ Multrus, Frank/ Ramm, Michael (2005): Studiensituation und studentische Orientierungen. 9. Studierendensurvey an Universitäten und Fachhochschulen. Bundesministerium für Bildung und Forschung (Hrsg.). Bonn, Berlin

Blohm, Michael (2006): Einstellungen zur Rolle der Frau. In: Statistisches Bundesamt (Hrsg.): Datenreport 2006. Zahlen und Fakten über die Bundesrepublik Deutschland. Bundeszentrale für politische Bildung, Bonn, S. 516-523

de Rijke, Johann (2006): Anhang. In: Gille, Martina/ Sardei-Biermann, Sabine/ Gaiser, Wolfgang/ de Rijke, Johann (2006): Jugendliche und junge Erwachsene in Deutschland. Lebensverhältnisse, Werte und gesellschaftliche Beteiligung 12- bis 29-Jähriger. Jugendsurvey 3. Wiesbaden: VS Verlag für Sozialwissenschaften, S. 293-306

Gille, Martina (2006): Werte, Geschlechtsrollenorientierungen und Lebensentwürfe. In: Gille, Martina/ Sardei-Biermann, Sabine/ Gaiser, Wolfgang/ de Rijke, Johann (2006): Jugendliche und junge Erwachsene in Deutschland. Lebensverhältnisse, Werte und gesellschaftliche Beteiligung 12- bis 29-Jähriger. Jugendsurvey 3. Wiesbaden: VS Verlag für Sozialwissenschaften, S. 131-211

Gille, Martina/ Krüger, Winfried (Hrsg.) (2000): Unzufriedene Demokraten. Politische Orientierungen der 16- bis 29-Jährigen im vereinigten Deutschland. DJI-Jugendsurvey 2. Opladen: Leske+Budrich

Gille, Martina/ Sardei-Biermann, Sabine/ Gaiser, Wolfgang/ de Rijke, Johann (2006): Jugendliche und junge Erwachsene in Deutschland. Lebensverhältnisse, Werte und gesellschaftliche Beteiligung 12- bis 29-Jähriger. Jugendsurvey 3. Wiesbaden: VS Verlag für Sozialwissenschaften

Hoffmann-Lange, Ursula (Hrsg.) (1995): Jugend und Demokratie in Deutschland. DJI-Jugendsurvey 1. Opladen: Leske+Budrich

Isserstedt, Wolfgang/ Middendorff, Elke/ Weber, Steffen/ Schnitzer, Klaus/ Wolter, Andrä (2004): Die wirtschaftliche und soziale Lage der Studierenden in der Bundesrepublik Deutschland 2003. 17. Sozialerhebung des Deutschen Studentenwerks durchgeführt durch HIS Hochschul-Informations-System. Bundesministerium für Bildung und Forschung (Hrsg.). Bonn, Berlin

Keddi, Barbara/ Pfeil, Patricia/ Strehmel, Petra/ Wittmann, Svendy (1999): Lebensthemen junger Frauen. Die andere Vielfalt weiblicher Lebensentwürfe. Eine Längsschnittuntersuchung in Bayern und Sachsen. Opladen: Leske+Budrich

Kemkes-Grottenthaler, Ariane (2004): Determinanten des Kinderwunsches bei jungen Studierenden. Eine Pilotstudie mit explorativem Charakter. In: Zeitschrift für Bevölkerungswissenschaft, Jg. 29, H. 2, S. 193-218

Middendorff, Elke (2003): Kinder eingeplant? Lebensentwürfe Studierender und ihre Einstellung zum Studium mit Kind. Befunde einer Befragung des HISBUS-Online-Panels im November/ Dezember 2002. Kurzinformation HIS Hochschul-Informations-System A4, Hannover

Schulz, Florian/ Blossfeld, Hans-Peter (2006): Wie verändert sich die häusliche Arbeitsteilung im Eheverlauf? Eine Längsschnittstudie der ersten 14 Ehejahre in Westdeutschland. In: KZSS Kölner Zeitschrift für Soziologie und Sozialpsychologie, Jg. 58, H. 1, S. 23-49

Statistisches Bundesamt (2006): Kinderlosigkeit von Akademikerinnen im Spiegel des Mikrozensus. Information. Wiesbaden. Verfügbar unter: www.destatis.de/allg/d/veroe/proser4fmikro_d.htm <11.12.2006>

Lebenssituation Studierender mit Kind – Ausgewählte Befunde der Sozialerhebungen des DSW und einer Online-Befragung des HISBUS-Panels

Elke Middendorff

Ein Studium mit Kind zu absolvieren ist in Deutschland keine Selbstverständlichkeit – für die studierenden Eltern nicht, für ihre kinderlosen Kommilitonen und Kommilitoninnen ebenso wenig wie für deren Hochschullehrerinnen und -lehrer. Die Ausnahmestellung Studierender mit Kind begründet sich keineswegs nur quantitativ mit ihrer seit Jahrzehnten konstant geringen Zahl. Der geringe Anteil Studierender mit Kind kann jedoch als Ausdruck und Folge von Bedingungen interpretiert werden, die eine Familiengründung während des Studiums nicht fördern und Eltern nicht ermutigen, im Studium zu verbleiben bzw. es (wieder) aufzunehmen.

Diese Thesen lassen sich belegen mit zahlreichen Befunden aus den Sozialerhebungen des deutschen Studentenwerks, die HIS Hochschul-Informations-System seit 1982 in dreijährigen Intervallen als repräsentative Querschnittsuntersuchung unter jeweils mehr als 10.000 Studierenden durchführt. Auch wenn das Thema „Studieren mit Kind" nicht bei jeder Befragung im Zentrum der Untersuchung steht[1], können für alle Messzeitpunkte anhand zahlreicher Daten Aspekte der besonderen Lage Studierender mit Kind beschrieben werden. Familienstand, Anzahl und Alter des (jüngsten) Kindes gehören zum Kern der Erhebung. Die Angaben Studierender mit Kind – beispielsweise zum Zeitaufwand für verschiedene Tätigkeiten, zur finanziellen Situation und zum Studienverlauf – ermöglichen unter anderem Rückschlüsse auf die Bedingungen, unter denen sie ihr Studium absolvieren – auch im Vergleich zu ihren KommilitonInnen ohne Kind. Diese Befunde geben Aufschluss darüber, in welchen Bereichen Maßnahmen notwendig sind, um studierenden Eltern eine gleichberechtigte Teilhabe an der Hochschulausbildung zu erleichtern und ihren Studienerfolg zu unterstützen.

---

1 Die 11. Sozialerhebung (1985) und die 13. Sozialerhebung (1991) beinhalteten für die Gruppe Studierender mit Kind zusätzliche Fragestellungen. Ergebnisse der Zusatzuntersuchung im Rahmen der 13. Sozialerhebung sind publiziert in: Kahle, Irene (1993): Studierende mit Kindern.

Die aktuellsten Zahlen, die hier vorgestellt werden können, entstammen der 17. Sozialerhebung, die im Sommersemester 2003 erhoben wurde.[2] Es sind die Angaben von 21.000 deutschen Studierenden an Universitäten und Fachhochschulen der Bundesrepublik. Mit den Sozialerhebungen kann das Thema Studierende mit Kind empirisch nicht vollständig erfasst werden. Sie ist beschränkt auf die Sicht der Betroffenen, die sich zum Befragungszeitpunkt (noch) oder wieder im Studium befinden und enthält zum Beispiel keine Informationen derjenigen, die aus Gründen, die im Zusammenhang mit ihrer Elternschaft stehen, das Studium aufgegeben haben.

Einblicke darüber, wie Studierende mit Kind an den Hochschulen von ihren KommilitonInnen gesehen werden, in welcher Weise ihre Lage reflektiert wird und wie Studierende ohne Kind über ein Studium mit Kind denken, ob sie es für sich in Betracht ziehen, gewährt eine entsprechende Befragung des HISBUS Online-Panels, deren Befunde die empirische Skizze ergänzen sollen.

1   Studierende mit Kind – DSW-Sozialerhebungen

1.1   Umfang und Struktur der Gruppe

Etwa 6 % aller Studierenden in Deutschland sind Eltern. Dieser Anteil hat sich seit Beginn der 80er Jahre so gut wie nicht verändert. Lediglich Mitte der 90er Jahre lag dieser Anteil zwischenzeitlich um einen Prozent-Punkt höher. Die einzige gravierende Veränderung ist für Studierenden in den neuen Ländern zu berichten: Der Anteil Studierender mit Kind lag hier in zu Beginn der 90er Jahre mit 11 % noch merklich höher als in den alten Ländern. Er reduzierte sich in der Folgezeit rapide und deutlich auf ein Niveau, welches bereits 1997 unterhalb des Anteils an Studierenden mit Kind in den alten Ländern lag.

---

2 Leider können die Ergebnisse der 18. Sozialerhebung, bei der das Studium mit Kind ein Schwerpunktthema war, noch nicht präsentiert werden. Der Sonderbericht dazu wird im Herbst 2007 erscheinen.

Abbildung 1:   Studierende mit Kind nach Region und Geschlecht 1991 – 2003
(in %)

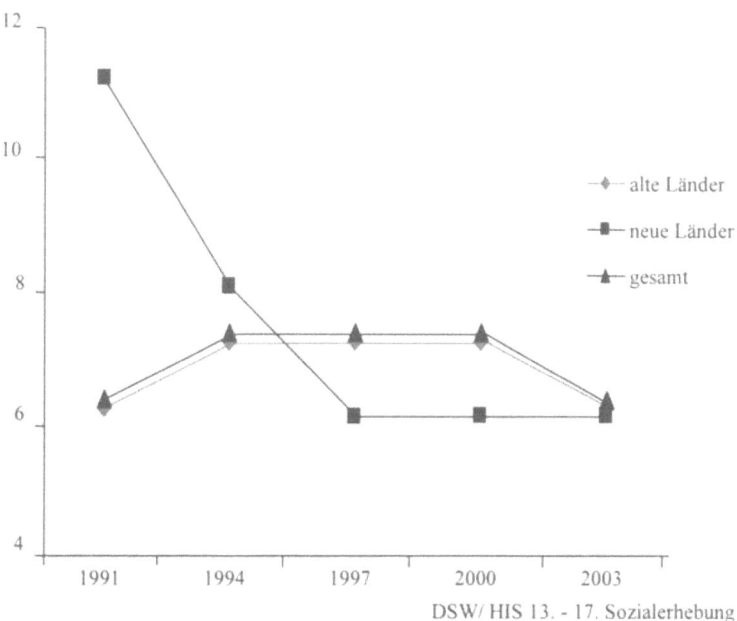

DSW/ HIS 13. - 17. Sozialerhebung

Im Jahr 2003 unterscheiden sich die „Kinderquoten" in den beiden Regionen
nicht mehr, weil der Anteil Studierender mit Kind in den alten Ländern wieder
gesunken ist (Abbildung 1). Hochgerechnet bedeutete ein Anteil an 6 % Studierenden mit Kind im Jahr 2003, dass mehr als 105.000 Studierende in
Deutschland ein oder mehrere Kinder haben. Wenngleich sich der größte Teil
studierender Mütter und Väter im Erststudium (71 %) befindet, absolvieren sie
überproportional häufig einen postgradualen Studiengang (29 % im Vergleich zu
8 % Studierender ohne Kind im postgradualen Studium).

Abbildung 2:   Alterszusammensetzung Studierender mit Kind (in %)

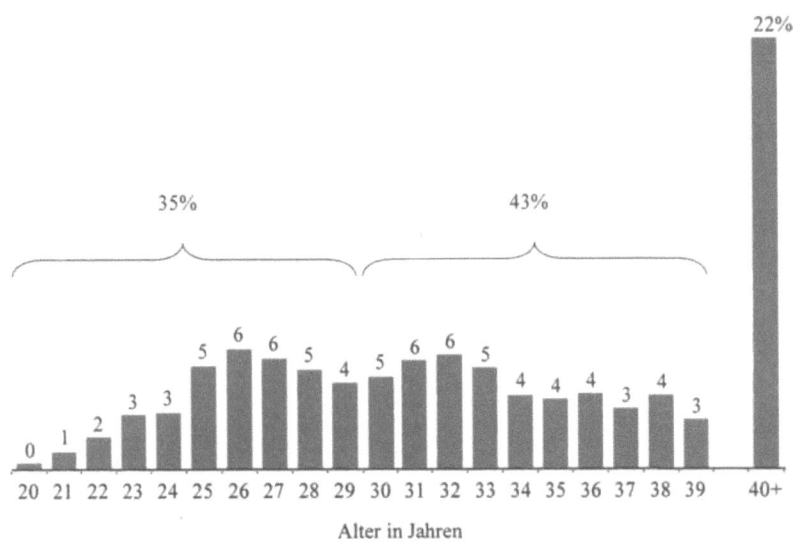

DSW/HIS 17. Sozialerhebung

Studierende mit Kind sind älter als ihre KommilitonInnen, unter anderem weil sie vergleichsweise spät ein Studium aufnehmen – sie sind bereits bei Beginn des Erststudiums durchschnittlich fünf Jahre älter – und weil sie eine um etwa vier Semester höhere Verweildauer an den Hochschulen haben. Dieser Altersunterschied ist mit fast zehn Jahren gravierend. Nur etwa ein Drittel der studierenden Eltern ist unter 30 Jahre alt, mehr als 40 % sind im Alter zwischen 30 und 40 Jahre und ein Fünftel hat das 40. Lebensjahr bereits überschritten (Abbildung 2). Das höhere Alter steht für eine zum Teil gänzlich andere Lebenssituation, die sich – wie noch gezeigt wird – auf zahlreiche studienrelevante Aspekte auswirkt.

Mehr als jeder zweite Studierende hat ein (jüngstes) Kind, das maximal vier Jahre alt ist. Zwei Drittel der Studierenden haben (jüngste) Kinder, die noch nicht im schulpflichtigen Alter sind (Abbildung 3) und demzufolge auch vormittags eine Betreuung brauchen. Unter der Annahme, dass die Studierenden jeweils nur ein Kind bis zu sechs Jahren haben, ergibt sich hochgerechnet ein Mindestbedarf an Betreuung von etwa 71.500 Plätzen.

Abbildung 3:   Alter des (jüngsten) Kindes

Studierende mit Kind (kumulierte Häufigkeit in %)

An der Achse: hochgerechnete Anzahl an (jüngsten) Kindern

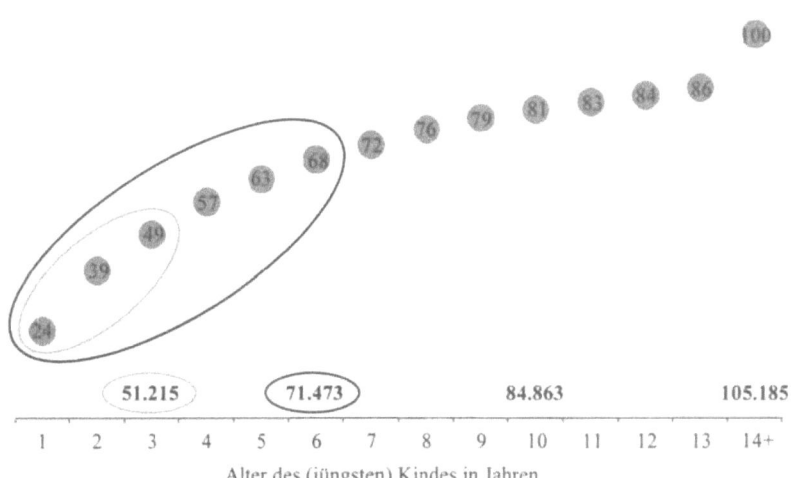

Alter des (jüngsten) Kindes in Jahren

DSW/HIS 17. Sozialerhebung

1.2 Wirtschaftliche Lage

Studierende mit Kind sind auch bezogen auf ihre wirtschaftliche Situation kei-
nesfalls eine homogene Gruppe. Ihre Besonderheiten werden besonders an-
schaulich anhand von Unterschieden in der Struktur ihrer monatlichen Einnahmen (Abbildung 4). Unverheiratete studentische Eltern werden in deutlich
geringerem Maße finanziell vom Elternhaus unterstützt als ledige Studierende
ohne Kind. Stattdessen verfügen Studentinnen mit Kind zu fast einem Drittel
über Einnahmen aus den so genannten übrigen Quellen, hinter denen sich häufig
Unterhalt und Sozialleistungen wie Erziehungsgeld, Kindergeld oder Wohngeld
für die Kinder verbergen. Ähnliche Unterschiede gibt es auch bei den ledigen
Studenten mit und ohne Kind. Wie bei den Frauen, erhalten Männer mit Kind

nur einen vergleichsweise geringen Anteil ihrer Einnahmen von den Eltern (20 %). Dafür decken sie im Vergleich zu den ledigen Studierenden ohne Kind einen deutlich höheren Anteil ihrer Einnahmen durch eigenen Verdienst (40 % vs. 29 %).

Abbildung 4: Zusammensetzung der monatlichen Einnahmen

Studierende im Erststudium, die nicht bei den Eltern wohnen

(in %)

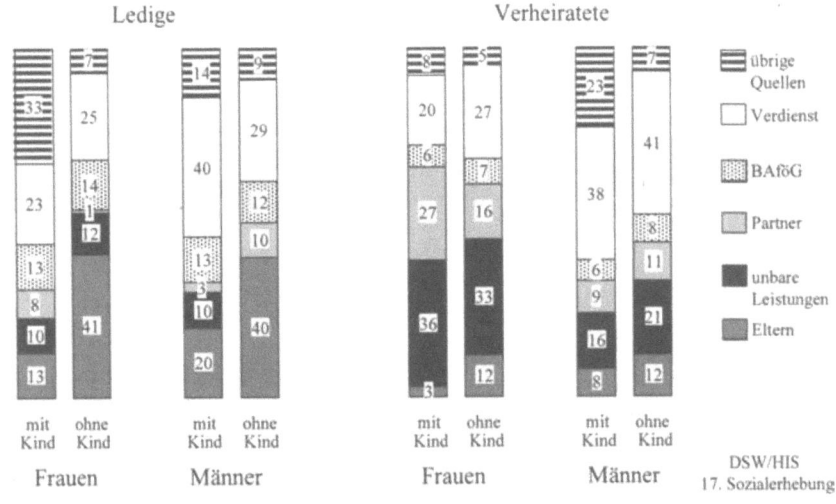

1.3 Zeitbudget

Studierende mit Kind wenden durchschnittlich weniger Zeit in der Woche für das Studium auf als kinderlose KommilitonInnen. Die durch Reduktion des Studienaufwandes „gewonnene" Zeit wird in erster Linie zur Kinderbetreuung und für vermehrte Erwerbstätigkeit eingesetzt (Abbildung 5). Die Verwendung dieser

Zeit ist offenbar geschlechtsspezifisch: Studentinnen reduzieren ihren Studien-
aufwand zu Gunsten von Zeit für die Betreuung ihres Kindes. So wenden beispielsweise Studentinnen bei einem Kind im Alter bis zu drei Jahren durchschnittlich etwa 20 Stunden pro Woche mehr für die Kinderbetreuung auf als
Studenten mit einem Kind gleichen Alters. Ihrer Verantwortung für das Kind
kommen studierende Väter tendenziell eher traditionell rollenkonform nach, in
dem sie deutlich mehr Zeit als kinderlose Studierende und studierende Mütter
aufwenden, um neben dem Studium Geld zu verdienen. Die Zeitinvestition in
Erwerbstätigkeit ist sowohl bei allein erziehenden Vätern als auch solchen, die
mit einer Partnerin zusammen wohnen, besonders hoch. Im Ergebnis ist ihre
zeitliche Gesamtbelastung mit Studium und Erwerbstätigkeit überdurchschnittlich hoch.

Abbildung 5:   Zeitbudget der Studierenden mit und ohne Kind nach Geschlecht

Studierende im Erststudium, in Stunden/ Woche

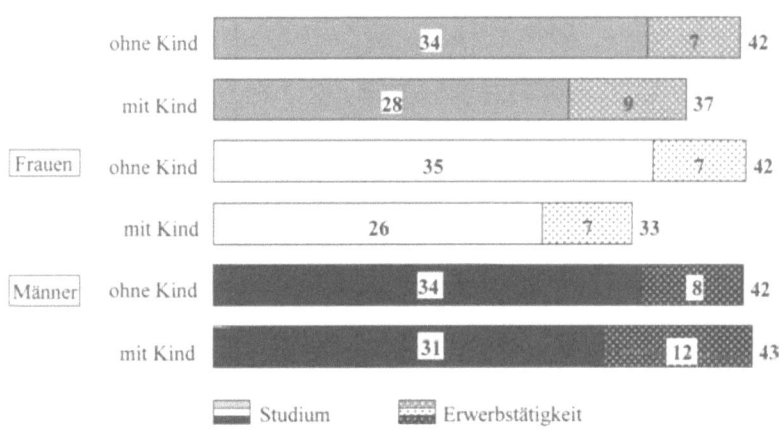

DSW/HIS 17. Sozialerhebung

Dennoch können fast zwei Drittel (64 %) der Studenten mit Kind zu den Vollzeit-Studierenden[3] gerechnet werden. Das ist relativ wenig im Vergleich zu Studenten ohne Kind, die zu drei Vierteln ein Vollzeitstudium realisieren. Von den Studentinnen mit Kind bewältigt nur etwa jede zweite ein Vollzeitstudium (53 %), die übrigen absolvieren de facto ein Teilzeitstudium.

1.4 Studienverlauf

Der Studienverlauf gestaltet sich für studierende Eltern häufig problematischer als für kinderlose Studierende. Fast genau zwei Drittel der Studierenden ohne Kind haben (bisher) „geradlinig" studiert, das heißt weder den Studiengang (das Fach oder/ und den Abschluss) noch die Hochschule gewechselt und das Studium nicht unterbrochen. Gleiches trifft nur auf die Hälfte der studierenden Väter und nur auf etwas mehr als ein Drittel der studierenden Mütter zu. Die stärksten Unterschiede zu den kinderlosen Studierenden gibt es bei den Studienunterbrecherquoten (Abbildung 6).

Nur 13 % der studierenden Frauen ohne Kind, aber 56 % der Frauen mit Kind haben bereits einmal ihr Studium unterbrochen. Bei den Männern sind die Unterschiede schwächer, aber immer noch sehr deutlich: 14 % der kinderlosen Männer, aber 34 % der Männer mit Kind sind Studienunterbrecher. Bei Studienunterbrechungen handelt es sich keineswegs nur um eine kurze Auszeit zur Kindererziehung, nach der das Studium reibungslos wieder aufgenommen wird. Als Faustregel gilt (unabhängig von Geschlecht oder Elternschaft): ca. die Hälfte der StudienunterbrecherInnen wechselt außerdem die Hochschule, den Studiengang oder beides. Die Unterbrechung des Studiums ist jedoch eng mit der Elternwerdung verknüpft: Die Mehrheit der Studienunterbrecherinnen mit Kind begründet dies mit „Schwangerschaft/ Kindererziehung". Den gleichen Grund (der nur in dieser Kombination erhoben wurde) gab jeder zweite der studierenden Väter für ihre Studienunterbrechung an. Die zwei anderen, von Studenten mit Kind häufig genannten Unterbrechungsgründe „Erwerbstätigkeit" und „finanzielle Probleme" unterstreichen ihre bereits oben festgestellte Rolle als finanziell verantwortlich (gemacht) für die Familie.

---

3 Laut Sozialerhebung wird ein Vollzeit-Studium absolviert, wenn der wöchentliche Aufwand für das Studium (Lehrveranstaltungen, Praktika, Selbststudium etc.) mindestens 25 Stunden beträgt.

Abbildung 6:   Gründe für eine Studienunterbrechung nach Geschlecht
Studierende im Erststudium, in %

	Frauen		Männer	
	ohne Kind	mit Kind	ohne Kind	mit Kind
Unterbrecherquoten	13	56	14	34
Gründe für Studienunterbrechung				
Zweifel am Sinn des Studiums	33	14	30	24
andere Erfahrungen sammeln	30	5	26	16
Erwerbstätigkeit	22	14	29	39
finanzielle Probleme	18	11	24	33
gesundheitliche Probleme	23	11	18	11
familiäre Probleme	14	13	13	24
Schwangerschaft/Kindererziehung	0	88	0	50
Wehr- und Zivildienst	0	0	7	10
sonstige Gründe	25	6	23	13

DSW/HIS 17. Sozialerhebung

2   Studieren mit Kind? – HISBUS-Online-Befragung

Im Folgenden werden ausgewählte Ergebnisse der Online-Befragung des HISBUS vorgestellt. Obwohl diese Untersuchung bereits im November/ Dezember 2002 stattfand,[4] sprechen nicht zuletzt die oben referierte jahrzehntelange Stabilität im Anteil Studierender mit Kind und gleich bleibende Befunde der Spezialerhebungen zur Situation und zu den Besonderheiten dieser Gruppe für die anhaltende Aktualität dieser Daten.

4 An dieser HISBUS-Umfrage beteiligten sich 1.421 Studierende. Sie war unter das Thema „Lebensentwürfe Studierender" gestellt. HISBUS ist ein von HIS entwickeltes Internet-/E-Mail-Erhebungsinstrument für Mehrthemenumfragen.

2.1 Sicht auf Studium mit Kind

Welche Sicht haben Studierende auf ein Studium mit Kind? Den Befragten der Online-Umfrage wurden mehrere Aussagen zu diesem Themenkomplex zur Bewertung vorgelegt. Der Anteil Studierender ohne Kind, der nach eigenem Bekenntnis die einzelnen Statements nicht beurteilen kann, ist zum Teil recht hoch (zwischen 13 % und 47 %). Das allein ist schon ein Hinweis darauf, dass die Belange Studierender mit Kind von vielen kinderlosen Kommilitonen gar nicht wahrgenommen werden, dass eine entsprechende Empathie kaum entwickelt ist.

Das größte Problem besteht nach Meinung der Studierenden darin, dass die Interessen von Studierenden mit Kind bei der Terminplanung von Vorlesungen und Seminaren kaum berücksichtigt werden. Veranstaltungen am späten Nachmittag oder Abend können Studierende, die kleine Kinder haben, nur schwer wahrnehmen. Das führt beispielsweise bei Pflichtveranstaltungen zu Problemen mit der Anerkennung und letztendlich zu Zeitverzögerungen im Studium, weil die gleiche Veranstaltung in späteren Semestern noch einmal belegt werden muss.

Eng an dieses Problem gekoppelt ist die Frage der Kinderbetreuung. Zum einen fehlt es an Betreuungsplätzen in hochschulnahen Einrichtungen. Zum anderen weisen offen formulierte Antworten Studierender mit Kind darauf hin, dass die Öffnungszeiten von Kindertagesstätten zu unflexibel und zu wenig angepasst sind an die Bedürfnisse und den Tagesablauf studierender Eltern. Ferienschließzeiten finden häufig ohne Rücksicht auf den Verlauf des Semesters statt. Es wird wiederholt betont, dass Kinderbetreuung oft auch ein finanzielles Problem ist, denn die Kosten von Kindereinrichtungen, Tagesmüttern und Babysittern strapazieren das ohnehin zumeist knappe Budget der Studierenden zusätzlich.

Beide Gruppen – Studierende mit und ohne Kind – bewerten die Atmosphäre an der Hochschule insgesamt als wenig kinderfreundlich und bescheinigen den Lehrkräften, dass sie kaum Verständnis haben für die besonderen Belastungen von Studierenden mit Kind.

Einige Aussagen werden von kinderlosen Studierenden sogar kritischer gesehen als von der Gruppe der Betroffenen. Dazu gehören zum Beispiel finanzielle und zeitliche Argumente, die gegen ein Studium mit Kind sprechen können. Studierende mit Kind sind offenbar besser in der Lage, mit dem Geld- und Zeitproblem umzugehen, als sich das Studierende ohne Kind vorzustellen vermögen. Die zeitliche Vereinbarkeit von Studium und Kind wird von den

studierenden Eltern sogar vergleichsweise positiv bewertet. Immerhin stimmen
30 % von ihnen der Aussage „Studium und Kind sind wegen der hohen zeitlichen Belastung durch Studium und Kinderbetreuung nicht miteinander vereinbar" überhaupt nicht zu. Allerdings darf nicht vergessen werden, dass in die
Befragungen stets nur Studierende einbezogen werden können, die noch oder
wieder immatrikuliert sind. Diejenigen, die an der Vereinbarkeit gescheitert sind,
werden nicht erreicht.

Neben den bereits erwähnten Schwierigkeiten, mit denen studierende Eltern
konfrontiert sind, kristallisierten sich aus den offenen Antworten zusätzliche
Problemfelder heraus. Dazu gehören Überlegungen, dass ein Studium mit Kind
in speziellen Studienphasen, insbesondere während der Prüfungszeiten, beim
Anfertigung von Abschlussarbeiten und im Praktikum ein zusätzliches Stress-
potenzial birgt. In einigen Fachrichtungen sind Laborarbeiten durchzuführen, zu
denen Schwangere und Stillende keinen Zutritt haben. Sie müssen diese Arbeiten
zu einem späteren Zeitpunkt ausführen, was zumeist Verzögerungen im Studien-
ablauf nach sich zieht.

2.2 Kinderwunsch – Anzahl und Zeitpunkt

Angesichts der anhaltenden Diskussion um geringe Geburtenraten in Deutschland, insbesondere um extrem späte Erstgeburten und hohe Quoten lebenslanger
Kinderlosigkeit unter HochschulabsolventInnen verbunden mit dem Nachdenken
darüber, wo Ursachen und Lösungsansätze hierfür gefunden werden können,
gerät auch die Studienphase als potenzieller Zeitraum zur Familiengründung in
den Blick. Wie sehen das die Studierenden selbst? Möchten sie Kinder und wenn
ja, wie viele und wann?

Von den Studierenden der HISBUS-Stichprobe, die im Durchschnitt 25
Jahre alt sind, wissen ca. ein Fünftel noch nicht genau, ob und wie viele Kinder
sie einmal haben möchten (Abbildung 7). Männer sind in dieser Frage noch
unentschlossener als Frauen und das, obwohl sie durchschnittlich 1,5 Jahre älter
sind als ihre Kommilitoninnen (Frauen: Ø 24,5 Jahre, Männer: Ø 26 Jahre). Aus-
drücklich kinderlos bleiben wollen lediglich etwa 6 %. Drei Viertel der Studierenden wünschen sich mindestens ein Kind. Den meisten Studierenden schwebt
die klassische Zwei-Kind-Familie vor. Bemerkenswerter Weise haben Studentinnen und Studenten sehr ähnliche Wünsche hinsichtlich der Anzahl ihrer
Kinder.

Abbildung 7: Gewünschte Kinderzahl nach Geschlecht (in %)

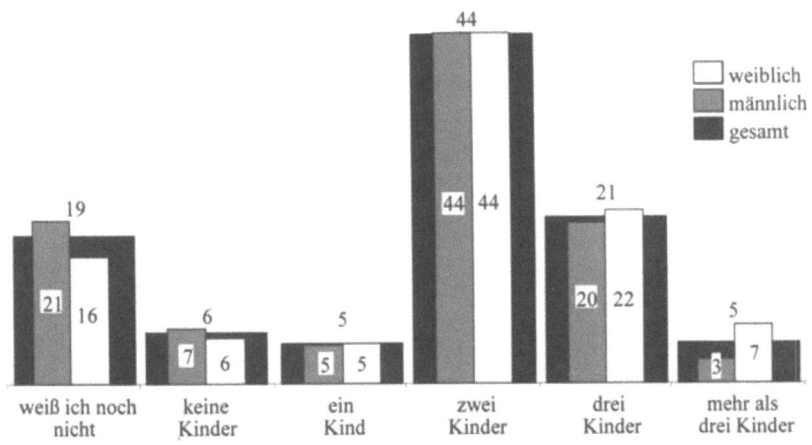

HISBUS-Online-Panel

Für fast alle Befragten ist die Studienphase jedoch nicht der optimale Zeitraum, um eine Familie zu gründen. Lediglich 2 % der kinderlosen Studierenden möchten noch während des Studiums Eltern werden (Abbildung 8). Auch die Zeit unmittelbar nach dem Studienabschluss sehen relativ wenige (6 %) als geeignet an, ein Kind zu bekommen. Von denjenigen, die sich zu diesem Thema bereits Gedanken gemacht haben, ist für mehr als ein Drittel (36 %) die Geburt des ersten Kindes an die Voraussetzung geknüpft, dass sie eine sichere berufliche Position bzw. einen sicheren Job haben. Für Männer ist diese Gegebenheit wichtiger als für Frauen (41 % vs. 31 %). Studentinnen betonen dagegen mehr als doppelt so häufig wie Studenten (34 % vs. 15 %), dass sie erst ausreichende Berufserfahrungen sammeln wollen, bevor für sie eigene Kinder in Frage kommen. Jedem/ jeder Zehnten ist der Zeitpunkt gleichgültig. Insgesamt hat sich ein Sechstel aller Studierenden dazu noch keine Gedanken gemacht – Studenten viel seltener als Studentinnen.

Abbildung 8:   Zeitliche Vorstellungen zur Geburt des ersten Kindes (in %)

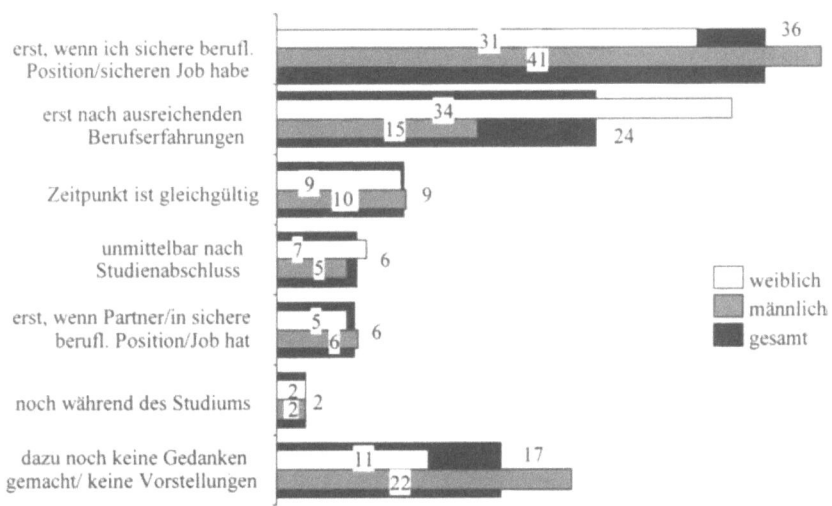

In den Vorstellungen zum optimalen Zeitpunkt der Familiengründung deuten sich bereits Auffassungen von einer geschlechtsspezifischen Rollenteilung an: Männer streben häufiger eine berufliche Absicherung an, um ihrer offenbar antizipierten Rolle als (Haupt-)Verdiener der Familie gerecht werden zu können. Frauen sehen eher in beruflichen Erfahrungen eine wesentliche Grundlage für ihren beruflichen Wiedereinstieg – nach der Familienpause.

2.3 Rollenmodelle im „Familienfall"

Die Studierenden wurden danach gefragt, wie sie sich ihre eigene Einbindung bzw. die ihres Partners/ ihrer Partnerin in eine berufliche Tätigkeit oder ein Studium vorstellen für den Fall, dass sie ein Kind haben. Aus den Antworten ergibt sich ein erstaunlich traditionelles Bild.

A) Die Sicht der Frauen:
Bei einem Kind im Alter von bis zu drei Jahren gehen mehr als ein Drittel der
Studentinnen (39 %) davon aus, nicht berufstätig zu sein bzw. nicht zu studieren.
Mehr als die Hälfte sieht für diesen Zeitraum eine Teilzeittätigkeit als optimal
an. Lediglich 7 % würde ganztägig erwerbstätig bleiben wollen bzw. weiter
studieren. Je älter das Kind ist, desto mehr Studentinnen würden sukzessive in
den Beruf/ zum Studium zurückkehren, den Zeitumfang für diese Tätigkeit aus-
dehnen.

B) Die Sicht der Männer:
Die Voten der Studenten zum eigenen Tätigkeitsumfang bzw. zu dem ihrer Partnerin entsprechen nahezu spiegelbildlich den geschilderten Vorstellungen der
Studentinnen. Nur wenige würden die Erwerbstätigkeit bzw. das Studium unterbrechen wollen. Sie gehen für sich mehrheitlich davon aus, dass sie bei einem
Kind bis zu drei Jahren in Beschäftigung bleiben. Beachtenswert ist, dass jeder
zweite Student (49 %) im ersten Lebensabschnitt des Kindes gern teilzeitbeschäftigt wäre – ein hoher Anteil, der gegenwärtig kaum verwirklicht wird bzw.
auf Grund von angenommenen und/ oder tatsächlichen Akzeptanzproblemen
nicht umgesetzt wird bzw. werden kann.

Die Analyse des für den eigenen Tätigkeitsumfang gewünschten Verlaufs in
Abhängigkeit vom Alter des Kindes macht deutlich, welche unterschiedlichen
Vorstellungen Männern und Frauen dazu haben. Die favorisierten Modelle der
Studentinnen sind „drei Jahre Unterbrechung und danach bis ins Grundschulalter
hinein Teilzeitbeschäftigung" bzw. während der ersten zehn Lebensjahre des
(jüngsten) Kindes „durchgehend teilzeitbeschäftigt". Bei ihnen überwiegt das
klassische „Phasen-Modell" gegenüber dem „Vereinbarkeits-Modell". Studenten
hingegen bevorzugen für sich eindeutig die ununterbrochene Vollzeit-Tätigkeit,
wenngleich fast jeder zweite sich unterschiedliche Phasen für seine Erwerbsin-
tegration vorstellt.

Aus den Antworten der Studierenden können drei typische Muster der Vorstellungen zur partnerschaftlichen Arbeitsteilung unterschieden werden: 1. gleiche Berufs-/ Studien-Beteiligung beider Partner, 2. geringere Berufs-/ Studien-
Beteiligung als der/ die PartnerIn, 3. stärkere Berufs-/ Studien-Beteiligung als
der/ die PartnerIn. Die Vorstellungen der Studentinnen und Studenten ergänzen

sich analog einer traditionellen Rollenteilung nahezu perfekt.[5] Die Antizipationen und Wünsche bezogen auf Fortsetzung bzw. Unterbrechung der Studien-/ Berufstätigkeit scheinen in der Tat vor allem für Studentinnen nicht zu einem erfolgreichen Studium zu passen. Drei Jahre Auszeit würden erheblichen Einfluss auf den erfolgreichen Studienverlauf haben, nicht ohne Reibungsverluste (Zeit, Kenntnisse, Fähigkeiten, Kontakte, Scheine) bleiben.

3 Veränderungsbedarf an den Hochschulen

Inwieweit die Hochschule bereits ein familienfreundlicher Ort bzw. wie weit sie davon noch entfernt ist, lässt sich zum einen aus der bereits dargestellten Sicht aller Studierenden auf ein Studium mit Kind ablesen (siehe Abschnitt 2.1). Zum anderen sind die studierenden Eltern gefragt worden, worin sie die größten Probleme sehen, mit einem Kind zu studieren, und was ihrer Meinung nach an den Hochschulen verändert werden müsste, um die Situation für Studierende mit Kind zu verbessern. Die Antworten fassen nochmals die Hauptprobleme zusammen.

Erwartungskonform beziehen sich die meisten Kritiken auf die Betreuung der Kinder. Jede zweite, der offen gegebenen Antworten bezog sich darauf. Stichworte hierzu sind:

- Fehlen von hochschulnahen Einrichtungen
- Mangel an kostengünstigen Betreuungsmöglichkeiten
- Unterausstattung mit stundenweise nutzbaren Betreuungsangeboten
- Inflexibilität der Öffnungszeiten, die z. B. nicht am Studienalltag (Zeitspanne von Lehrveranstaltungen) bzw. an Semesterterminen (Schließzeiten in der Urlaubssaison) orientiert sind.

Das zweitwichtigste Problemfeld ist das Studium selbst bzw. seine Organisation, wozu entsprechende Wünsche und Forderungen formuliert werden:

- Einführung des Elternstudiums i. S. eines (offiziellen) Teilzeitstudiums
- Entzerren der Prüfungszeiten, Splitten von Diplomprüfungen
- Termine zum Nachschreiben verpasster Klausuren
- Keine Durchführung von Pflichtveranstaltungen nach 16.00 Uhr
- Einhaltung konstanter Zeiten für Pflichtveranstaltungen

---

5 In dem Bericht zur HISBUS-Befragung erfolgt die Analyse hierzu ausführlicher. Es wird zum Beispiel zusätzlich nach vier Lebensziel-Typen (maximalistisch, berufszentriert, familienzentriert und hedonistisch) unterschieden, die mit den Vorstellungen zur familialen Arbeitsteilung in engem Zusammenhang stehen (vgl. Middendorff 2003).

- Nutzung aller Wochentage für Lehrveranstaltungen (anstatt einer Konzentration auf Dienstag bis Donnerstag)
- Verzicht auf Wochenendseminare, wie sie vor allem von GastprofessorInnen angeboten werden
- Ausweitung der Möglichkeiten für ein Studium von zu Hause aus, z. B. über mehr und bessere Online-Angebote.

Von ihren KommilitonInnen wünschen sich Studierende mit Kind eine stärkere Akzeptanz und Unterstützung, zum Beispiel anhand von Mitschriften und anderen Formen des studienbezogenen Informationsaustausches.

Trotz aller Kritik und Erschwernisse bereuen die meisten Studierenden mit Kind nicht, studierende Eltern zu sein. Nochmals vor die Wahl gestellt, würden sich die meisten wieder für ein Studium mit Kind entscheiden.

4   Fazit

Der deutlich überwiegende Teil der AkademikerInnen in spe wünschen sich mindestens ein Kind. Für sie ist das Studium jedoch nicht der ideale Zeitpunkt für eine Familiengründung. Dagegen spricht aus ihrer Sicht in erster Linie die ohnehin hohe zeitliche Belastung durch Studium und Job und ein knappes finanzielles Budget. Sie befürchten studienbezogene Nachteile wie schlechtere Leistungen und Studienzeitverlängerungen, aber auch Einschränkungen im persönlichen Bereich. Ihre Vorstellungen darüber, wie ein Kind – vor allem in den ersten Jahren – betreut und materiell abgesichert sein sollte, lassen sich kaum während des Studiums verwirklichen. Deshalb wird die Familiengründung zumeist auf einen mehr oder weniger länger nach dem Studium gelegenen Zeitpunkt verschoben. Die Studienphase wird wohl auch künftig nicht der bevorzugte bzw. zu bevorzugende Zeitraum zur Familiengründung sein. Dennoch sollten Studierende, die schon zu dieser Zeit ihren Kinderwunsch realisiert haben oder sich noch erfüllen wollen, nicht durch familienunfreundliche Bedingungen an den Hochschulen daran gehindert werden, eine Familie zu haben und gleichzeitig ihr Studium erfolgreich abzuschließen. Gerade für Akademikerinnen kann es angesichts der langen Ausbildungszeiten und der auch im Berufsleben keineswegs optimalen Rahmenbedingungen von Bedeutung sein, den Beginn der potenziell akzeptierten Phase zur Familiengründung ins Studium hinein vor zu verlagern und damit das zur Verfügung stehende Zeitfenster, Kinder zu bekommen, etwas weiter zu öffnen.

Literatur

Isserstedt, Wolfgang/ Middendorff, Elke/ Weber, Steffen/ Schnitzer, Klaus/ Wolter, Andrä (2004): Die wirtschaftliche und soziale Lage der Studierenden in der Bundesrepublik Deutschland 2003. 17. Sozialerhebung des Deutschen Studentenwerkens, durchgeführt von HIS Hochschul-Informations-System. hrsg. vom Bundesministerium für Bildung und Forschung, Bonn
Verfügbar unter: www.sozialerhebung.de

Kahle, Irene. (1993): Studierende mit Kindern. Die Studiensituation sowie die wirtschaftliche und soziale Lage der Studierenden mit Kindern in der Bundesrepublik Deutschland. Hochschulplanung, Band 97, hrsg. von HIS Hochschul-Informations-System, Hannover

Middendorff, Elke. (2003): Kinder eingeplant? Lebensentwürfe Studierender und ihre Einstellung zum Studium mit Kind. Befunde einer Befragung des HISBUS-Online-Panels im November/ Dezember 2002. HIS-Kurzinformation A 4/ 2003. Hannover

„Irgendwas muss leiden ..." – Zeit und Zeitplanung studierender Eltern

Cornelia Helfferich, Anneliese Hendel-Kramer, Nina Wehner

1 Einleitung

Zeitnot ist ein Thema aller Eltern, die Zeit mit Kindern unter einen Hut bringen müssen mit Zeit für den Beruf oder für andere Aktivitäten. Vereinbarkeit ist im Wesentlichen eine Frage der Zeit: Die zu vereinbarenden Bereiche konkurrieren um knappe Zeitressourcen. Während dies allgemein gilt, weist die Gruppe, die wir befragt haben, zwei Besonderheiten auf: Zum einen sind die Kinder klein, zum anderen studieren die befragten Frauen und Männer. Kleine Kinder haben einen anderen Zeitbedarf und das Studium hat, verglichen mit dem Beruf, eine besondere Zeitstruktur: Es gibt einen Rhythmus von Semester und lehrveranstaltungsfreier Zeit vor und Prüfungsvorbereitungen und das Schreiben von Qualifikationsarbeiten sind mit einer besonders hohen zeitlichen Verausgabung verbunden. Die Zeiterfordernisse des Studiums hängen zudem von dem Grad der Verschultheit des jeweiligen Studienganges und von Regelungen bezüglich der Präsenzpflicht ab. In den meisten Studiengängen aber ist das Zeitregime weniger von der gleichförmigen und verbindlichen Präsenz geprägt, als das im Arbeitsleben der Fall ist. Insbesondere Zeiten des Selbststudiums können flexibel gelegt werden. Ziel des Beitrages ist es, mit einer Verschränkung quantitativer und qualitativer Ergebnisse Zeitprobleme und Zeitmanagement studierender Eltern darzustellen.

2 Methodik

Die LANDESSTIFTUNG Baden-Württemberg hat im Rahmen des Programms ‚Familienforschung' das Sozialwissenschaftliche FrauenforschungsInstitut an der Evangelischen Fachhochschule Freiburg beauftragt das Projekt „Familiengründung im Studium" durchzuführen. Es ist als Längsschnittstudie mit einer Kombination von quantitativen und qualitativen Erhebungsmethoden angelegt. Im

Abstand von zwei Jahren (T1: 2004 und T2: 2006) wurden an Baden-Württembergischen Hochschulen Studierende, die während des Studiums Eltern geworden sind bzw. kleine Kinder im Alter von bis zu vier Jahren versorgen, zwei Mal standardisiert schriftlich bzw. online befragt. Aus der ersten Stichprobe von N=580 Müttern und Vätern wurde nach Kriterien der maximalen Variation eine Subgruppe von N=30 gezogen, mit der teilnarrative Leitfadeninterviews geführt wurden. In der Auswertung der qualitativen Interviews wurden bedeutsame Aussagen zum Umgang mit Zeit hermeneutisch aufgeschlüsselt und zentrale Motive herausgearbeitet. Aus den Motiven wurden 10 Items gebildet, die in die zweite standardisierte Befragung aufgenommen und anhand einer fünfstufigen Zustimmungsskala bewertet wurden. Zur Gruppierung der 10 Zeitvariablen wurde eine Faktorenanalyse durchgeführt. Zentrale Dimensionen des Zeiterlebens konnten somit an der Längsschnittspopulation von N=242 studierenden Müttern und Vätern quantitativ überprüft werden.

3   Zeitbudgets studierender Eltern

Anhand eines Wochenstundenplans für eine ‚typische Semesterwoche' gaben die Befragten in der ersten Erhebung an, wie viele Stunden sie täglich (Montag bis Sonntag) für verschiedene Aktivitäten verwenden (vgl. Abbildung 1).

Die Zeitprofile weisen einen signifikant höheren anteiligen Aufwand der Väter für das Studium und für die Erwerbstätigkeit, einen bedeutend niedrigeren für die Kinderbetreuung und einen etwas niedrigeren für die Hausarbeit aus. Über Freizeit verfügen Väter und Mütter in gleich geringem Umfang. Die Addition der für die einzelnen Arbeitsbereiche verwendeten Stunden ergibt für die Mütter mit 94,9 Stunden eine bedeutend höhere wöchentliche Arbeitsbelastung als für die Väter (81,9 Stunden).

Abbildung 1:   Zeitbudgets im Geschlechtervergleich (Stundenmittelwerte pro
                Woche – Angaben nach dem Komma im Dezimalsystem)

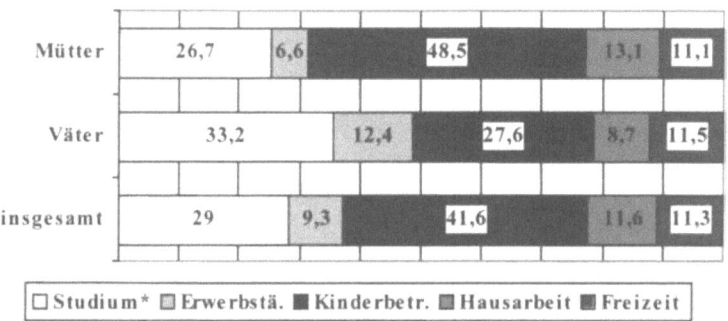

**Zeitbudgets im Geschlechtervergleich in Std./Woche
(Mittelwerte)**

Datenbasis FAST T1: n=368 Mütter; n=211 Väter
* Lehrveranstaltungen und Selbststudium.
Mit Ausnahme der ‚Freizeit' sind die Geschlechterunterschiede signifikant bei p<0.05.

4   Subjektive Vorstellungen von Zeit und vom Umgang mit Zeit

In den 30 qualitativen Interviews wurde der Umgang mit Zeit in den Erzählungen mit angesprochen. Zudem enthielt der Leitfaden eine konkrete Nachfrage
nach Zeit, die in jedem Interview gestellt wurde, unabhängig davon ob Zeit bereits im Erzählfluss der Befragten von alleine thematisiert wurde („Was können
Sie denn erzählen über Zeit?"). Außerdem wurden im Nachfrageteil auch spezielle Vergleichsfragen gestellt: Was ist der größte Unterschied zu berufstätigen
Frauen/ Männern mit Kind? Was ist der größte Unterschied zu Studierenden
ohne Kind?

Bei der Auswertung der qualitativen Interviews wurden zwei Interpretati-
onsstrategien verfolgt: Zum einen wurde auf der Ebene des Einzelfalls sinnre-
konstruierend-hermeneutisch ausgewertet. Zum anderen haben wir aus allen
Interviews auf einzelne Themen hin Passagen ausgewählt und hermeneutisch
interpretiert. Bei diesem Verfahren - gewissermaßen „quer" durch das Material -
steht nicht die Einzelfallperspektive im Zentrum, sondern die fallübergreifenden
Verdichtungen zu Motivbündeln.

Ausgangspunkt der Vorüberlegungen unseres Forschungsprojekts war, dass Studierende mit Kind - wie alle anderen Eltern auch - ihre Zeitökonomie verändern müssen. Die besonderen Möglichkeiten der flexiblen Zeiteinteilung lassen aber, so nahmen wir an, besondere Lösungen zu, denn verglichen mit Berufstätigen sind weniger Stunden des Tages zeitlich gebunden. Unsere Ergebnisse zeigen aber spezifische, andere Probleme mit Zeit in der speziellen Untersuchungsgruppe von Studierenden mit einem kleinen Kind.

Zunächst wird das dominierende Gesamtmotiv dargestellt: der Mangel an Zeit. In der Zusammenfassung der Aussagen zum Vergleich mit Studierenden ohne Kind und mit berufstätigen Eltern wird deutlich, was die Studierenden mit Kind als die Besonderheit der eigenen Situation ansehen. Anschließend werden drei Motivbündel vorgestellt, die den Faktoren der Faktorenanalyse entsprechen.

4.1 Das übergeordnete Gesamtmotiv: Mangel an Zeit

Die ersten Sätze vieler InterviewpartnerInnen auf die Frage nach Zeit zeigen eine Gemeinsamkeit: Zeit wird als Mangel an Zeit eingeführt.

I[1]:   Was kannst du denn sagen über Zeit?

IP (25)[2]:Über Zeit? Zeit hat mer immer zu wenig. Einfach immer. Der Tag der müsste mindestens fünf Stunden länger sein.

IP (22): Zeit? Ich hab keine. Ich brauch mehr.

IP (11): Die is sowas von minimiert, das is echt bitter.

Ein Großteil der Befragten beantwortet die offene Frage direkt und konkret: Das erste was ihnen zu „Zeit" einfällt, ist eigener empfundener Mangel an Zeit. Er wird sofort benannt und grundsätzlich thematisiert: Zeit ist eine knappe Ressource, von der sie generell zu wenig haben. Ohne eine Quantifizierung überstrapazieren zu wollen, kann dieses Muster als ‚Normalmuster' bezeichnet werden. Es gibt nur in zwei Interviews ein anderes Verständnis von Zeit, wobei Zeit als biografische Zeitspanne verstanden wird (auf die Frage hin „Was können Sie denn erzählen über Zeit?": „die Zeit, seit das Kind da ist" und „die Zeit nach m Studium").

---

1 I steht für Interviewerin, IP für Interviewperson.
2 Die Zahlen in Klammern markieren die Nummern der Interviews.

In den Interviews, in denen spezifiziert wird, *welche* Zeit bzw. Zeit *wofür* fehlt, lassen sich Zeitkategorien rekonstruieren. Die Zeit, die fehlt, ist zum einen „Freizeit" und „Zeit für mich".

IP (21): Wenn Sie jetzt Freizeit meinen, frag ich Sie was isch des? Weil da hab ich keine, also.

IP (17): Einmal die Woche darf ich dann auch ins Training. Ja, genau. Da muss ich dann um acht im Training sein un dann darf ich den Abend – der is dann ganz für mich. Genau. Und das hat A. [Name der Partnerin] dann auch, einen Abend.

IP (13): Da fällt mir ganz spontan ein, Zeit für mich gab`s eigentlich nie.

I: Wie sieht es aus mit ihrer Zeit?

IP (30): Begrenzt. Also, ich hab wenig Zeit für mich. Abends einfach. Abends wenn er im Bett is.

IP (22): Und sonntags bin ich halt dann arbeiten gegangen. Samstags, ja gut, samstags kam immer drauf an, ob ich frei hatte oder nich. Also frei mein ich jetzt, dass D. [Name des Kindes] nich da war. Das is für mich halt frei, ne?

IP (04): Ja, abends wenn die B. im Bett is und jetzt zurzeit, joa dann wenn dann beide im Bett sind, aber dann is es auch schon zehn oder so - da schlaf ich dann, wenn ich Zeit für mich selbst hab!

Die freie Zeit wird als selten ausgewiesen, konzentriert sich auf den Abend oder feste Termine in der Woche und hat in dieser Seltenheit einen hohen Stellenwert. Sie ist erzählenswert und etwas Besonderes, die Ausnahme von der Regel. Zeit erfährt durch den Mangel, seit das Kind da ist, eine Wertsteigerung:

IP (19): Zeit ist kostbarer. Kostbarer in dem Sinn, dass ich weniger Zeit habe, mich auszuruhen.

Das Assoziationsfeld für „freie Zeit" umfasst „allein sein", „frei haben", „ausruhen können", „mir gehören", „eigene Bedürfnisse (befriedigen)". In einem Zitat wird das „frei haben" definiert als „das Kind ist nicht da" – die „freie Zeit" ist also Zeit ohne Kind, oder, wie in anderen Zitaten, Zeit, wenn das Kind schläft. Freie Zeit ist somit gleichzeitig Restzeit oder Zeit, die „übrig ist/ bleibt". Damit wird eine implizite oder explizite Gegenüberstellung vorgenommen: „freie Zeit" bzw. „Zeit für mich" vs. Zeit für das Kind.

Nicht nur die „freie Zeit" fehlt. Auch die Zeit für die Uni, das Studium und das Lernen fehlt. Was nicht genannt wird: Es fehlt Zeit für das Kind oder die Familie. Das lässt sich so interpretieren, dass die bisherigen Zeitfelder, die „Freizeit" und die Zeit für das Studium reduziert werden, die Zeit für das Kind aber als selbstverständlich von der Reduzierung ausgenommen wird.[3]

4.2   Zwischen zwei Vergleichshorizonten

Studierende Eltern unterscheiden sich von den meisten Studierenden dadurch, dass sie Kinder haben; und von den meisten Eltern dadurch, dass sie studieren. Bezogen auf Zeit vergleichen sich studierende Eltern implizit oder explizit oft mit ihren kinderlosen KommilitonInnen. Wir haben im Nachfrageteil auch direkt nach Unterschieden zu Studierenden ohne Kind gefragt, wie auch zu berufstätigen Müttern und Vätern. Dabei war Zeit insgesamt das dominante Thema.

Die Auswertung der Vergleichsfrage liefert ein erstes Bild der Verortung Studierender mit Kind. Die Vergleichsfrage provoziert einen spezifischen Ausschnitt der Wahrnehmung: Sich mit anderen zu vergleichen, lenkt den Blick auf die Merkmale, in denen Unterschiede festzustellen sind. Dies kann dazu führen, dass Aspekte außen vorgelassen werden, die sonst wichtig wären, die aber keine Vergleichsdimensionen bedienen. Es kann aber auch den Effekt haben, dass Dinge bemerkenswert werden, die, würde man nur die eigene Situation betrachten, auf Grund ihrer Selbstverständlichkeit nicht angesprochen werden würden.

4.2.1   Der Vergleich mit kinderlosen Studierenden

Im Selbstvergleich zu Studierenden ohne Kind(er) wird eine klare Differenz markiert: Studierende ohne Kind leben und studieren unter ganz anderen zeitlichen Bedingungen:

- Sie verfügen über Zeitwohlstand:
  IP (15): Für jemanden der keine Kinder hat, ist die Zeit im Überfluss da.
  IP (04): Die ham halt viel Zeit übrig.

---

3 In keinem Interview geben die Befragten Kindern eine ‚Schuld' für die Zeitzwänge; die Bedürfnisse der Kinder und die Veränderung der Zeitstruktur werden als gegeben gesetzt. Hier ist zu fragen, inwiefern vorgegebene Rollenvorstellungen die Äußerungen der Befragten anleiten.

- Ihnen gehört die Zeit:
  IP (04): Die ham halt einfach Zeit.
  IP (07): Die ham Zeit ich nicht, ich hab Verantwortung und sie nicht.
- Sie können frei darüber verfügen:
  IP (09): Die haben freie Verfügung über ihre Zeit, das hab ich nicht.
  IP (18): Die können sich ihre Freizeit ganz frei einteilen, und haben auch einfach mehr Zeit zum Lernen wenn sie sie denn wollen.
- Und sie sind niemand anderem darüber Rechenschaft schuldig, was sie mit ihrer Zeit machen:
  IP (04): Die lassen ihr Studium schon auch mal ausfallen, aber dann halt zum eigenen Vergnügen.

Zeit wird hier als etwas dargestellt, das unterschiedlich läuft und zwischen kinderlosen Studierenden und solchen mit Kindern ungleich verteilt ist. Zeitwohlstand liegt in Händen der Kinderlosen. Sie verfügen über ihre Zeit, können ihre Zeit frei gestalten und sind handlungsmächtig.

4.2.2 Der Vergleich mit berufstätigen Eltern

Zu unseren Ausgangsannahmen zählte, dass Studierende mit Kind(ern) auf die Frage nach den Vorzügen der Situation die (relative) zeitliche Flexibilität anführen würden, die das Studium gewährt. Wie bereits deutlich wurde, ist diese Thematisierung von Zeit als etwas, über das sie souverän verfügen können, nicht besonders verbreitet. Es dominieren Erzählungen von zunehmender Außengesteuertheit, Zeitnot und einem eingeschränkten Gestaltungsraum. Die Flexibilität wurde erst auf die Frage nach dem Vergleich mit berufstätigen Eltern ausgiebig thematisiert.

- Berufstätige Mütter ...
  IP (22): (...) sind nich so flexibel in ihrer Zeit (...), die können ja nich einfach irgendwie sagen, okay ich lass die Vorlesung oder die Übung sausen, das können die ja gar nich machen, die müssen hingehen.
  IP (16): (...) sind schon eingespannter als Studenten, weil die Studenten halt doch mal die Vorlesung mal kopieren können und die ham halt da Anwesenheitspflicht beim Arbeiten, was ja auch verständlich is aus Sicht des Chefs.
  IP (10): (...) haben weniger Zeit fürs Kind, weil als Student hast du schon mehr Zeit, weil wie gesagt, die Vorlesungen sind von dort bis dort und dann du hast mehr Zeit und Urlaub hast du auch mehr.

Es herrscht eine Semantik des Zwangs, der Pflicht und des Eingebundenseins vor, wohingegen in diesen Passagen die eigene Zeiteinteilung als Studentin von Möglichkeiten, Freiheit, Großzügigkeit und Lockerheit geprägt ist. Auch wird den berufstätigen Müttern hier Zeitarmut attestiert, die eigene Zeit erscheint dagegen reichlich vorhanden.

Das andere große Thema bei diesem Vergleich sieht einen klaren Vorteil auf Seiten der Berufstätigen gerade nicht in der Flexibilität, sondern in der Struktur.

I: Was ist denn der größte Unterschied zu berufstätigen Männern mit Kind?

IP (21): (…) dass die, wie der Schwab so schön sagt um zwei de Hammer falle lasse un heimgehen zum Kind. (…) ja, wo ich heimkomm, und sag ja schon schön dass du mir grad was zeige willsch, aber ich muss jetzt noch geschwind meine mails abrufen, und ich muss jetzt noch irgendne Recherche machen oder ich muss noch an ner Hausarbeit schreibe oder noch irgendwas lesen, ja, und wenn ich das net will während er wach isch, dann muss ich's halt mache wenn er im Bett isch, ja. (…) n berufstätiger Mann mit Kind, der hat einfach sei Verantwortung in dene acht Stunde in dene er bei der Arbeit isch und wenn er da heimgeht, dann kann er des dort lassen.

I: Was ist denn der größte Unterschied zu berufstätigen Frauen mit Kind?

IP (12): Da weiß mer ganz genau, mer arbeitet so und so viel Stunden, kommt dann nach Hause oder holt des Kind und dann is Arbeit zu Ende. Und das ist bei mir halt eben nicht der Fall.

Eine klare Struktur fester Arbeitszeiten, denen Überschaubarkeit und Begrenztheit zugeschrieben wird, steht hier der amorphen Arbeitszeit des Studiums gegenüber. In dieser Konstruktion ist eine klare Bereichstrennung Berufstätigen „einfach" möglich, und Studierenden nicht, da das Studium als ohne „Feierabend" erlebt wird.

4.3 Zeitnot: Zerstückelung und Fragmentierung von Zeit versus konzentriertes Arbeiten

Eine Darstellungsform hat Zeitnot als Kern. Diese besteht in einer vollständigen Unvereinbarkeit von Studium und Kind, was die Kollision von zwei Zeitökonomien und die Auflösung von Zeitstrukturen angeht. In einem Zitat wird deutlich, was die Zerstückelung der Zeit ausmacht. Es finden sich Motive einer Aufhebung des üblichen Tag-Nacht-Rhythmus und der Unverlässlichkeit von Gelegenheiten.

> IP (15): Ich konnt eigentlich nur nachts arbeiten und da ich immer noch gestillt hab, war ich dann nachts relativ oft noch wach und des war zwei Stunden Arbeit, dann musst ich wieder aufhörn und dann wird man aus der Arbeit wieder herausgerissen, dann is mer ne Stunde beschäftigt, anderweitig, un dann musste man wieder anfangen, und sich dann erst wieder reindenken, also dieses unterbrechen, ständig und nie konzentriert dranzubleiben, das war schon heftig. Und also nachts kein vernünftiger Schlaf, tagsüber ging sowieso nix, weil da war ja ständig - mein Mann musste arbeiten gehen und Oma Opa, des ging manchmal aber net immer. Weil er doch sehr mamabezogen war. Und ja, un dann blieb mir eigentlich nur der Abend. (...) Weil ja, einfach irgendwas leidet. (lacht) Irgendwas muss leiden. Und des hab ich halt da auf jeden Fall mächtig zu spüren bekommen.

Impliziter Bezugspunkt ist das „nicht aufhören müssen", das „konzentriert dranbleiben". Die Arbeit für das Studium wird hier konstruiert als etwas, in das man „reinkommen" muss, in das man sich vertieft, auf das man sich einlassen muss, also als ungestörte Versenkung erfordernd. Die Zerstückelung und Fragmentierung in Zeiteinheiten von zwei Stunden steht dem entgegen. Auch eine andere Studentin benennt das, indem sie den offenen Zeithorizont von Studierenden ohne Kinder anspricht:

> IP (12): Also des is glaub ich noch mal was ganz Anderes, wo mer halt auch- haja, wenn mer halt einfach mal im Arbeiten drin is (...) mer hat ne gewisse Zeit dann wird mer wieder rausgerissen, dann darf mer wieder anfangen, dann wird mer wieder rausgerissen.

Auslöser der Zerstückelung ist die ständige Abrufbarkeit durch die Bedürfnisse des Kindes. Die Lösung ist die Nutzung der Zeit, die „bleibt": „nur der Abend" oder „nachts arbeiten". Damit wird der Wechsel von Schlaf/ Nacht und Arbeit/ Tag aufgehoben, weder ist nachts ein ungestörtes, konzentriertes Arbeiten möglich, noch am Tag, aber auch nachts ist nicht an „vernünftigen" Schlaf zu denken.

Die Zeit des Stillens ist eine Zeit mit einer besonderen Zeitstruktur, die durch den Hunger des Kindes bestimmt ist. Die Zerstückelung der Zeit ist aber nicht ausschließlich an die Säuglingsphase gebunden, sondern auch an Schlafphasen bzw. später an Phasen der Kinderbetreuung.

> IP (08): Ob Zeit länger oder kürzer geworden ist zum Beispiel? Die freie Zeit hat sich ja, relativiert. Erst hatte man zwei Schlafperioden vom Kind, dann eine Schlafperiode, wo man wirklich was schaffen konnte und jetzt hat man keine Schlafperiode eigentlich mehr.

> IP (12): (...) dass die Zeit ne andre is. Dass ich wenn ich um zwölf auf die Uhr kuck weiß auch, jetzt ess ich schnell was und dann is schon fast wieder Abholzeit und wenn ich halt kein Kind hätte und auf die Uhr kuck, oh zwölf Uhr – haja gut, dann hab ich ja mindestens noch sechs Stunden bis abends sechs Uhr, so ungefähr.

Strukturell schließen sich hier die zeitlichen Anforderungen und Zeitökonomien der beiden Bereiche gegenseitig aus. Die Anforderungen des Studiums gehorchen einer anderen Zeitlogik als die Aufgaben der Betreuung eines kleinen Kindes. Die Unvereinbarkeit ist hier zugespitzt, verglichen mit der Vereinbarkeit von (etwas älteren) Kindern und Berufstätigkeit: Das Studium ist anspruchsvoll und verlangt als intellektuelle Tätigkeit ungestörte Arbeitsphasen, der die Abrufbarkeit für die Befriedigung der Bedürfnisse des Kindes entgegenstehen. Beides gleichzeitig lässt sich nicht realisieren. „Irgendwas muss leiden" – der Erzählperson obliegt nur der Handlungsspielraum zu entscheiden, welcher Bereich. Und sie entscheidet sich dafür, dass eher die Qualität der Arbeit leiden soll als das Kind.

Die beiden spezifischen Bedingungen, ein kleines Kind zu haben und zu studieren, und damit intellektuellen Anforderungen genügen zu müssen, verschärfen das Vereinbarkeitsproblem eher, als dass sie es mindern. Die Flexibilität im Ausweichen auf Nachtstunden zum Arbeiten ist zwar möglich, aber nicht ohne negative Folgen: Sie trägt hier eher zur Zerstörung des üblichen Zeitrhythmus bei als dass tatsächlich Vereinbarkeit möglich wird.

4.4 Ein Lösungsvorschlag: Zeitmanagement

Mit der Zeitnot sind Versuche verbunden, Dinge „nebenher" und gleichzeitig zu machen und Zeitlücken als „Gelegenheiten" flexibel zu nutzen, z. B. das Ausweichen auf die Abend- und Nachtstunden zum Lernen. Weitere Aspekte sind die Planung und Organisation und das Setzen von Prioritäten, also Verhaltensweisen im Sinne von Zeitmanagement.

Die Rede war von der Notwendigkeit („man muss"), sich alles „einzuteilen" und „abzusprechen" und von „total durchgeplant". In einigen Interviews dominiert eine Semantik der Planung und Organisation. Zeit erscheint vor allem als etwas *zu Planendes* oder *zu Organisierendes*:

IP (12): Also man muss sich schon organisieren, Zeit einteilen, Zeit planen.

IP (17): Wenn man n Kind hat, muss man n genauen Zeitplan aufstellen. Also man muss schon so n Jahr vorausplanen.

IP (21): Ich hab so mein eigenes Zeitmanagement gelernt.

IP (18): Dieses Zeitmanagement, das fand ich eigentlich noch - also man muss es halt strikt durchorganisieren um die Zeit dann halt auch effektiv zu nutzen.

IP (07): Zeitmanagement - anders geht`s nich.

IP (06): Also bevor sie kam, war ich sehr ausgeschlafen immer und hatte fast'n bisschen Probleme, mir meine Zeit einzuteilen weil sie sehr frei war. (...) Ja, ich konnte einfach total komplett über meine Zeit verfügen, *was ja auch total* schön ist, so am Anfang des Studiums (...). Und ja eben man kann es frei entscheiden. Und seit sie halt da ist, bin ich nicht mehr ausgeschlafen und kann meine Zeit nicht mehr frei einteilen, also alles ist total durchgeplant, (...) o.k. am Samstag kann ich dann von drei bis sechs in die Sauna gehen und das is dann Zeit für mich oder samstags abends gehe ich dann vielleicht noch mit ner Freundin ins Kino oder so. Und man muss halt immer alles absprechen.

Im Zusammenhang mit den vorherigen Zitaten erschließen sich interpretativ zwei Bedeutungen der Planung: Zum einen steht Planung im Sinne von „Verplanen" negativ gegen die Freiheit und quasi ‚planlose' Verwendung von Zeit, bevor das Kind auf die Welt kam. Zum anderen sind Planung und Organisation notwendig, um der Auflösung der Zeitstruktur etwas entgegenzusetzen.

4.5   Ein Lösungsvorschlag: Die Bereiche Kind und Studium trennen

Ein anderer Versuch, die Vereinbarkeit herzustellen ist die Prioritätensetzung, bei der ein Bereich für eine begrenzte Zeit zurückgesetzt wird. Dies kann, muss aber nicht, mit Planung und Organisation einhergehen, und entspricht eher dem, was als ‚sukzessive Vereinbarkeit' bezeichnet wird. Diese bezieht sich vor allem darauf, Dinge nicht „nebeneinander" erledigen zu können.

> IP (08): In dem Moment wo man zu Hause is mit dem Kind in dem Alter wo es jetzt ist, bis drei – es alleine so gut wie gar nicht spielt, und auch kein Verständnis dafür zeigt ‚wenn man mal sagen würde ich muss jetzt mal kurz das lesen – und dann will es das mitlesen, und es liest etwas seltsam, so meistens verkehrt rum und blättert auch in die entgegen gesetzte Richtung. Also man hat keine Möglichkeit wenn man alleine is und dieses Kind zu Hause hat, zu lernen. Absolut keine.

Ein gleichzeitiges Sich-Einlassen auf die Anforderungen des Studiums und die Ansprüche des Kindes wird hier als unmöglich beschrieben. Ist das Kind mit seinen Bedürfnissen präsent, ist kein vertieftes Arbeiten möglich. Die Zeit für das Lernen kann notwendigerweise nur eine sein, in der das Kind nicht gleichzeitig betreut werden muss. Umgekehrt können auch die Erfordernisse des Studiums zurückgestellt werden:

> IP (16): Ich geh nicht so oft an die Uni und da hab ich halt meinen eigenen Tag oder halben Tag ganz für mich, den ich mir halt auch frei halt, und auch dann nix mach zu Hause im Haushalt. Dann nur mein Zeug vor mich hin wurschteln – ich baschtel ziemlich viel und da muss ich des machen, sonscht also wenn ich des nicht mach, dann dreh ich durch.

Die Arbeit für das Studium erscheint einteilbar, wenn die Zeit dafür in der Perspektive des gesamten Lebenslaufs entzerrt werden kann. Hier wird das Studium nicht als ein Bereich mit eigenem strengem Zeildiktat beschrieben, sondern die Anforderungen können gestreckt werden.

> IP (16): Also wenn ma net zuviel macht, also ich denk auch, ma darf sich nicht zu viel vornehmen und dann lieber n bisschen länger brauchen, was sind schon ein Jahr oder zwei Jahre (...) also ich hab genug Zeit.

IP (13): Jetzt wenn se so klein sin, isch es no viel extremer deswegen hab ich ja jetzt ebe diese Urlaubssemeschter beantragt, weils erschte Jahr eufach's wichtigschte isch, und die Möglichkeit da nebem Studium also mit Kind dass du so n Ministudium machsch des geht net, da, also, die wo des machet, also i weiß net wie die des mache sollet. Also mir wär des jetzt unmöglich. Da bisch dann so kaputt, wie willsch dann no ne Vorlesung reinbringe, also des isch des geht gar net anderscht, also deswege mach ich des Jahr Paus. Und dann sin die Kinder wieder so weit, dass de wirklich dann sage kannsch, ich kann se abgeben.

4.6 Strukturelle Benachteiligung: Geht es oder geht es nicht?

In den Interviews finden sich zwei Aspekte: Zum einen wird darauf hingewiesen, dass in den Leistungsanforderungen der Hochschule nicht berücksichtigt wird, dass junge Eltern nur mit einem zerstückelten Zeitkontingent arbeiten können. Daraus ergibt sich eine spezifische Benachteiligung studierender Eltern.

IP (15): Und dann hat man halt auch gesehen dass Frauen oder Mütter mit Kindern oder könnte auch Männer mit Kinder, dass die gegenüber denen, die keine Kinder haben, sehr benachteiligt sind. Also jetzt net was des Studieren an sich angeht sondern einfach die Zeit, mer hat einfach nicht diese Zeit, die Andere haben, un mer muss trotzdem in einer entsprechenden Zeit seine Arbeit abliefern. Und des, also da klafft's meilenweit auseinander. (...) Also is da schon mal n Druck da und verlängert man nicht, kann man keine hundertprozentig gute Arbeit abgeben.

Die Vorstellung der Studentin von qualitätsvoller Arbeit - die ohnehin schon unter erschwerten Bedingungen stattfinden muss - kollidiert mit der Zeitstruktur, die ihr durch das Studium vorgegeben ist. Referenzpunkt für qualitätsvolles Arbeiten ist und bleibt für sie dabei explizit die Zeit, die kinderlose KommilitonInnen zur Verfügung haben. Für andere Befragte ‚funktionieren' die Lösungen zumindest teilweise. Verglichen mit Studierenden ohne Kind verfügen sie über eine bessere und überlegene Organisationsfähigkeit und können damit den Nachteil teilweise kompensieren.

IP (18): Zeit, ja, man lernt dass man die gleiche Zeit wie vorher hat und sie jetzt anders aufteilen muss und ist zum Teil erstaunt, dass man in der wenigen Zeit trotzdem noch so viel machen kann.

IP (04): Jetzt im Vergleich find ich die ham halt viel Zeit übrig, aber die kriegen ja auch nich mehr gebacken.

5   Zentrale Dimensionen des Umganges mit Zeit: Ergebnisse der Faktorenanalyse

Bei der explorativen Faktorenanalyse wurden die Zusammenhänge zwischen zehn aus den qualitativen Interviews gewonnenen Items analysiert und zu grundlegenden Dimensionen des Umgangs mit Zeit verdichtet. Mathematisch-statistisch ergab sich eine Drei-Faktorenlösung. Die Begrifflichkeiten ‚Zeitnot', ‚Zeitmanagement' und ‚Kind und Studium trennen' sind aus der hermeneutischen Interpretation des qualitativen Materials abgeleitet.

Items des Faktor 1: Zeitnot
1. Mein Tagesablauf ist so zerstückelt, dass ich selten konzentriert arbeiten kann. (Faktorladung 0.81)
2. Seit das Kind da ist, habe ich das Gefühl, dass ich zu gar nichts mehr komme. (Faktorladung 0.67)
3. Ich kann keine Prioritäten setzen, wie ich meine Zeit verwende. (Faktorladung 0.60)
4. Mit Kind studiere ich nicht effektiver als davor. (Faktorladung 0.55)

Items des Faktor 2: Zeitmanagement
1. Kind und Studium lassen sich nur bei einer strengen Zeitplanung vereinbaren. (Faktorladung 0.78)
2. Ich komme mit der Zeit nur über die Runden, wenn ich mich gut organisiere. (Faktorladung 0.74)
3. Ich leide darunter, dass bei meinem knappen Zeitbudget immer etwas zu kurz kommt. (Faktorladung 0.57)

Items des Faktor 3: Kind und Studium trennen
1. Wenn ich für mein Studium arbeite, kann ich nicht nebenher mein Kind betreuen. (Faktorladung 0.84)
2. Wenn mein Kind dabei ist, kann ich nicht fürs Studium arbeiten. (Faktorladung 0.69)
3. Meine Zeitverwendung ist stark von außen bestimmt bzw. durch andere vorgegeben. (Faktorladung 0.49)

Mit der Zeitproblematik sehen sich die meisten studierenden Eltern konfrontiert, um jedoch gruppenspezifische Unterschiede des Zeiterlebens auf der quantitativen Ebene zu überprüfen, wurden die jeweils auf einem Faktor ladenden

Variablen zu einem Summenindex zusammengefasst. Für jede einzelne Person wurde ein entsprechender Summenindex gebildet, der den Durchschnittswert der Angaben der Variablen, die in den Faktor eingegangen sind, darstellt. Es zeigte sich, dass die Zeitnot bei Studierenden, die neben Studium und familiären Pflichten noch einer Erwerbstätigkeit nachgehen, besonders ausgeprägt ist. Zeitnot wird reduziert durch Strukturmerkmale der Kinderbetreuung. Die Möglichkeit gut erreichbare, hochschulnahe Betreuungseinrichtungen und solche mit ganztägigen Öffnungszeiten zu nutzen, verringert die Affinität zur Zeitnot signifikant.

Geschlechtsspezifisch signifikante Unterschiede sind bei den Faktoren ‚Zeitmanagement' und ‚Trennung Kind und Studium' ausgeprägt. Mütter haben hier signifikant höhere Indexwerte als Väter. Mütter müssen ihre Zeit strenger organisieren und planen, da sie – wie die Ergebnisse zu den Zeitbudgets der Erstbefragung zeigen – in bedeutend stärkerem Maße als die Väter mit Kinderbetreuungs- und Haushaltsaufgaben befasst sind und eine höhere wöchentliche Arbeitsbelastung haben.

6   Diskussion

Das subjektive Zeiterleben studierender Eltern mit kleinen Kindern erscheint in erster Linie als das Erleben eines Mangels. Dies ist nichts Ungewöhnliches, ebenso wie es nicht spezifisch für studierende Eltern ist, dass sie Abstriche bei der *Freizeit* und *Zeit für sich* machen (vgl. BMFSFJ 1997: 82) und dass die Bedürfnisse des Kindes in der ersten Lebensphase den Zeitrhythmus diktieren, was als ein Verlust von Zeitsouveränität erlebt werden kann. Gerade junge Eltern beklagen häufig eine empfundene Verknappung von Zeit, die Zeitnot z. B. erwerbstätiger Mütter ist hinreichend belegt (vgl. Jurczyk 2004).

Die Zeitnot Studierender mit Kind trägt aber spezifische, mit den strukturellen Bedingungen eines Studiums verknüpfte Züge. Eine erste Besonderheit im Kontext der gesamten breiten Debatte zu Vereinbarkeit von Familie und Beruf/ Studium bezieht sich darauf, dass die Kinder in unserer Gruppe klein waren bzw. während des Studiums geboren wurden, und das Ausmaß, in dem die Bedürfnisse der Kinder die Zeitstruktur bestimmen, sich mit dem Alter des Kindes verändert. Das neue, kaum umgehbare Zeitdiktat gilt in besonderem Maß für Säuglinge, die gestillt werden. Mit wachsendem Alter nimmt die Dauer der Fremdbetreuung zu und damit bleibt, wie in den Zitaten auch berichtet, mehr Zeit „übrig". Die Zeitumstellung, wenn ein Kind geboren ist, bezieht sich aber nicht nur auf die Quantität des Zeitmangels, sondern qualitativ auf die Auflösung bisheriger Regelmäßigkeiten, Tagesrhythmen und Zeitstrukturen, die erst wieder durch Routinen und Organisation restrukturiert werden müssen.

Zwei Aspekte verschärfen die Umstellung der Zeitökonomie nach der Geburt des Kindes bei studierenden Eltern: Zum einen wird der Kontrast zu der Zeitstruktur vor dem Kind bzw. von Studierenden ohne Kind, die als „frei", „einteilbar" und von einem „Überfluss" gekennzeichnet wird, besonders betont. Die Zeitnot und die Unterwerfung der Zeit unter die Bedürfnisse des Kindes wird als Bruch mit einer studentischen Kultur des „Zeitwohlstandes" dargestellt. Zum zweiten steht die Zerstückelung der Zeit im Gegensatz zu der intellektuellen Arbeit des Studiums, die ungestörte Konzentration verlangt. Becker-Schmidt hat in ihren Untersuchungen zu Zeitproblemen arbeitender Mütter eine andere Unvereinbarkeit der divergierenden Zeitlogiken der Akkordarbeit einerseits und der Kinderversorgung andererseits bei Arbeiterinnen mit Kindern gezeigt (Becker-Schmidt 1983: 22). Die Zeit, die mit dem Kind verbracht wird, verlangt Muße und Hingabe, die Bereitschaft, Zeit zu verlieren, während die Arbeit Schnelligkeit und Effektivität und eine ökonomische Verwendung kleinster Zeiteinheiten erfordert. Diese beiden Aspekte zeigen, dass die Vereinbarkeitsprobleme von Studierenden, die ein Kind während des Studiums bekommen haben, eher gravierender sind als in der allgemeinen Problemlage „Vereinbarkeit von Familie und Beruf" angenommen wird. Diese Problematik der besonderen Kollision von unvereinbaren Zeitökonomien liegt als dominantes Motiv dem ersten Faktor ‚Zeitnot' der Faktorenanalyse zu Grunde. Beides, Kind und Hochschule erscheinen als „greedy institutions"[4] (Cappleman-Morgan 2006) bezogen auf die Zeitressourcen studierender Eltern.

Der zweite Faktor ‚Zeitmanagement', der sich in der Faktorenanalyse als Dimension herauskristallisierte, hat als Kern einen Lösungsvorschlag: Planung und Organisation hilft. Auch die Planungsnotwendigkeit und das Motiv der Zeitökonomie ist nichts Spezifisches für Studierende mit Kind. In der Untersuchung ‚Arbeit des Alltags' (1987-95, 140 qualitative Interviews) wurden unter anderem Lebensführungsmuster bei flexiblen Arbeitszeiten untersucht (Jurczyk 1993: 252). Die Auswertung zeigte, dass der Umgang mit Zeit mehr und mehr ökonomischen Maßstäben unterworfen ist und eine Haltung, mit der knappen Ressource Zeit strategisch umzugehen, verallgemeinert zu finden ist.

> „Die Zeit durchdringt jede Pore des Alltags – sogar Mußestunden werden exakt und zum vernünftigsten Zeitpunkt geplant." (Jurczyk 1993: 252)

---

4 "Greedy institutions" kann mit "gierige Institutionen" übersetzt werden, inhaltlich meint dies Institutionen, die die Zeit der Studierenden vollständig absorbieren.

Wo Zeitnot zu einer Rationalisierung von Zeit führt, entsteht allerdings eine neue Zeitnot. Weitere Untersuchungen zu Zeit und Zeiterleben haben gezeigt, dass Versuche, Zeit durch Planung und Management einzusparen und dadurch zu gewinnen, zum so genannten „Zeitparadoxon" führen:

> „Je genauer ich die Zeit messe, in je kleinere Einheiten ich sie einteile, desto wertvoller jeder dieser Teile und umso sorgfältiger muss er gespart und genutzt werden. (...) Es wird Zeit gespart und optimiert, und dennoch werden die Menschen nicht wirklich freier vom Zeitdruck, sondern dieser nimmt eher noch zu." (Reheis 2003: 77)

Die gefühlte Zeitnot kann also durch „Zeitmanagement" eher noch steigen.

Die qualitativen Aussagen zeigen, dass die Planung und das „Einteilen" zum einen der Strukturierung, zum anderen der Verdichtung dienen: Die Zeit soll anders, nämlich effektiver genutzt werden, damit noch Zeit „übrig bleibt".

Der dritte Faktor, bei dem eine Trennung der Bereiche vorgeschlagen wird, kann mit Planung einhergehen, aber die qualitativen Zitate zeigen, dass es weniger um eine Verdichtung der Zeit und eine Steigerung der Effektivität geht, sondern um eine Streckung der Zeit und eine Entschleunigung, um eine Auftrennung und Abgrenzung der Bereiche - ganz im Sinne der Forderung nach Entzerrung im Lebensverlauf.[5] Gleichzeitig beiden Bereiche mit ihren divergierenden Zeitlogiken gerecht werden zu können, wird hier als unmöglich ausgeschlossen. Um den Ansprüchen der „greedy institution" Studium nachkommen zu können, muss das Kind anderweitig versorgt sein; und um sich wiederum den Anforderungen des Kindes angemessen widmen zu können, muss das Studium – zumindest für eine Zeit – zurückgestellt werden.

Die Flexibilität der Zeiteinteilung, die uns bei unseren Ausgangsüberlegungen so wichtig schien, wird verglichen mit der Notwendigkeit, sich planend festzulegen, selten erwähnt und tritt nur im Vergleich mit berufstätigen Eltern klar zu Tage. In dem subjektiven Erleben mag sie selbstverständlich sein oder sie mag, gemessen an der Zeit ohne Kind, als eine eingeschränkte Flexibilität erscheinen. Eine dritte Interpretation, warum dieser Aspekt so wenig thematisiert wird, kann sich darauf beziehen, dass Flexibilität Zeitstrukturen auf die Probe stellt. Etwas „nebenher" zu machen oder die Verlagerung des Arbeitens in Abend- und Nachtstunden belastet nicht nur, sondern trägt zu einer Auflösung der Rhythmen und Zeitstrukturen bei. Vor diesem Hintergrund erklärt sich auch

---

5 Vgl. Allmendinger, Jutta/ Dressel, Kathrin (2005): Familien auf der Suche nach der gewonnenen Zeit. In: Aus Politik und Zeitgeschichte, Nr. 23-24, Bonn. S. 24-29.

die doppelte Bewertung der eigenen Situation im Vergleich zu berufstätigen Eltern: Flexibilität ist notwendig und hilfreich (ein Plus für die eigene Situation). Doch hat die fehlende Flexibilität im Berufsleben den großen Vorzug, eine klare Trennung der Bereiche zu ermöglichen und damit die belastende Gleichzeitigkeit von zwei Arbeitsbereichen mit konträren Zeitlogiken aufzuheben.

Als Fazit zeigt sich, dass Studierende mit kleinen Kindern andere zeitliche Vereinbarkeitsprobleme haben als berufstätige Eltern. Zum einen widersprechen sich in besonderer Weise die Zeitlogiken der intellektuellen Anforderung im Studium und der Versorgung des Kindes. Zum zweiten muss eine neue Strukturierung der Zeit überhaupt erst etabliert werden. Flexibilität allein ersetzt nicht Planung und Organisation und auch nicht die notwendige Abgrenzung der Bereiche Familie und Studium. Flexibilität ist notwendig und hilfreich. Sie kann aber dazu verführen, die gleichzeitige Vereinbarkeit beider Bereiche überzustrapazieren und damit die studierenden Eltern zu überlasten.

Literatur

Becker-Schmidt, Regina et al. (1983): Arbeitsleben – Lebensarbeit. Konflikte und Erfahrungen von Fabrikarbeiterinnen. In: Werner Fricke (Hrsg.): Forschungsinstitut der FES, Reihe: Arbeit, Band 10, S. 9-43

[BMFSFJ] Bundesministerium für Familie, Senioren, Frauen und Jugend (Hrsg.) (1997): Optionen der Lebensgestaltung junger Ehen und Kinderwunsch. Verbundstudie-Endbericht. Stuttgart

Cappleman-Morgan, Julie: Obstacle courses? Mature student's experiences of combining higher education with caring responsibilities. Verfügbar unter: http://www.csap.bham.ac.uk/resources/project_reports/findings/ShowFinding.asp?id =142 <04.12.2006>

Jurczyk, Karin (1993): Bewegliche Balancen – Lebensführungsmuster bei „flexiblen" Arbeitszeiten. In: Jurczyk, Karin/ Rerrich, Maria. S. (Hrsg.): Die Arbeit des Alltags. Beiträge zu einer Soziologie der alltäglichen Lebensführung. Freiburg, S. 235-259

Jurczyk et al. (2004): Zeit in Familien - Familienpolitik für Familien. In: Deutsche Gesellschaft Zeitpolitik e. V. (Hrsg.): Zeitpolitisches Magazin Nr. 2, Berlin, S. 1-4

Reheis, Fritz (2003): Entschleunigung: Abschied vom Turbokapitalismus. München

Familien auf der Suche nach der gewonnenen Zeit[1]

Kathrin Dressel

In der Debatte um die Vereinbarkeit von Beruf und Familie treten wir auf der Stelle. Möchten Frauen mit Kindern erwerbstätig sein, lässt sich das oft nur mit langen Unterbrechungszeiten oder in Form von Teilzeitarbeit verwirklichen. Beides aber beeinträchtigt in unserer Beschäftigungskultur Erwerbskarrieren, die bis in Führungspositionen hineinreichen. Nicht zuletzt deswegen stehen Frauen bis heute vor einem Entweder-oder was Kinder und Karriere angeht. Der Grund für diesen Konflikt liegt häufig in dem Versuch, Berufseinstieg und Familienplanung innerhalb einer relativ kurzen Zeitspanne zu bewältigen. Vor dem Hintergrund, dass wir dank unserer hinzugewonnenen Lebensjahre tatsächlich viel mehr Zeit sowohl für Familie als auch Karriere zur Verfügung haben, muss grundsätzlich über neue Muster im Lebensverlauf nachgedacht werden. Muster, die es Frauen wie Männern ermöglichen, beides, Familie und beruflichen Erfolg – so gewollt – machbar werden zu lassen.

1   Das Vereinbarkeitsdilemma

Zunächst einige ebenso bekannte wie beklagte Befunde: Obgleich traditionelle Vorstellungen, die Männerwelten mit der Berufswelt und Frauenwelten mit der Familienwelt gleichsetzen, brüchig werden, unterscheiden sich Lebensverläufe von Frauen und Männern noch immer grundlegend. Vor allem die Mitte des weiblichen Lebensverlaufs ist im Vergleich zum männlichen weniger klar um Erwerbsarbeit herum organisiert, sondern wird ebenso nachhaltig durch familiale Reproduktionsarbeit bestimmt.

Begründet ist diese „doppelte Lebensführung" (Oechsle/ Geissler 1993: 63) in einer Reihe sozialstaatlich eingebetteter Maßgaben, welche kontinuierliche Erwerbstätigkeit von Müttern eher hemmen anstatt sie zu fördern (Dienel 2003).

---

1 Dieser Beitrag stützt sich in Teilen auf Allmendinger, Jutta/ Dressel, Kathrin (2005): Familien auf der Suche nach der gewonnenen Zeit. In: Aus Politik und Zeitgeschichte, Nr. 23/24, Bonn. S. 24-29.

Entsprechend sind auch die infrastrukturellen Rahmenbedingungen geschnitten: Kinderkrippen und Kindergärten fehlen ebenso wie Ganztagsschulen (Statistisches Bundesamt 2004). Und auch normativ gilt: Vor allem in den ersten Lebensjahren sollte die Kinderbetreuung durch die Mutter klar vor ihren beruflichen Ambitionen rangieren (Wendt/ Maucher 2000: 84 und Perspektive Deutschland 2004).

Frauen, die Beruf und Familie dennoch vereinbaren möchten reduzieren daher in der Regel ihre Arbeitszeit. Deshalb ist auch die in den vergangenen Jahrzehnten gestiegene Müttererwerbstätigkeit fast ausschließlich auf zunehmende Teilzeiterwerbstätigkeit zurückzuführen (Wanger 2005). Insgesamt arbeiteten 2004 fast drei Viertel aller berufstätigen Frauen mit Kindern unter zehn Jahren in Teilzeit. Bei Männern hingegen führt die Familienphase zu keiner nennenswerten Reduktion der Arbeitszeit (Statistisches Bundesamt 2004a).

Teilzeitarbeit als Brücke in den Arbeitsmarkt – und das ist die Kehrseite der Medaille – wird von den Frauen mit Lohndiskrepanzen sowie entsprechenden Nachteilen bei der sozialen Sicherung teuer erkauft (Fitzenberger/ Wunderlich 2004, Allmendinger 2000, Stegmann 2005). Darüber hinaus verschließt Teilzeiterwerbstätigkeit den Frauen Karrierechancen, die bis in Führungspositionen hineinreichen. Und das bei gleicher – ja oft besserer – Bildung und Ausbildung. Vor diesem Hintergrund ist auch der Befund zu interpretieren, dass lediglich ein Viertel der obersten Führungspositionen in der Privatwirtschaft mit Frauen besetzt sind. Je mehr die Führungsverantwortung steigt, desto weiter sinkt auch der Frauenanteil: In Betrieben mit mehr als 500 Beschäftigten liegt er nur noch bei etwa vier Prozent (Brader/ Lewerenz 2006, Kleinert 2006).

Alle diese Befunde zeigen deutlich: Im Gegensatz zu Männern stehen Frauen noch immer vor einem Entweder-oder, was Kinder und Karriere betrifft. Insbesondere hoch qualifizierte Frauen entscheiden sich häufig gegen Kinder, so dass die Familiengründung in höheren Bildungsschichten nicht nur später, sondern vor allem seltener realisiert wird (Institut für Demoskopie Allensbach 2005). Die Tatsache, dass der Kinderwunsch unter Studierenden noch vergleichsweise weit verbreitet ist,[2] weist jedoch darauf hin, dass der Verzicht der Akademikerinnen auf Kinder häufig der Vereinbarkeitsproblematik von Beruf und Familie zuzuschreiben ist. Dass sich dies auch massiv auf die demographische Grundordnung auswirkt, ist so bekannt wie beklagt, aber hier nicht Thema.

---

2 Vgl. die Beiträge von Elke Middendorff und Sabine Sardei-Biermann in diesem Sammelband.

2 Neue Lebensverlaufsmuster wagen

Auf der Suche nach einer Antwort, wie Beruf und Familie dennoch vereinbart werden können, wird im Folgenden von Vereinbarkeitsmodellen traditioneller Art Abstand genommen und neue Muster im Lebensverlauf aufgezeigt. Eine „biographische Entzerrung" von Familienbildung und Erwerbseinstieg, so die Argumentation in diesem Beitrag, kann neue Optionen eröffnen, aus dem Entweder-oder ein Sowohl-als-auch werden zu lassen.

Den Hintergrund dieser Überlegungen bildet die Beobachtung, dass der Druck, das Eine für das Andere aufgeben zu müssen, oft in dem Versuch begründet ist, Familiengründung und Karrierebildung in einem vergleichsweise schmalen Zeitfenster parallel zu verwirklichen. Im siebten Familienbericht der Bundesregierung wird in diesem Zusammenhang von einer „Rush-Hour zwischen dem 27. und 34. Lebensjahr" (BMFSFJ 2005: 34) gesprochen.

„Neben dem Ausbildungsabschluss, dem Eintritt in das Berufsleben und der Entscheidung für einen Lebenspartner scheint in Deutschland das dominante Muster auch zu sein, in dieser Phase zu heiraten und wenn, sich dann für Kinder zu entscheiden." (ebd.)

Dieser Verengung der verwirklichten Fertilitäts- und Erwerbstätigkeitsspanne steht eine Reihe gewonnener Gelegenheitsräume gegenüber: erstens, die vielen gewonnenen Lebensjahre; zweitens, die Dauer möglicher Fertilität von Frauen; drittens, die gestiegene mögliche Anzahl von Lebensjahren, die in Erwerbsarbeit verbracht werden können. Im Folgenden werden diese Prozesse skizziert und im Anschluss daran neue biographische Optionen vorgestellt.

2.1 Entwicklungslinien

2.1.1 Gewonnene Lebensjahre

Vergleicht man die durchschnittliche Lebenserwartung von neugeborenen Jungen (44,8 Jahre) und Mädchen (48,3) um 1900 im Reichsgebiet mit der des Jahres 2003 (Jungen: 75,6; Mädchen: 81,2), lässt sich ein dramatischer Anstieg verzeichnen (Statistisches Bundesamt 2004). Ebenfalls stark gesunken ist die Altersmortalität. So hat sich die fernere Lebenserwartung der 60-jährigen Männer in Deutschland von 13 auf 20 Jahre, die der 60-jährigen Frauen von 15 auf 24 Jahre erhöht (Statistisches Bundesamt 2004). Das WHO-Maß der

Gesundheitserwartung, die erwarteten Lebensjahre in *relatively good health*, lag 2002 für 60-jährige Männer und Frauen bei knapp 16 bzw. 19 Jahren (WHO 2003).

2.1.2 Genutzte fruchtbare Jahre

Die Anzahl der genutzten fruchtbaren Jahre sind in den vergangenen Dekaden drastisch zurückgegangen. Gebaren Frauen zu Beginn des 20. Jahrhunderts ihr erstes Kind mit etwa 25 Jahren sind Frauen heute fast 30 Jahre alt, wenn sie ihr erstes Kind zur Welt bringen (El-Khorazaty/ Horne 1992, Statistisches Bundesamt 2005).

Abbildung 1: Biologische und verwirklichte Fertilität

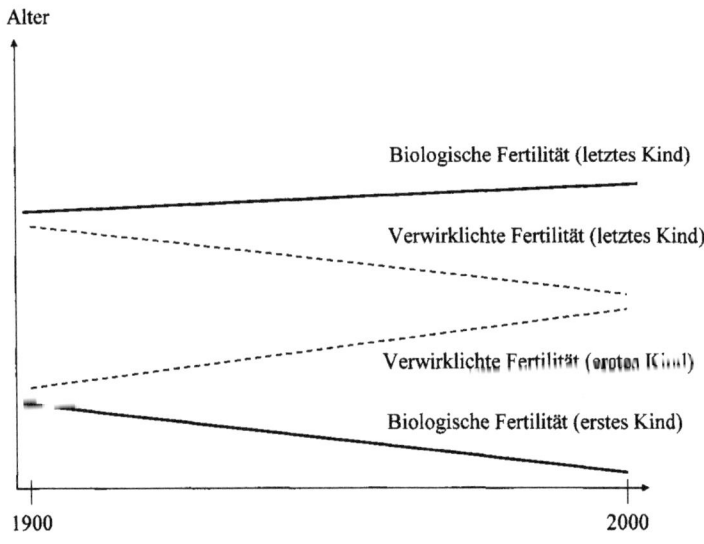

Quelle: Eigene Darstellung der Autorin

Deutliche Unterschiede ergeben sich auch im Alter bei der Geburt des letzten Kindes. Das letzte von vier bis fünf Kindern wurde um 1900 durchschnittlich mit 36,5 Jahren geboren. Heute sind Frauen bei der Geburt ihres letzten Kindes im Mittel etwas über 30 Jahre alt (El-Khorazaty/ Horne 1992). Während sich das Fenster für biologische Fertilität öffnet, verringert sich die Dauer der genutzten fruchtbaren Jahre deutlich (vgl. Abbildung 1).

2.1.3   Gewonnene und genutzte Jahre aktiver Erwerbstätigkeit

Auch die mögliche Spanne aktiver Erwerbstätigkeit erhöhte sich aufgrund der gestiegenen Lebenserwartung (Abbildung 2, durchgezogene Linie), die verwirklichte Dauer der Erwerbstätigkeit hat sich jedoch relativ verkürzt (Abbildung 2, unterbrochene Linie). So durch Bildungsexpansion und entsprechendes höheres Alter bei Berufseintritt, Festhalten an den bzw. die in den letzten hundert Jahren verkürzten Altersgrenzen und die Möglichkeit von Altersteilzeit und frühere Rentenzugänge wegen Erwerbs- und Berufsunfähigkeit. Auch hier klafft eine Lücke zwischen Gelegenheitsstrukturen und verwirklichter Erwerbstätigkeit.

Wegen der gegenwärtigen normativen und institutionellen Rahmenbedingungen in Deutschland fallen die zeitlich begrenzte Ausschöpfung möglicher Fertilität und die Aufnahme von Erwerbstätigkeit zeitlich zusammen: Studierenden war es bis zur Novellierung des Hochschulrahmengesetzes 1998 nicht möglich, einen ersten berufsqualifizierenden Abschluss bereits in jüngeren Jahren zu erreichen. Gleichzeitig geben uns unsere Altersvorstellungen vor, dass wir spätestens Anfang 30 den Fuß in der „Karrieretür" haben müssen, bevor diese zuschlägt. Auf der anderen Seite gehören Arbeitnehmer über 50 Jahren in unserer Vorstellung schon oft zum „alten Eisen". Fehlende Weiterbildungsaktivitäten seitens der Betriebe und der Beschäftigten begünstigen diese „Entberuflichung des Alters" (Naegele 2000) zusätzlich.

Im Bezug auf den „idealen" Zeitpunkt für die Familiengründung gelten ebenfalls (und vor allem für Frauen!) klare Altersnormen. Auswertungen des Instituts für Demoskopie Allensbach (2005) haben gezeigt, dass das subjektiv als geeignet empfundene Zeitfenster, in dem der Kinderwunsch realisiert werden kann, bei vielen nur fünf bis maximal acht Jahre beträgt. Dieses Zeitfenster wird auf der einen Seite eingegrenzt durch die weit verbreitete Auffassung, vor der Familienphase müsse zunächst eine günstige berufliche Position erreicht werden (Middendorff 2003). Zusätzlich wird es auf der anderen Seite durch die Schreckensschwelle 35 beschränkt, nach deren Überschreiten Mediziner von Spätgebärenden und Risikoschwangerschaften sprechen.

Abbildung 2: Mögliche und verwirklichte Erwerbstätigkeit

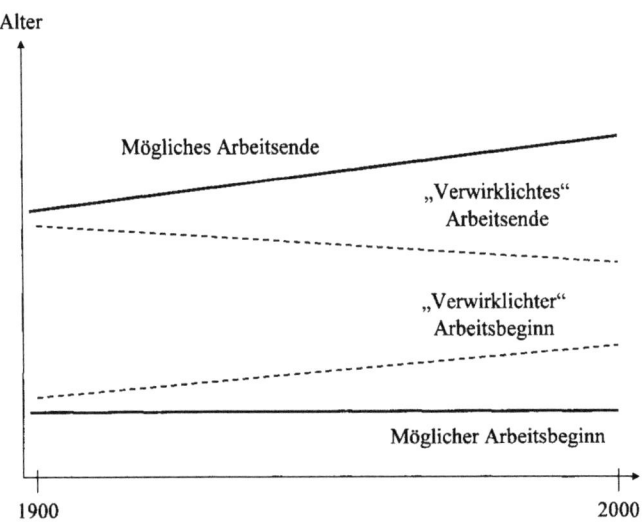

Quelle: Eigene Darstellung der Autorin

2.2 Zeitliche Entzerrung von Familiengründung und Karriere

Nimmt man Abstand von diesen Altersnormen und schöpft die Gelegenheits-räume besser aus, kann die Rush-Hour entzerrt werden: entweder kann die Familiengründung in die Ausbildung vorverlagert werden und/ oder die Familiengründung findet erst nach einer intensiven, kontinuierlichen und damit karriereförderlichen Vollzeitbeschäftigung statt. Diese Option korrespondiert mit einem hohen Erfahrungsreichtum im Beruf und ist oft verbunden mit besseren Möglichkeiten der individuellen und organisatorischen Steuerung von Unterbrechungen. Die Familiengründung zeitlich hinter den Aufbau einer beruflichen Karriere zu verlagern, wird überschattet von der Schreckensschwelle 35. Danach sprechen Mediziner automatisch von Spätgebärenden und Risikoschwangerschaften.

Die steigende Akzeptanz der späten Mutterschaft in den Medien, prominente Beispiele später Mütter, der längere Verbleib von Frauen im Bildungssystem und ihre erfolgreichere Beteiligung am Erwerbsleben, scheinen schon jetzt dazu zu führen, dass sich mit der späten ersten Mutterschaft eine Alternative ausbildet, die in den vergangenen zwei Jahrzehnten kontinuierlich wichtiger geworden ist. Der Anteil der Erstgeburten von verheirateten Frauen, die bei der Geburt ihres Kindes mindestens 35 Jahre waren, hat sich seit 1991 verdreifacht und liegt heute bei knapp 17 Prozent (Heß-Meining/ Tölke 2005). Empirische Befunde zur späten ersten Mutterschaft zeigen, dass diese Verzögerung der Familiengründung auf ein bewusst geplantes Verhalten zurückzuführen sein dürfte, das vermutlich eher in beruflichen Ambitionen der Mütter begründet ist als in anderen Hemmnissen (Herlyn et al. 2002).

Ausbildung und Familiengründung zu kombinieren, also Kinder bereits während des Studiums zu bekommen, wird in Deutschland dagegen kaum realisiert. Der Anteil von Studierenden mit Kindern liegt beharrlich auf niedrigem Niveau (Middendorff 2003). Diese Zahlen überraschen vor dem Hintergrund der oben skizzierten Altersvorstellungen wenig. Obendrein wird die Studienphase von den Studierenden überwiegend als ungeeignet betrachtet, um eine Familie zu gründen.[3]

Die Art und Weise der Studienfinanzierung in Deutschland kann außerdem als Grund dafür gesehen werden, dass die Familiengründung nicht während des Studiums realisiert wird. So ist in Deutschland eine hohe Abhängigkeit der Studierenden von ihren Eltern zu beobachten, die darin begründet ist, dass Studierende keine eigenverantwortliche gesellschaftliche Gruppe bilden, sondern als Teil ihrer Familie betrachtet werden. Dies manifestiert sich zum einen in der Studienfinanzierung, die als Aufgabe der Eltern betrachtet wird, zum anderen im langen Anspruch der Eltern auf kinderbezogene Leistungen des Staates. Die Überlegung eine Familie bereits während des Studiums zu gründen, steht damit im Konflikt mit der Rücksichtsnahme auf die Herkunftsfamilie (Ochel 2006).

Damit Studierende bei gegebenem Kinderwunsch die Familiengründung ins Studium vorverlagern, muss eine Reihe von Bedingungen vorliegen. Der siebte Familienbericht der Bundesregierung betont in diesem Zusammenhang unter anderem, dass weder Stipendienvergabe noch Karriereschritte an Altersbegrenzungen gebunden sein dürfen und betont die herausragende Bedeutung flexibler und kostengünstiger Kinderbetreuung. Auch im Bereich der Studienorganisation

---

3 Vgl. den Beitrag von Elke Middendorff in diesem Sammelband.

dürfen sich die Universitäten und Fachhochschulen nicht an dem „Normalstudierenden" orientieren. Hier würde die Einrichtung von Teilzeitstudiengängen und Studienmodulen einen Beitrag zur besseren Vereinbarkeit leisten (BMFSFJ 2005: 469). Darüber hinaus muss die Studienfinanzierung die Eigenverantwortlichkeit der Studierenden fördern und die finanzielle Unabhängigkeit von den Eltern ermöglichen. Grundsätzlich gilt: Junge Frauen und Männer müssen das Gefühl vermittelt bekommen, dass ihr Kinderwunsch – so vorhanden – bereits während des Studiums realisiert werden kann.

Was Aufbau und Struktur des Studiums selbst betrifft, so könnten möglicherweise die seit 1998 neu eingeführten Bachelor- und Masterstudiengänge eine Umgestaltung der Lebensverläufe fördern. Die Zweiteilung des Studiums, bei dem ein Bachelor als erster berufsqualifizierender Abschluss bereits nach drei bis vier Jahren und ein Master als weiterer berufsqualifizierender Abschluss nach ein bis zwei Jahren verliehen wird, kann ermöglichen, die Familiengründung zwischen die beiden Studienphasen zu legen.

3 Bilanz: Gewonnene Zeit, gewonnene Gestaltungsfreiräume

Die jahrzehntelang geführte Diskussion über die Vereinbarkeit von Kindern und Beruf war bei oberflächlicher Betrachtung erfolgreich: Frauen sind heute kontinuierlicher und länger erwerbstätig. Teilzeit-Erwerbstätigkeit, wie sie viele berufstätige Mütter praktizieren, mindert jedoch Chancen auf Führungspositionen. Es ist daher an der Zeit, grundsätzlich über die Grenzen der Parallelisierung von Beruf und Familie nachzudenken.

Die hier vorgestellten Lösungswege, Familienbildung und Aufbau einer beruflichen Karriere durch eine breitere Nutzung gewonnener Jahre zeitlich zu entzerren, werden noch zu selten eingeschlagen. Dabei handelt es sich um Wege, die es Frauen wie Männern ermöglichen würden, Kinder und Beruf besser als bisher zu vereinbaren. Die Rahmenbedingungen, die beispielsweise eine Familiengründung in der Ausbildungsphase ermöglichen würden, müssen gesellschaftspolitisch erst geschaffen werden. Nur dann lässt sich auch kulturell eine größere Akzeptanz erreichen.

Eine anders geschnittene Vereinbarkeit von Beruf und Familie stellt nur einen Aspekt in einer insgesamt umfassenderen Lebensverlaufspolitik dar. In vielen anderen Bereichen bedarf es vergleichbar neuer Ansätze, anderer Muster und höherer Flexibilität. In dem Leben wie wir es bisher leben, bleibt – neben der Erwerbstätigkeit – nicht nur zu wenig Zeit für Familie, sondern ebenfalls kaum

Zeit für die Pflege unserer älteren Mitmenschen. Es bleibt auch zu wenig Zeit für die so wichtige berufliche Weiterbildung. Der Beitrag schließt deshalb mit einem Plädoyer für eine neue Lebensverlaufspolitik.

Literatur

Allmendinger, Jutta (2000): Wandel von Erwerbs- und Lebensverläufen und die Ungleichheit zwischen den Geschlechtern im Alterseinkommen. In: Schmähl, Winfried/ Michaelis, Klaus (Hrsg.): Alterssicherung von Frauen: Leitbilder, gesellschaftlicher Wandel und Reformen. Wiesbaden: Westdeutscher Verlag, S. 61-81

Brader, Doris/ Lewerenz, Julia (2006): Frauen in Führungspositionen: An der Spitze ist die Luft dünn. In: IAB-Kurzbericht Nr. 02, S. 1-4

[BMBF] Bundesministerium für Bildung und Forschung (Hrsg.) (2004): Das soziale Bild der Studentenschaft in der Bundesrepublik Deutschland. 17. Sozialerhebung des Deutschen Studentenwerks. Berlin.

[BMFSFJ] Bundesministerium für Familie, Senioren, Frauen und Jugend (2005): Siebter Familienbericht. Familie zwischen Flexibilität und Verlässlichkeit. Perspektiven für eine lebenslaufbezogene Familienpolitik. Berlin.

Dienel, Christiane (2003): Die Mutter und ihr erstes Kind – individuelle und staatliche Arrangements im europäischen Vergleich. In: Zeitschrift für Familienforschung 2, S. 120-145

El-Khorazaty, Nabil M./ Dale Horne, Amelia (1992): Dynamics of Childbearing Statistics in Twentieth Century Developing Countries. In: Journal of Comparative Family Studies (23) 1, S. 13-37

Fitzenberger, Bernd/ Wunderlich, Gaby (2004): Holen die Frauen auf? Geschlechtsspezifische Arbeitsmarktbeteiligung und Verdienstentwicklung in Deutschland und Großbritannien. In: ZEW-Wirtschaftsanalysen, Band 69. Baden-Baden: Nomos

Herlyn, Ingrid/ Krüger, Dorothea/ Heinzelmann, Claudia (2002): Späte erste Mutterschaft - erste empirische Befunde. In: Schneider, Norbert F./ Matthias-Bleck, Heike (Hrsg.): Elternschaft heute, Sonderheft 2 der Zeitschrift für Familienforschung. Opladen, S. 121-143

Heß-Meining, Ulrike/ Tölke, Angelika (2006): Familien- und Lebensformen von Frauen und Männern. In: Cornelißen, Waltraud (Hrsg.): Gender-Datenreport 1. Datenreport zur Gleichstellung von Frauen und Männern in der Bundesrepublik. Im Auftrag des Bundesministeriums für Familie, Senioren, Frauen und Jugend [BMFSFJ]. Berlin, S. 224-275

Institut für Demoskopie Allensbach (Hrsg.) (2005): Einflussfaktoren auf die Geburtenrate. Ergebnisse einer Repräsentativbefragung der 18- bis 44-jährigen Bevölkerung. http://ifd-allensbach.de/pdf/akt_0407.pdf

Kleinert, Corinna (2006): Frauen in Führungspositionen: Karriere mit Hindernissen. In: IAB-Kurzbericht Nr. 09, S. 1-4

Kluge, Norbert (1998): Sexualverhalten Jugendlicher heute: Ergebnisse einer repräsentativen Jugend- und Elternstudie über Verhalten und Einstellungen zur Sexualität. Weinheim und München: Juventa

Middendorff, Elke (2003): Kinder eingeplant? Lebensentwürfe Studierender und ihre Einstellung zum Studium mit Kind. Befunde einer Befragung des HISBUS-Online-Panels im November/ Dezember 2002. In: HIS Kurzinformation A4/ 2003. Hannover

Naegele, Gerhard (2000): Arbeit und Alter – Neueres zur Entberuflichung des Alters und zur Notwendigkeit einer Trendwende. In: Zeman, Peter (Hrsg.): Selbsthilfe und Engagement im nachberuflichen Leben, Weichenstellungen, Strukturen, Bildungskonzepte. Beiträge zur Sozialen Gerontologie, Sozialpolitik und Versorgungsforschung Nr. 10. Berlin, Regensburg: Transfer Verlag, S. 29-48

Ochel, Wolfgang (2006): Familiengründung trotz Studium. In: ifo Schnelldienst Nr. 4, S. 7-11

Oechsle, Mechtild/ Geissler, Birgit (1993): Zeitperspektive und Zeitknappheit in der Lebensplanung junger Frauen. In: Leisering, Lutz et al. (Hrsg.): Moderne Lebensläufe im Wandel. Weinheim: Deutscher Studienverlag, S. 61-73

Perspektive Deutschland (2004): Projektbericht 2003/ 04

Schwarz, Karl (1999): Rückblick auf eine demographische Revolution. Überleben und Sterben, Kinderzahl, Verheiratung, Haushalte und Familien, Bildungsstand und Erwerbstätigkeit der Bevölkerung in Deutschland im 20. Jahrhundert im Spiegel der Bevölkerungsstatistik. In: Zeitschrift für Bevölkerungswissenschaft (24) 3, S. 229-279

Statistisches Bundesamt (2004): Kindertagesbetreuung in Deutschland – Einrichtungen, Plätze, Personal und Kosten 1990 bis 2002. Wiesbaden

Statistisches Bundesamt (2004a): Leben und Arbeiten in Deutschland. Ergebnisse des Mikrozensus 2004. Wiesbaden

Statistisches Bundesamt (2004b): Das Statistische Jahrbuch 2004 für die Bundesrepublik Deutschland. Wiesbaden

Statistisches Bundesamt (2005): Durchschnittliches Alter der Mütter bei der Geburt ihrer lebendgeborenen Kinder. Verfügbar unter: http://www.destatis.de/basis/d/bevoe/bevoetab2.htm

Stegmann, Michael (2005): Der Einfluss der Kindererziehung auf Erwerbstätigkeitsmuster von Frauen und die Auswirkungen auf das Alterseinkommen. In: Deutsche Rentenversicherung 12, S. 675-691

Wanger, Susanne (2005): Frauen am Arbeitsmarkt: Beschäftigungsgewinne sind nur die halbe Wahrheit. In: IAB-Kurzbericht Nr. 22, S. 1-6

Wendt, Claus/ Maucher, Mathias (2000): Mütter zwischen Kinderbetreuung und Erwerbstätigkeit. Institutionelle Hilfen und Hürden bei einem beruflichen Wiedereinstieg nach einer Kinderpause. In: Arbeitspapiere - Mannheimer Zentrum für Europäische Sozialforschung Nr. 18

[WHO] World Health Organization (2003): The World Health Report 2003 – Shaping the future. Genf

Kinderwagen im Seminargebäude – Die Förderung von Studentinnen mit Kind in der DDR

Kurt Starke

In den 50er und 60er Jahren waren in der DDR Studenten mit Kind nicht nur nicht die Regel, sondern die absolute Ausnahme. Heiraten und Elternschaft im Studium waren verpönt. Das Studium wurde als gesellschaftlicher Auftrag aufgefasst, die Familiengründung vor dem Studium oder während des Studiums als private Ablenkung davon. Wer doch auf den Gedanken kam, eine Familie zu gründen, wurde schnell als jemand betrachtet, der das Studium, seine „Klassenpflicht", wie es hieß, nicht ernst nahm und kleinbürgerlicher Haltungen verdächtigt. Zwar war inzwischen mindestens die Hälfte der Studienanfänger weiblich, und gelegentlich wurde auch geheiratet. Der alte Normalismus Studium gleich männlich-jung-ledig-kinderlos war, was das „männlich" betrifft, überwunden. Aber „kinderlos" blieb das Los der Studenten.

Dies änderte sich Ende der 60er Jahre ein wenig und zu Beginn der 70er Jahre schlagartig. Der VIII. Parteitag der SED im Juni 1971 formulierte als neue Hauptaufgabe die „Einheit von Wirtschafts- und Sozialpolitik" und beschloss ein sozialpolitisches Programm, dem zahlreiche Maßnahmen zur besseren Versorgung der Bevölkerung und zur allgemeinen Hebung des Lebensstandards folgten, so das Wohnungsbauprogramm, das zu den noch heute sichtbaren Auswirkungen in Gestalt neuer Satellitenstädte und großer Wohnblöcke in Plattenbauweise führte. Das 5. Plenum des Zentralkomitees der SED im April 1972 beschloss weiterführend Maßnahmen zur besonderen Förderung von jungen Ehen und Familien. Damit geriet auch die Studentenschaft ins Blickfeld. Das Ministerium für Hoch- und Fachschulwesen der DDR erließ am 10. Mai 1972 eine „Anordnung zur Förderung von Studentinnen mit Kind und werdenden Müttern, die sich im Studium befinden, an den Hoch- und Fachschulen" (GBl. II Nr. 27, S. 320-321). Dieser Paradigmenwechsel war in eine veränderte Außen- und Innensituation der DDR eingebettet. Zu Beginn der 70er Jahre verbesserten sich das internationale Ansehen der DDR und die Akzeptanz der DDR als souveräner Staat. Mit dem Beitritt der DDR zur UNO 1973 nahmen fast alle Staaten der Welt diplomatische Beziehung zur DDR auf. Der Grundlagenvertrag

1972 entkrampfte das Verhältnis der beiden deutschen Staaten zueinander. Die DDR hatte sich wirtschaftlich gefestigt, fühlte sich sicherer und wurde aufgeschlossener. Die allermeisten DDR-Bürger hatten sich reichlich ein Jahrzehnt nach dem Mauerbau auf das Leben in der DDR eingerichtet. Ein produktives (und reproduktives) Lebensgefühl stellte sich ein. Zukunftsoptimismus, Identifikation mit der sozialistischen Perspektive und DDR-Verbundenheit waren nie so stark wie in diesen Jahren ausgeprägt (Friedrich et al. 1999).

Die sozialpolitischen Maßnahmen gingen mit Liberalisierungen auf verschiedenen Gebieten einher, einschließlich gesetzlicher Regelungen zu Jugend (Jugendgesetz 1974), Familie, Ehe, Scheidung, ledigen Müttern, Schwangerschaft (Staatliche Dokumente (...) 1988). Der Schwangerschaftsabbruch (Fristenregelung) wurde durch das „Gesetz zur Schwangerschaftsunterbrechung" vom 9. März 1972 legalisiert. Die kostenlose Pille, für jede Frau zugänglich, auch für Jugendliche, wurde zum dominierenden Verhütungsmittel. Forschungen zum Partner- und Sexualverhalten dokumentieren eine sexuelle Liberalisierung in den 70er Jahren, zeitgleich mit der sexuellen Liberalisierung in der alten BRD in Folge der „sexuellen Revolution" der 68er, nicht so spektakulär wie diese, aber nicht weniger tief greifend (Starke/ Weller 2000).

Zugleich zeigte sich ein Bevölkerungsschwund infolge eines Rückgangs der Geburtenzahlen. Die Fruchtbarkeitsziffer (Lebendgeborene je 10 000 der weiblichen Bevölkerung im Alter von 15 bis unter 45 Jahren) fiel von 84 im Jahre 1965 auf 52 im Jahre 1973. Besonders wenig steuerte die Intelligenz zur Reproduktion bei. Hochschulabsolventinnen, inzwischen zahlreich geworden, kriegten nicht nur später, sondern auch seltener Kinder als andere. Von den Absolventenjahrgängen um 1972 hatten 5 Jahre nach Studienende ein Fünftel der Frauen noch kein Kind, und nur ein Drittel zwei. Mit 1,2 Kindern pro Absolventin lagen diese etwa 28 Jährigen weit unter dem DDR-Durchschnitt (Starke 1980: 173).

Die Maßnahmen zur Förderung junger Familien hatten neben manchem anderen einen klar reproduktionspolitischen Hintergrund. Die Geburtenförderung wurde als gesellschaftliches Anliegen betrachtet. Das galt nun auch für die Studentenschaft. Die pronatalistische Sozialpolitik der DDR jener Zeit hatte die Hochschulen erreicht. Für Studenteneltern schloss das zugleich einen Studienabschluss möglichst in der vorgesehenen Zeit ein.

Die genannte Anordnung zur Förderung von Studentinnen mit Kind, die die Situation für Studentenfamilien gravierend änderte, galt ab 1. Juli 1972 für alle Universitäten, Hoch- und Fachschulen. Sie hatte Auswirkungen auf andere Verordnungen und Maßnahmen und wurde durch weitere Regelungen ergänzt. Das trifft insbesondere auf die Stipendienregelungen, und – im Zusammenhang

mit der Unterbringung von Kindern und dem Wohnen von Studentenehepaaren –
auf die Wohnheimordnungen der einzelnen Universitäten, Hoch- und Fachschulen, die sich auf „Anordnung über die Rahmenordnung für Studentenwohnheim"
des Ministeriums für Hoch- und Fachschulwesen (MHF) vom 3. April 1973
(GBl. II Nr. 20 vom 30. April 1973) gründeten. Auch die „Verordnung über die
weitere Verbesserung der Arbeits- und Lebensbedingungen der Familien mit
Kindern" vom 24. April 1986 (GBl. I Nr. 15 S.241) bezog sich auf Studenten.
Weitere Dokumente und Einzelheiten sind in „Wichtige Rechtvorschriften für
Studenten" (1989) und bei Schauer/ Starke (1987) zu finden. Zugleich stand die
Förderung der Studentenfamilien und speziell der Studentin mit Kind im Rah-
men allgemeiner Rechtsvorschriften zur Förderung von Frau und Familie (Staat-
liche Dokumente. 1973 und 1978). Bei den Maßnahmen lag der Akzent auf der
Förderung der Studentin mit Kind. Letztlich ging es aber auch um männliche
Studenten mit Kind, um Studentenehepaare und Studentenfamilien. Im Einzel-
nen beinhaltete die 1972 eingeleitete Förderung das Folgende:

Finanzielle Zuwendungen: Studenten (weibliche und männliche) erhielten
zusätzlich zum monatlichen Grundstipendium für jedes Kind, für das sie erzie-
hungsberechtigt waren, 50 Mark, ab 1985 60 Mark monatlich (das Paar
zusammen also 120 Mark). Sofern eine Unterbringung des Kindes in einer Kinderkrippe nicht möglich war, erhielten Studentinnen im Direktstudium (und auch
im so genannten Forschungsstudium nach Studienabschluss zum Zwecke der
Anfertigung einer Dissertation) monatlich: mit einem Kind 125 Mark, mit zwei
Kindern 150 Mark, mit drei und mehr Kindern 175 Mark.

Studenten in besonderen sozialen Verhältnissen konnten eine Erhöhungs-
summe von 50 Mark monatlich beantragen. Studentinnen und Studentenehepaare
mit Kind konnten bevorzugt zusätzliche Beihilfen aus dem seit 1976 gebildeten
Studentenfonds der Universitäten, Hoch- und Fachschulen erhalten (Wichtige
Rechtsvorschriften für Studenten 1989: 95). Zugleich bestand ein Anspruch auf
die staatliche Geburtenbeihilfe (einmalig 1000 Mark für jedes Kind) und das
staatliche Kindergeld. Das Kindergeld betrug für das 1. und 2. Kind 20 Mark
monatlich, für das dritte und jedes weitere Kind 100 Mark. Ab 1987 erhöhte es
sich auf 50 Mark für das erste, 100 Mark für das zweite und 150 Mark für jedes
weitere Kind.

Das Stipendium wurde in voller Höhe weitergezahlt, wenn die Studentin
nach dem Wochenurlaub freigestellt wurde (z. B. ein Babyjahr nahm) oder durch
eigene Krankheit oder durch Krankheit des Kindes ausfiel. Werktätige Ehemän-
ner und Ehefrauen, die sich zur Betreuung des Kindes von der Arbeit freistellen

ließen, erhielten die gleiche finanzielle Unterstützung wie allein stehende Werktätige, bei betreuenden Eltern und Großeltern war es ähnlich. Auch Studenten konnten die vergünstigten Kredite für junge Ehepaare nutzen. Das Grundstipendium betrug in jener Zeit einheitlich 190 Mark, ab 1981 200 Mark (in Berlin 215 Mark). Dieses Grundstipendium erhielten alle Studierenden an Hoch- wie an Fachschulen, unabhängig vom Einkommen ihrer Eltern, was eine Anerkennung des Erwachsenenstatus Student förderte. Bei 40 % der Studierenden kam noch ein Leistungsstipendium in Höhe von meist 40 oder 80 Mark monatlich hinzu. Außerdem gab es eine Reihe von Sonderstipendien und Sonderregelungen. Nebenjobs wurden von DDR-Studenten gelegentlich, aber – abgesehen von Ferien und Messezeiten – doch insgesamt selten angenommen, obwohl Arbeitskräfte ständig gesucht und Studenten willkommen waren. Studenten mit Kind hatten ohnehin keine Zeit dafür (Schauer/ Starke 1987: 155, Bathke 2007: 67).

Das monatliche Durchschnittseinkommen eines Studenten lag in den 80er Jahren bei etwa 350-450 Mark (Bathke et al. 1989: 123, Bathke 2007), bei allein stehenden Studenten mit Kind und bei verheirateten durch die besonderen finanziellen Zuwendungen höher (über 450-550 Mark). Studentenfamilien kamen zusammen auf knapp 800 Mark (Rebholz 2006: 79). Das war nicht viel, aber es reichte für die staatlich subventionierte Miete im Wohnheim (10 bis 30 Mark im Monat), für die Mensa (Mittagessen 65 Pfennige), für Kinderkrippe und Kindergarten, die nichts außer maximal 1,40 Mark bzw. 35 Pfennige Essgeld pro Anwesenheitstag kosteten (Das Bildungswesen der DDR 1979: 30 u. 35), für Bücher und die Nutzung von Bibliotheken, für das Fahrgeld, für Reisen mit „Jugendtourist", für Eintrittskarten aller Art, was insgesamt wenig kostete und für Studenten noch verbilligt war. Bei allem ist zu berücksichtigen, dass das Einkommen in der DDR generell nicht hoch war und bei den meisten Berufstätigen keine 1000 Mark im Monat erreichte, oft viel weniger.

Wohnen: Die meisten Studenten, etwa drei Viertel, wohnten im Studentenwohnheim. Studentinnen mit Kind waren bevorzugt im Wohnheim unterzubringen. In vielen Wohnheimen wurden Sonderwohneinheiten für Studentenehepaare mit Kind eingerichtet, die ein Kinderzimmer nebst Kinderbett und Wickelkommode sowie eine kleine Küche und spezielle Sanitäreinrichtungen enthielten. Auch für Alleinerziehende und Studentinnen, deren Partner nicht am Hochschulort lebte, wurden besondere Räumlichkeiten eingerichtet, meist für jeweils zwei Studentinnen mit Kind. In den 80er Jahren und in höheren Semestern lebten Studenten mit eigenen Kindern zunehmend nicht mehr im Wohnheim, sondern in einer eigenen Wohnung. Nur etwa 5 % wohnten bei den Eltern (Schreier 1987: 39).

Unterbringung der Kinder: Die staatlichen Maßnahmen waren zum einen darauf
gerichtet, den studierenden Müttern und Vätern kindergünstige Wohnmöglich-
keiten zu verschaffen, im Studentenwohnheimen oder in eigenen Wohnungen.
Zum anderen waren mit den bereits bestehenden Kindereinrichtungen Vereinbarungen über die Aufnahme von Studentenkindern zu treffen. Schließlich galt es,
das Angebot an Kinderkrippen- und Kindergärtenplätzen zu verbessern. Dies
geschah auch. Die allermeisten Studentenkinder besuchten Kinderkrippen oder
Kindergärten, größtenteils in hochschuleigenen Einrichtungen. Die Studenteneltern
tern schätzten diese Möglichkeit und bewerteten den Einfluss von Krippe und
Kindergarten auf ihre Kinder überwiegend positiv. Sofern die Kinder nicht zusammen mit beiden Eltern lebten, waren sie meist bei der Mutter, einige auch bei
den Großeltern. Insgesamt war der Anteil mütterlicher Betreuung höher als der
väterlicher. Bei allem ist zu berücksichtigen, dass es sich bei den Studentenkindern selten um Kindergartenkinder und fasst nie um Schulkinder handelte.
Studieren mit Kind, das hieß Studieren mit Baby und Kleinkind, und zumeist
wirklich in der Einzahl.

Studienförderung: Die Leitungen der Hoch- und Fachschulen, vor allem die auf
Sektionsebene, waren verpflichtet (unter Mitwirkung der jeweiligen Leitung der
Freien Deutschen Jugend und der Gewerkschaftsleitung) mit Müttern und werdenden Müttern eine Fördervereinbarung abzuschließen, wenn diese es wollten.
Das nutzten etwa zwei Drittel von ihnen, darunter häufig leistungsschwächere. In
den Fördervereinbarungen ging es um Aufholung unvermeidbarer Studienaus-
fälle, Verlegung von Prüfungen und Prüfungsvorbereitungen und sonstige Maßnahmen zum Schutze von Mutter und Kind. In den 80er Jahren wurden im Zuge
der individuellen Förderung von Studenten auch Sonderstudienpläne für
Studenten mit Kind vereinbart. Generell hatten die Hoch- und Fachschulein-
richtungen Sorge dafür zu tragen, „dass die speziellen persönlichen Probleme der
Studentinnen mit Kind bzw. der werdenden Mütter, die sich im Studium befinden, bei der Durchführung der Ausbildung beachtet werden." (Anordnung vom
10. Mai 1972: 320-321).
    Die Förderung der Studentin mit Kind wurde sehr weit gefasst. Es ging um
eine „besondere Unterstützung", darum, günstige „Arbeits- und Lebensbedingungen der Studentinnen mit Kind bzw. von Studentenehepaaren mit Kind" zu
schaffen. Das richtete sich nicht nur auf „Wohn- und Studienbedingungen und
Plätze für die Unterbringung und Betreuung der Kinder", sondern auch auf
„Dienstleistungen", „regelmäßige Gesundheitsbetreuung der Studentinnen mit
Kind" und anderes. Das persönliche Wohl der Mütter und Väter und ihrer Kinder

sollte im Auge behalten werden, und das wurde auch politisch begründet. In §4 der genannten Anordnung hieß es fast drohend, bei jedwelchen Problemen der Studentin mit Kind sei davon auszugehen, „dass sowohl die Geburtenförderung als auch der planmäßige Studienabschluss ein gesellschaftliches Anliegen ist" (a.a.O.).

Absolventenlenkung: In der frühen DDR wurde die staatliche Absolventenlenkung ziemlich rigide gehandhabt. Auf familiäre Befindlichkeiten wurde kaum Rücksicht genommen. Private Initiativen bei der Wahl des Arbeitsplatzes waren erschwert bis unmöglich. Dies änderte sich allmählich. Vor allem in den 70er und 80er Jahren lockerte sich die staatliche Absolventenlenkung. Ehe- und auch andere Paare wurden bevorzugt am gleichen Arbeitsort eingesetzt. Vor allem wenn sie Kinder hatten, kam man ihren Wünschen entgegen. Das traf auch auf ledige bzw. allein erziehende Mütter (und Väter) und auf Schwangere zu. Absolventen, mit oder ohne Kind, konnten selbstverständlich absolut sicher sein, eine Arbeitsstelle zu bekommen, aber nicht immer eine gewünschte. Als Mütter oder werdende Mütter, verheiratet oder ledig, genossen die Absolventinnen die betrieblichen und gesellschaftlichen Vorteile der generellen Förderung der Frau und der Familie. Ein Kind während des Studiums war kein Risiko für den Erhalt eines Arbeitsplatzes und die Aufnahme der Berufstätigkeit. Das erleichterte bewusst oder unbewusst die Entscheidung für ein Kind während des Studiums.

Ganz eindeutig richteten sich die Gesetzesregelungen auf die Vereinbarkeit von Studium und Mutterschaft, also auf Frauen und nicht auf Männer. Dabei war von Anfang an völlig klar, dass Kinderkriegen im Studium nur dann eine Normalität werden konnte, wenn sich das gesamte materielle und personelle Umfeld darauf einstellte: die Mitstudenten, die in Vorlesungen für die Mütter mitschrieben oder Literatur besorgten oder gelegentlich die Betreuung der Kleinkinder übernahmen, die Lehrkräfte, die Geduld mit den jungen Muttis haben mussten und auch mit den Vätern, die es heim zu Frau und Kind zog, die studentische Subkultur, die nicht auf Endlosfeten mit Studenteneltern setzen konnte, die Parteien und Massenorganisationen, die sich daran gewöhnen mussten, dass während der Sitzung ein Baby weinte oder ein junger Vater die Versammlung vorzeitig verlassen musste, um das Kind aus der Krippe zu holen, örtlichen Organe, die den Bau von Kindereinrichtungen einplanen mussten, die Praktikumsbetriebe, die Studentenmütter kaum im Schichtdienst einsetzen konnten, später die Einsatzbetriebe, die Mütter und Väter einstellten, und nicht zuletzt die Elternhäuser, auf die zusätzliche Belastungen zukamen. Dies alles setzte nicht einfach eine Toleranz gegenüber den jungen Müttern und Vätern im Studium und nach dem Studium, sondern eine aktive Mithilfe und Unterstützung voraus.

Die Fördermaßnahmen fanden bei den Studenten großen Widerhall. Viele Lehrkräfte waren dagegen skeptisch, wenigstens am Anfang. Ihnen war bange um den Ernst des Studiums einerseits und um die Lockerheit des Studentenlebens anderseits. Sie befürchteten eine Störung der gewohnten Ordnung, ein neues Durcheinander im Studium und vor allem eine Senkung des Leistungsniveaus. Die Studenten selbst, die weiblichen noch deutlicher als die männlichen, waren fast durchweg positiv zu Geburten während des Studiums eingestellt. Nur wenige lehnten dies ganz und gar ab. Zugleich sprachen sie sich überwiegend dafür aus, im Falle einer Mutterschaft das Studium in der vorgesehenen Zeit abzuschließen oder höchstens ein Jahr zu unterbrechen. Auch dies wollten Studentinnen deutlicher als ihre männlichen Kommilitonen. Das Studium für mehrere Jahre zu unterbrechen oder ganz abzubrechen wurde von beiden Geschlechtern völlig abgelehnt (Starke 1980: 172 u. 175), und tatsächlich brachen nur ganz wenige Studentinnen wegen Schwangerschaft oder Unvereinbarkeit von Studium und Mutterschaft ihr Studium ab (Schreier 1989).

In der Folgezeit, also ab 1972, wurde Elternschaft während des Studiums immer häufiger, nicht aber vor Beginn des Studiums. Fast keine Frauen kamen in dieser Zeit bereits als Mütter oder Schwangere zum Studium, aber einige, wenn auch nicht viele, Männer als Väter. Dies und der Geschlechterunterschied in der Kinderzahl hingen vor allem mit dem Alter zusammen. Frauen begannen sehr jung ihr Hochschulstudium, oftmals gleich nach der 12. Klasse und dem Abitur, also mit gerade 18 Jahren. Selbst wenn ein Vorpraktikum vorgeschaltet war oder der Studienbeginn sich anderweitig verzögerte, waren die weiblichen Studierenden jung. Das Studium dauerte im Allgemeinen 4 Jahre, in einigen Fachrichtungen auch 4 1/2 und 5 Jahre, in der Medizin einschließlich eines klinischen Praktikums 6 Jahre. Die meisten Hochschulabsolventinnen waren also bei Studienabschluss noch nicht 25 Jahre alt. Die männlichen Studenten waren infolge des Wehrdienstes im Durchschnitt 1 1/2 bzw. 3 Jahre älter und kamen weniger selten als Studentinnen bereits verheiratet zum Studium.

Die Zahl der Studenten mit Kind im Direktstudium lässt sich heute nicht mehr genau ermitteln. Dass hat Alina Rebholz (2006) in ihrer herausragenden Magisterarbeit recherchiert, die in dieser Weise erstmalig Studierenden mit Kind in der DDR gewidmet ist, und das verdienstvollerweise noch im Vergleich von Ost und West bis heute. Folgt man – um einen gewissen Eindruck zu gewinnen – Untersuchungen des Zentralinstitut für Jugendforschung Leipzig, so zeigt sich bruchstückhaft: 1969 hatten Ende des 3. Studienjahres an einer großen Universität wie der Leipziger Karl-Marx-Universität 3 % der weiblichen und 8 % der männlichen Studenten Kinder (Student 69: 236f.). Von den Absolventen des Jahrganges 1974 hatten - nach unserer ersten, 1970 begonnenen Studentenintervallstudie (SIS) - an Universitäten und Hochschulen der DDR bereits 20 % der weiblichen und 24 % der männlichen Studenten bei Studienabschluss Kinder. Dabei war die Streuung zwischen den Fachrichtungen erheblich: 38 % der Zwickauer Lehrerstudenten und 9 % der Leipziger Mathematikstudenten wurden noch während des Studiums Eltern (Starke 1979: 143). Ein reichliches Jahrzehnt später war – nach unserer zweiten Studentenintervallstudie (SIL) – der Anteil der Studenten mit Kind weiter angestiegen. 1986/ 87 hatten 33 % der weiblichen und 43 % der männlichen Hochschulstudenten Kinder zu versorgen, 2 % bzw. 10 % sogar zwei. Weitere 14 % der Studentinnen waren bei Studienende schwanger. Obwohl Schwierigkeiten aller Art im Alltag der studierenden Mütter (und Väter) nicht ausgeblieben waren, bestätigten 94 % von ihnen eine überwiegend gute Vereinbarkeit von Mutterschaft und Studium. 96 % hätten, vor die Wahl gestellt, wieder mit Kind studiert. 81 % der studierenden Mütter lebten während des Studiums mit ihrem Kind zusammen, oft im Wohnheim gemeinsam mit dem Partner. In höheren Studienjahren hatten Studentinnen mit Kind auch eine eigene Wohnung, bei Studienende waren das 40 % gegenüber 18 % der Kinderlosen (Bathke et al. 1989: 127f., Schreier 1986: 38 und 1989: 99).

Elternschaft war in einem historisch kurzen Zeitraum Alltag im Studium geworden. Die Studentätigkeit realisierte sich nicht mehr mit dem Hauptbezug zur Herkunftsfamilie (bei meist nur räumlicher Trennung, die von einem mehr oder weniger häufigen „Nach-Hause-Fahren" gemildert wurde), sondern in einem eigenen familiären Umfeld vor Ort. Das war bedeutsam für das Studium selbst und hatte biografische Auswirkungen auf den gesamten Lebenslauf. Zugleich war es demografisch interessant. Zum einen in Bezug auf die aktuelle Bevölkerungsstruktur. Zum anderen in Bezug auf den Abstand der Generationen. Die Kinder dieser Studenten hatten vergleichsweise junge Eltern und Großeltern. Die Studenteneltern hatten die Chance, selbst relativ jung Enkel zu haben (unter 50 Jahre). Zum Dritten in Bezug auf die Reproduktion der Intelligenz, speziell auf den Anteil von akademisch gebildeten Frauen mit Kindern. Nimmt man heute 50-55jährige, dann sind 95 % von ihnen Mütter, meist von zwei Kindern, während ihre studierten Altersgenossen in den alten Bundesländern zu einem großen Teil kinderlos geblieben sind (frauen leben 2001). Mit Blick auf die Kinder von Studenteneltern war es bedeutsam, dass beide Elternteile nicht nur jung, sondern auch hoch qualifiziert (und natürlich berufstätig) waren. Das beeinflusste die Familienatmosphäre nachhaltig. Insbesondere die erhebliche Zunahme von Familien mit hoch qualifizierten, berufstätigen Müttern trug zu dem DDR-typischen Familientyp bei.

Es wäre kurzschlüssig und einseitig, die rasche Zunahme von Geburten während des Studiums allein auf die Fördermaßnahmen zurückzuführen, so wie es auch heute wenig fruchten würde, durch einzelne Maßnahmen den Geburtenrückgang in Deutschland aufhalten zu wollen. Zum einen kommt es darauf an, wie elternfreundlich – mütter- und väterfreundlich – die Bedingungen im Gesamt sind (Starke 2000). Zum anderen sind die gesellschaftlichen Standards, die reproduktiven Muster entscheidend. Und diese bestanden in der DDR eben darin, früh feste Bindungen einzugehen und bald Kinder zu bekommen, und zwar ohne die Primärtätigkeiten Ausbildung, Studium, Berufsarbeit aufzugeben oder längere Zeit einzuschränken. Es wäre nicht haltbar gewesen, Studierende weiter davon auszuschließen, zumal klar war, dass spätere Zeitpunkte für die Geburt des ersten Kindes keineswegs günstiger sein mussten. Die Frage ist ja eigentlich nicht, warum Frauen während des Studiums Kinder kriegen, sondern warum sie keine kriegen. Das derzeit gängige Reproduktionsmuster – insbesondere akademisch gebildete Frauen werden erst in höherem Lebensalter oder gar nicht Mutter – ist nicht einfach in Ordnung, weil es normalistisch ist, sondern nur scheinbar alternativlos.

Die Fragestellung „Studieren mit Kind" ergab sich im Grunde erst durch den massenhaften Zustrom von Frauen in die höchsten Bildungsstätten nach dem 2. Weltkrieg. Die Zahl weiblicher Studienbewerber übertraf rasch die männlicher. Der Anteil von Studentinnen pendelte sich in der DDR schließlich bei 54 % an den Hoch- und knapp bei 80 %-90 % an den Fachschulen ein. Dass ein Mann erst einige Zeit nach Abschluss des Studiums eine Familie gründete – mit einer jüngeren und weniger qualifizierten Frau – entfiel schnell, und für eine Frau ging eine solche Lebensplanung sowieso nicht – eben weil die Frau im Durchschnitt gleich gebildet, gleich berufstätig und auch gleichaltrig war und mit dem Kinderkriegen nicht ewig warten wollte. Die meisten Studentinnen hielten ein Lebensalter von 20-23 Jahren für das ideale Erstgebäralter (Starke 1980: 169).

Gleichberechtigung der Frau und Gleichwertigkeit der beiden Geschlechter waren DDR-Anspruch. Frauen sollten die gleiche Qualifikation wie der Mann haben und selbstverständlich auch dann voll berufstätig sein, wenn sie studiert, hatten. In dem Maße, wie dies realisiert wurde, veränderte sich die Stellung der Frau in der Gesellschaft, in der Arbeitswelt, in der Paargruppe, in der Familie und auch Selbstverständnis und Selbstwertgefühl der Frau, was bis heute bemerkbar ist. War die Eroberung der höchsten Bildungsstätten durch Frauen schon ein bedeutsames emanzipatorisches Geschehen, so kann man die Mutterschaft während des Studiums vielleicht als einen noch viel größeren Schritt zur Emanzipation der Frau betrachten.

Dass Babys plötzlich das Bild der Universitäten und Hochschulen mitbestimmten und das gesamte Studium beeinflussten, hatte auch Auswirkungen auf die Studentenforschung am Zentralinstitut für Jugendforschung Leipzig. Über Studentenfamilien, Studentenehen, Studentenpartnerschaften und speziell über Studentinnen mit Kind war zunächst wenig bis gar nichts bekannt, sie tauchten in keiner Statistik auf. Nun studierten plötzlich junge Mütter und Väter, die vorher an den Hochschulen und Universitäten kaum existiert hatten. Das weckte das Interesse dafür, was sich da eigentlich an den Hoch- und Fachschulen abspielte und wie Studium und Elternschaft zu vereinbaren waren. Um herauszufinden wie die Studenten die neuen Maßnahmen aufnahmen, wurde im Herbst 1972 eine spezielle Untersuchung durchgeführt, die den Titel „Partner 72" trug und später die Basisuntersuchung für die Partnerstudien des Zentralinstitutes für Jugendforschung (ZIJ) wurde (Starke/ Weller in Friedrich et al. 1999). Neben den Querschnittsuntersuchungen der ZIJ Studentenforschung seit 1969 erlaubten insbesondere die beiden ZIJ-Studentenintervallstudien (Langzeit-/ Panelstudien) SIS und SIL zu verfolgen, wie Studenten mit Kind im Vergleich zu Studenten ohne Kind das Studium bewältigten (Starke 1975, Bathke/ Starke in Friedrich et al. 1999), insbesondere Kerstin Schreier hat dieses Thema bearbeitet (1986, 1987, 1988).

Ganz offensichtlich führte das Beieinander von Studium und Familie zu großen Wertekonflikten, ständig mit dem schlechten Gefühl verbunden, zu wenig sowohl für das Kind als auch für das Studium tun zu können. Die Studenten mit Kind vor Ort waren zu einem ständigen Perspektivwechsel bei den alltäglichen Verrichtungen gezwungen. Die jungen Väter und insbesondere die jungen Mütter konnten quantitativ weniger Zeit für das Studium aufbringen. Das musste in vielen Fällen zu temporären Leistungseinbußen führen, zu Abstrichen in der Verfügbarkeit, zu einem straffen Tagesablauf ohne größere Lücken. Der folgende Auszug aus dem Wochenprotokoll eines Physikstudenten (Originaldaten) mag dies illustrieren (Hoffmann/ Mehlhorn 1983: 116):

Donnerstag:
06.00 – 07.00   aufstehen, frühstücken, Baby versorgen
07.00 – 07.20   Weg zur Sektion/ Sohn zur Krippe gebracht
07.30 – 09.00   Vorlesung „Politische Ökonomie"
09.00 – 09.30   Pause
09.30 – 11.00   Seminar „Partielle Differentialgleichungen"

11.00 – 11.30	Pause
11.30 – 13.00	Vorlesung „Klassische Physik"
13.00 – 14.00	Mittagspause
14.00 – 15.30	Sport
15.30 – 16.00	Sohn aus der Krippe geholt und versorgt
16.00 – 17.00	geduscht, mit Baby gespielt
17.00 – 19.00	Nacharbeit Vorlesung „Klassische Physik"
19.00 – 19.30	Abendbrot
19.30 – 20.00	Baby gebadet und versorgt
20.00 – 21.00	Seminar und Vorlesung „Partielle Differentialgleichungen" nachgearbeitet
21.00 – 22.30	Vorlesung „Politische Ökonomie" nachgearbeitet und Seminar vorbereitet
23.00	Nachtruhe

Es ist nur verwunderlich, dass studierende Mütter und Väter hohe Studienleistungen (darunter auch überdurchschnittlich hohe) erbrachten und beeindruckend systematisch, effektiv, zeitökonomisch, geschickt studierten. Andererseits ergab sich, dass Familie und Partnerbeziehung auch produktiver Faktor einer leistungsorientierten Persönlichkeitsentwicklung sein konnte und nicht in erster Linie nur Störfaktor sein musste. Es besteht ein Wechselverhältnis Partnerschaft/ Liebe/ Sexualverhalten und Leistung, das ein produktives sein kann (Weller 1984). Die Familiengründung während des Studiums bedeutete die Annahme eines reproduktiven Musters und die Realisierung eines Lebenswertes, der grundsätzlich Wirkungen auf Handlungsbereitschaften, Engagement und Lebensglück hat. Auch für Studentinnen wurden das Familiale und das Berufliche zentrale Werte der reproduktiven Kultur, verbunden mit (ökonomischer) Unabhängigkeit auch vom Mann und mit etwas, was Cornelia Helfferich später in der gemeinsamen Studie „frauen leben" als „reproduktive Autonomie" der Frauen in der DDR bezeichnete (frauen leben 2001: 369ff.).

Insgesamt hatte sich herausgestellt, dass ein Studium mit Kind möglich ist – vorausgesetzt, es sind bestimmte Bedingungen gegeben. Die großen Bedenken, dass Mutterschaft (und Vaterschaft) zu einer Senkung des Leistungsniveaus im Studium führt, waren nicht gerechtfertigt. Studenten mit Kind studierten oft sogar besonders zielbewusst, ergebnisorientiert und erfolgreich und waren familienerfahrene, selbstbewusste und leistungsstarke Absolventen.

War die Zahl der studierenden Mütter und Väter zunächst stetig gestiegen, so ging sie gegen Ende der DDR leicht zurück. Die Fördermaßnahmen verblassten und wurden durch andere, tiefer liegende Prozesse überdeckt, die sich auf die Reproduktion auswirkten. Der große Einbruch kam mit der Wende 1989/ 90 und ging mit dem allgemeinen Fall der Geburtenrate 1991 auf 1990 (um 40 %) und 1992 auf 1991 (um 19 %) einher. Dieser Absturz war bei Studenten noch stärker als bei anderen, nahezu total. Die Studentin mit Kind verschwand von der akademischen Bildfläche. Die Kinderwagen in den Seminargebäuden, an die man sich lange gewöhnt hatte, waren plötzlich weg, vom Winde des gesellschaftlichen Wandels verweht. Der Anteil von Studentenkindern fiel sogar unter Westniveau (Weller/ Starke 2000: 212).

Auch im öffentlichen Diskurs und in der wissenschaftlichen Reflektion war das Thema Studieren mit Kind passé. Erst in jüngster Zeit, da der demographische Wandel in Deutschland von den Medien und der Politik zur Kenntnis genommen wird, wird vorsichtig und punktuell an den Beitrag der Studentenschaft zur Geburtenzahl, an die Reproduktion der Intelligenz, an die Vereinbarkeit von Studium und Elternschaft gedacht.

Das Studieren mit Kind gehört zu den eigenartigsten Phänomenen der deutschen Hochschulgeschichte. Ob es eine Fußnote bleibt oder als aktuelle Option von einiger Exklusivität besteht oder zum Alltag an deutschen Hochschulen wird, ist noch nicht entschieden. Es müsste sich viel ändern, nicht nur an den Hohen Schulen, sondern in der gesamten Gesellschaft und ihrer reproduktiven Kultur.

Literatur

Bathke, Gustav-Wilhelm (2007): In Jene lebt sich's bene. Ein soziales Porträt von Studierenden Ende der 1970er und 1980er Jahre. In: Geschichte der Universität Jena. Jena (in Vorb.)
Bathke, Gustav-Wilhelm et al. (1989): Leistungsentwicklung im Studium. Bedingungen und Faktoren hoher Studienleistungen. Forschungsbericht. Leipzig: Zentralinstitut für Jugendforschung
Das Bildungswesen der DDR. Berlin: Volk und Wissen, 1979
Friedrich, Walter/ Förster, Peter/ Starke, Kurt (Hrsg.) (1999): Das Zentralinstitut für Jugendforschung Leipzig 1966-1990. Berlin: edition ost
Helfferich, Cornelia unter Mitarbeit von Karmaus, Kurt/ Starke, Kurt/ Weller, Konrad (2001) frauen leben. Eine Studie zu Lebensläufen und Familienplanung im Auftrag der [BZgA]Bundeszentrale für gesundheitliche Aufklärung. Köln: BZgA

Hoffmann, Achim/ Mehlhorn, Gerlinde unter Mitarbeit von Mehlhorn, Hans-Georg/ Schauer, Heinz/ Starke, Kurt/ Starke, Uta (1983): Ich bin Student. Berlin: Deutscher Verlag der Wissenschaften

Rebholz, Alina (2006): Die Familienbildung Studierender und die Lage Studierender mit Kind in Ost- und Westdeutschland zwischen 1950 und 2005 unter besonderer Berücksichtigung der DDR. Magisterarbeit. Universität Augsburg

Schauer, Heinz und Kurt Starke (Hrsg.) (1987): Jugendlexikon Jugend im Studium. Leipzig: Bibliographisches Institut

Schreier, Kerstin (1986): Entwicklung von Partner- und Familienbeziehungen von Studenten des 1. bis 3. Studienjahres. Leipzig: Zentralinstitut für Jugendforschung

Schreier, Kerstin(1987): Die Studentenfamilie. Eine Darstellung der sozialen Situation von Studenten mit Kind im 3. Studienjahr. Auswertung des Zusatzbogens „KIND" bei SIL C. Leipzig: Zentralinstitut für Jugendforschung

Schreier, Kerstin (1989): Zur Familiensituation von Hochschulabsolventen bei Studienende. In: Starke, Uta/ Schmidt, Harald (Hrsg.): Leistungsentwicklung im Studium (SIL-Abschlusskonferenz). Leipzig: Zentralinstitut für Jugendforschung, S. 96-101

Staatliche Dokumente zur Förderung der Frau in der Deutschen Demokratischen Republik. Gesetzesdokumentation. Berlin: Staatsverlag 1973 und 1988

Starke, Kurt (1975): Studentin mit Kind. Leipzig: Zentralinstitut für Jugendforschung

Starke. Kurt (1979): Jugend im Studium. Berlin: Deutscher Verlag der Wissenschaften

Starke, Kurt (1980 und 1981): Junge Partner. Tatsachen über Liebesbeziehungen im Jugendalter. Leipzig, Jena, Berlin: Urania

Starke, Kurt (2000): Reproduktive Kulturen in Ost und West - Kinder und Kinderlosigkeit. In: Familienplanung und Lebensläufe von Frauen. Köln: BZgA, S. 29-35

Student 69. Forschungsbericht. Leipzig: Zentralinstitut für Jugendforschung, 1969

Weller, Konrad: Liebes- und Sexualverhalten und Leistung. In Starke, Kurt/ Friedrich, Walter (1984): Liebe und Sexualität bis 30. Berlin: VEB Deutscher Verlag der Wissenschaften, S. 276-284

Wichtige Rechtsvorschriften für Studenten. Berlin: Ministerium für Hoch- und Fachschulwesen 1989

Rechtliche und finanzielle Rahmenbedingungen eines Studiums mit Kind

Sibylla Flügge

Studierende mit Kind haben in der Regel weniger zeitliche Flexibilität als Studierende ohne familiäre Verpflichtungen. Dies hat Auswirkungen auf die Dauer und damit die Kosten des Studiums. Auch haben sie in der Regel weniger Möglichkeiten, neben dem Studium das nötige Geld für ihren Lebensunterhalt zu verdienen. Dadurch stellt sich die Frage, welche finanziellen Förderungen es in der BRD für Studierende mit Kind gibt.

Im Folgenden werden zunächst Probleme dargestellt, die sich aus den eingeschränkten Zeitressourcen studierender Eltern ergeben. Im zweiten Abschnitt geht es um die Kosten des Studiums, um besondere Hürden für Studierende mit Kindern, die sich aus Studiengebühren und Langzeitgebühren ergeben. Im dritten Teil werden staatliche finanzielle Hilfen für studierende Eltern dargestellt. Zusammenfassend werden am Ende nochmals die zentralen Probleme aufgezeigt, die im Sinne einer besseren Vereinbarkeit von Studium und Kindererziehung gelöst werden müssen.

1 Rücksichtnahme auf eingeschränkte zeitliche Flexibilität

Die zeitlichen Anforderungen an ein Studium werden durch internationale Vereinbarungen der europäischen Bildungsminister, den so genannten Bologna-Prozess, geprägt. Dazu gehört der Beschluss, dass alle Studiengänge zu modularisieren sind. Dies ermöglicht theoretisch eine hohe Flexibilität bei der Durchführung des Studiums, da die Studierenden einzelne Module wie Früchte in einen Korb sammeln können: Jedes Modul wird mit einer Prüfung abgeschlossen, ist der Korb voll, ist das Studium beendet.[1]

---

1 Informationen zu den Beschlüssen der Kultusministerkonferenz (KMK) zur Hochschulreform sind im Internet z. B. dokumentiert auf den Seiten www.bildungsserver.de.

In der Praxis aber können für Studierende, die nur während der Öffnungszeiten einer Kinderbetreuungseinrichtung die Hochschule besuchen können, erhebliche Probleme auftreten, wenn zum Beispiel bestimmte Pflichtmodule nur außerhalb dieser Zeiten angeboten werden. Alternativen lassen sich dann nur über eine Änderung der Stundenpläne des Studienganges schaffen. Verschärft werden diese Probleme, wenn viele Module Konsekutivregelungen enthalten, also Modul B nur nach erfolgreichem Abschluss des Moduls A studiert werden darf. Insbesondere für Frauen, die wegen Schwangerschaft und Geburt ihr Studium unterbrechen müssen, entstehen weitere Risiken, wenn Module über mehrere Semester am Stück studiert werden müssen (z. B. als Projekt). Es kann dann sein, dass durch die Unterbrechung des Studiums bereits erbrachte Studienleistungen verfallen.

Hier können Satzungen der Hochschulen und Vorgaben der für die Zulassung der Studiengänge zuständigen Akkreditierungsagenturen gegensteuern. Flexible Strukturen sollten an den Hochschulen auch für verpflichtende Praktika und Auslandssemester geschaffen werden. Die Länder sollten sicherstellen, dass Studierende, die sich wegen der Betreuung eines Kindes oder Angehörigen beurlauben lassen, in dieser Zeit trotzdem Prüfungen ablegen können. Schließlich sollte in den Allgemeinen Rahmenprüfungsordnungen der Hochschulen oder in Vorgaben des jeweiligen Bundeslandes klar gestellt werden, dass die Verhinderung wegen Krankheit des Kindes oder eines pflegebedürftigen Angehörigen der eigenen Krankheit gleichzustellen ist.

2   Kosten des Studiums durch Studiengebühren

Die unter 1 behandelten Fragen der „Studierbarkeit" bekommen ein besonderes Gewicht durch den Kostendruck, der durch die Einführung von Langzeitstudiengebühren und in letzter Zeit zusätzlich von allgemeinen Studiengebühren geschaffen wird. Geregelt wird dies in Landesgesetzen, so dass im Einzelnen erhebliche Unterschiede zwischen den Bundesländern bestehen. Die Tendenz geht allerdings dahin, überall Langzeitstudiengebühren und allgemeine Studiengebühren einzuführen.[2]

---

2 Spätestens ab dem Wintersemester 2007/ 08 wird es in folgenden Bundesländern Allgemeine Studiengebühren geben (höchstens in der vom Bundesverfassungsgericht im Urteil vom 26.1.2006 für unbedenklich gehaltenen Höhe von 500 Euro pro Semester): Baden-Württemberg, Bayern, Hamburg, Hessen, Niedersachsen, Nordrhein-Westfalen, Saarland. Keinerlei Studiengebühren sind derzeit in folgenden Bundesländern vorgesehen: Berlin, Brandenburg, Mecklenburg-Vorpommern, Sachsen, Schleswig-Holstein. Verfügbar unter: www.studentenwerke.de/main/ default.asp?id=0100 (Stand: 27.1.2007).

Während allgemeine Studiengebühren ganz allgemein die Zugangshürden für ein Studium erhöhen, sollen die erheblich höheren Langzeitstudiengebühren die Studierenden dazu anhalten, ihr Studium möglichst schnell abzuschließen oder, wenn ihnen das nicht möglich ist, das Studium abzubrechen. Maßstab für die Geschwindigkeit ist die so genannte „Regelstudienzeit", die die Mindestdauer benennt, in der ein Studiengang theoretisch studiert werden kann.

Bei allen Gebührenmodellen wird die Überschreitung der Regelstudienzeit um bis zu 4 Semester toleriert. Studierende mit kleinen Kindern werden in einigen Bundesländern von Studiengebühren befreit, in anderen Bundesländern werden ihnen lediglich weitere Semester zugestanden, in denen keine Gebühren bzw. keine Langzeitgebühren anfallen.[3] Eine erlaubte Verlängerung der Studienzeit wird jedoch insbesondere dann nicht ausreichen, wenn die unter 1 genannten Bedingungen ein zügiges Studium erschweren. Die studierenden Eltern müssen sich dann unter Umständen auf Härtefallregelungen berufen. Studierende, deren Kinder, die im Gesetz vorgesehenen Altersgrenzen überschreiten, sind von vorn herein darauf angewiesen, als „Härtefall" anerkannt zu werden, wenn die Kinderbetreuung ein Vollzeitstudium nicht zulässt.

Eine Erleichterung für alle Studierenden mit zeitlichen Einschränkungen könnten gesetzliche Regelungen schaffen, die die Höhe der Gebühren, unabhängig von der Dauer des Studiums, von der Zahl der studierten Module abhängig machen. Auch die Möglichkeit, ein Studium unter bestimmten Bedingungen – z. B. wegen der Betreuung von Kindern – als „Teilzeitstudium" deklarieren zu lassen, mit der Folge, dass die Gebühren sich verringern und/ oder die tolerierte Studienzeit sich entsprechend verlängert, kann die Situation studierender Eltern verbessern. Allerdings wird der Nutzen derart anerkannter Teilzeitstudien, wo es sie gibt, dadurch eingeschränkt, dass das Bundesausbildungsförderungsgesetz (BAföG) immer von einem Vollzeitstudium ausgeht. Teilzeitstudiengänge, die in der Regel als berufsbegleitende Studiengänge konzipiert sind, können nur im Einzelfall die Vereinbarkeit von Studium und Kindererziehung verbessern, weil diese Studiengänge nur für wenige Fächer angeboten werden und die Zeitvorgaben in diesen Studiengängen auch nicht notwendig mit den zeitlichen Möglichkeiten der studierenden Eltern übereinstimmen.

---

3 In Baden-Württemberg sind Eltern von Kindern unter 8 Jahren von Gebühren befreit, in Bayern gilt das gleiche für Kinder unter 10 Jahren, in Hamburg und Niedersachsen für Kinder unter 14 Jahren. In Hessen erhalten Eltern mit Kindern unter 14 Jahren Gebührenbefreiung für maximal 6 Semester pro Kind, in NRW maximal 3 Semester für Kinder unter 18 Jahren.

Zur Finanzierung der Studiengebühren werden in der Regel Kredite angeboten, die – zusammen mit der als Darlehn gezahlten Ausbildungsförderung nach BAföG – nach Abschluss des Studiums zurückgezahlt werden müssen. Die Landesgesetze sehen vor, dass die Gesamtbelastung durch rückzahlbares BAföG und Kredite für Studiengebühren einen bestimmten Betrag nicht überschreiten dürfen.[4] Die Rückzahlungspflicht wird ausgesetzt, wenn bestimmte Mindesteinkommen nicht überschritten werden, die sich allerdings nahe am Existenzminimum bewegen. Die Einkommensgrenzen erhöhen sich entsprechend der Zahl der Kinder.

Für die Frage, ob Studierende sich unter ökonomischen Gesichtspunkten getrauen, Kinder zu bekommen, ist es nicht unwichtig, wie die Rückzahlungsregelungen für die zur Finanzierung der Studiengebühren aufgenommenen Kredite gestaltet sind. Ein relativ geringes Risiko besteht, wenn die Höhe der Rückzahlung von der Höhe des nach dem Studium erzielten Einkommens abhängig gemacht wird. Nach diesem Modell, das einige private Hochschulen favorisieren, entfällt die Rückzahlungspflicht, soweit innerhalb einer bestimmten Zeitspanne kein entsprechendes Einkommen erreicht werden kann.[5]

Nach § 18 b Abs. 5 BAföG werden Rückzahlungsraten für die Monate erlassen, in denen Eltern nach Abschluss des Studiums wegen der Betreuung eines Kindes weniger als 10 Stunden berufstätig sind und ein bestimmtes Mindesteinkommen nicht erreichen. Bei den Rückzahlungsregelungen für Studiengebühren an staatlichen Hochschulen wird denen, die wegen Kindererziehung nur ein geringes Einkommen haben, die Rückzahlungspflicht lediglich gestundet. In dieser Zeit wird aber das Darlehen weiter verzinst, so dass daraus eine regelrechte „Schuldenfalle" entstehen kann. Dies betrifft auch die staatlichen Kredite, die beim Amt für Ausbildungsförderung und bei der Kreditanstalt für Wiederaufbau zur Finanzierung des Lebensunterhalts beantragt werden können.

---

4 Der Darlehensanteil von BAföG muss nach § 17 BAföG maximal in Höhe von 10.000 Euro zurückgezahlt werden. Die Gesamtbelastung aus BAföG und Studiengebührenkredit wird in den Ländergesetzen bei 15.000 bzw. 17.000 Euro gedeckelt.
5 Stellungnahmen des Vertreters der Bucerius Law School Hamburg bei der Anhörung zum Studienbeitragsgesetz am 04.09.2006 im Hessischen Landtag (WKA/16/54, S. 68). Siehe auch die Regelungen der Universität Witten-Herdecke, verfügbar unter: http://wga.dmz.uni-wh.de/orga/html/default/rheu-5jrez4.de.html.

3   Finanzielle Unterstützung für studierende Eltern

Lebenshaltungskosten des Kindes
Für die Deckung der Lebenshaltungskosten der Kinder von Studierenden gelten die allgemeinen Regeln. Das heißt Studierende, die ein Kind betreuen, können vom anderen Elternteil Unterhalt oder vom Jugendamt einen Unterhaltsvorschuss verlangen. Hinzu kommt das Kindergeld in Höhe von 154 Euro und, soweit dann trotzdem noch der Bedarfssatz nach dem Sozialgesetzbuch II (SGB II) unterschritten wird, ein Zuschlag zum Kindergeld. Das Kindergeld wird bei den in diesem Abschnitt genannten Sozialleistungen immer als Einkommen des Kindes gewertet.

BAföG für Studierende
Die Lebenshaltungskosten von Studierenden sollen in erster Linie durch die Eltern oder unterhaltspflichtigen Ehegatten bzw. LebenspartnerInnen der Studierenden finanziert werden. Nur wenn diesen die Finanzierung nicht möglich oder nicht zumutbar ist, tritt der Staat ein, indem er das Existenzminimum der Studierenden durch Zuschüsse bzw. Darlehen deckt. Ob ein solcher Anspruch besteht, richtet sich ausschließlich nach den Regelungen des Bundesausbildungsförderungsgesetzes (BAföG).[6]

Unabhängig vom Einkommen der Eltern erhalten nach § 11 Abs. 3 BAföG unter anderem diejenigen Ausbildungsförderung, die sich nach Erreichen der Volljährigkeit durch Erwerbstätigkeit bereits fünf Jahre von ihren Eltern unabhängig gemacht haben. Einer solchen Zeit der Erwerbstätigkeit wird die Verantwortung für eigene Kinder unter 10 Jahren gleichgestellt.[7]

Da durch BAföG nur das absolute Existenzminimum sicher gestellt werden soll,[8] wird gestattet, dass die Studierenden einen gewissen Betrag (215 Euro netto monatlich, das entspricht ca. 350 Euro brutto) hinzu verdienen. Darüber hinaus darf der Lebensunterhalt von Kindern (435 Euro netto monatlich) und EhegattInnen (480 Euro netto monatlich) hinzu verdient werden, soweit er nicht durch Unterhaltszahlungen und Kindergeld bzw. eigene Einkünfte des Ehegatten bzw. der Ehegattin gedeckt ist (§ 23 BAföG). BAföG wird in der Regel nur für

---

6 Ausführliche Informationen zur Studienfinanzierung unter: www.studentenwerke.de.
7 Merkblatt des Bundesforschungsministeriums verfügbar unter: http://www.bafoeg.bmbf.de/ gesetze_merk03.php.
8 Der Grundbedarf für Studierende wird in § 13 BAföG mit 333 Euro angesetzt, hinzu kommen 133 Euro, wenn die Studierenden nicht bei den Eltern wohnen und ggf. ein weiterer Zuschlag zur Miete in Höhe von 64 Euro. Hinzu kommen ggf. 47 bzw. 8 Euro für die Kranken- und Pflegeversicherung.

die Dauer der Regelstudienzeit bewilligt. Die Leistungszeit kann nach § 15 BAföG unter anderem verlängert werden, wenn sich der Studienabschluss wegen der Betreuung eines Kindes unter 10 Jahren verzögert hat.[9] Entsprechendes gilt für die Leistungsnachweise, die nach § 48 BAföG ab dem 5. Semester zu erbringen sind. Muss oder soll das Studium wegen Schwangerschaft und Geburt über mehr als 3 Monate ganz aufgegeben werden, wird nach § 25 Abs. 2 BAföG die Zahlung eingestellt. Es empfiehlt sich in diesem Fall die Beantragung eines Urlaubssemesters.

BAföG für Studierende wird in der Regel zur Hälfte als Darlehen gezahlt. Wurde die Förderungshöchstdauer wegen Schwangerschaft und Erziehung eines Kindes verlängert, so muss dieser Betrag nicht zurückgezahlt werden. Die Rückzahlungspflicht, die für die Regelleistung insgesamt 10.000 Euro nicht übersteigen darf, beginnt 5 Jahre nach dem Ende der Förderungshöchstdauer. Denen, die einen besonders guten Abschluss gemacht haben oder die besonders schnell studiert haben, wird ein Teil der Darlehnsschuld erlassen. Denjenigen, die nach dem Studium wegen Kindererziehung nur geringfügig erwerbstätig sind, werden nach § 18 b Abs. 5 BAföG in dieser Zeit die Rückzahlungsraten erlassen.

Studiengebühren werden durch BAföG nicht abgedeckt. Soweit dafür keine staatlichen Kredite bereitgestellt werden, entsteht eine Finanzierungslücke, die nur durch einen Gebührenverzicht seitens der Hochschule wegen Anerkennung eines Härtefalls überbrückt werden kann.

Arbeitslosengeld II für Studierende
Studierende erhalten zur Deckung ihres Lebensunterhalts grundsätzlich keine Leistungen nach dem SGB II. Dies galt vor der „Hartz IV-Reform" auch schon für das Sozialhilferecht. Allerdings wurde aus dem alten Bundessozialhilfegesetz eine Zulagenregelung in das neue SGB II übernommen, die nach wie vor auch auf Studierende anzuwenden ist: Alleinerziehende mit einem Kind unter 7 Jahren oder zwei Kindern unter 16 Jahren wird ein so genannter Mehrbedarf in Höhe von 124 Euro monatlich zugestanden, der Aufwendungen für die private Kinderbetreuung abdecken soll. Da in der Berechnung des BAföG dieser Mehrbedarf nicht berücksichtigt ist, können BAföG-BezieherInnen ebenso wie Personen mit einem entsprechend geringen Einkommen diesen Betrag bei der Arbeitsagentur beantragen. Desgleichen können Zuschüsse für die Beschaffung von Schwangerschaftskleidung, Babykleidung und für die Einrichtung eines Kinderzimmers beantragt werden.

---

9 Anerkannt werden je ein zusätzliches Semester für die Schwangerschaft und jedes Lebensjahr des Kindes bis es 5 Jahre alt ist, sowie für die Zeiten vom 6. und 7. Lebensjahr und vom 8.-10. Lebensjahr.

Lassen sich Studierende zum Beispiel aus Anlass der Geburt eines Kindes beurlauben, so entfällt der Anspruch auf Studienförderung. Das BAföG findet auf diese Situation keine Anwendung. Beurlaubte können daher nach den allgemeinen Regeln Arbeitslosengeld II beantragen. Ein Vorteil ist, dass bei Schwangeren und Elternteilen, die ein Kind unter 6 Jahren betreuen, das Einkommen ihrer Eltern bei der Bedürftigkeitsprüfung nicht berücksichtigt wird. Auch ist die/ der beurlaubte Studierende zur Aufnahme einer Erwerbstätigkeit nicht verpflichtet, solange das Kind unter 3 Jahre alt ist und vom anderen Elternteil nicht betreut werden kann.

Das Arbeitslosengeld II kann durch eigene Einnahmen geringfügig aufgestockt werden. Abgezogen werden die Einnahmen nur, wenn sie 100 Euro im Monat übersteigen, aber dann auch nur zu 80 %, bei Einkommen über 800 Euro zu 90 %. Anrechnungsfrei sind auch geringfügige Aufwandsentschädigungen für gemeinnützige Arbeit. Auch Einnahmen, die der Erfüllung einer Unterhaltspflicht dienen, werden nicht auf das Arbeitslosengeld II angerechnet.

Kosten einer Betreuungseinrichtung

Wollen Studierende mit Kind weiter studieren, sind sie häufig auf einen Krabbelstubenplatz oder eine Tagesmutter, später auf einen Kindergarten- oder Hortplatz angewiesen. Ein Rechtsanspruch auf einen Betreuungsplatz oder, wenn das nicht möglich ist, eine Betreuungsperson (Tagesmutter) besteht allerdings erst ab dem 3. Lebensjahr bis zur Einschulung und nur in der Kommune, in der die Studierenden wohnen und auch nur im Rahmen der dort üblichen Öffnungszeiten.

Melden Studierende ihr Kind in einer Kinderbetreuungseinrichtung an, so zahlt das Jugendamt die anfallenden Gebühren, wenn die Studierenden die Mittel nicht selbst aufbringen können. Dies gilt auch für Krabbelstuben und Hortplätze. Ein Problem besteht, wenn die Studierenden ihr Kind in einer Einrichtung der Hochschule anmelden möchten, aber in einer anderen Kommune wohnen. Die Bundesländer können und sollten Regelungen treffen, wonach die Jugendämter auch zur Übernahme der Betreuungskosten am Studienort verpflichtet werden. Ein weiteres Problem besteht hinsichtlich der Öffnungszeiten der Einrichtungen, die oftmals nicht alle Zeiten abdecken, in denen Lehrveranstaltungen angeboten werden. Hier sind die Hochschulen gefordert, flexible Betreuungsangebote zu schaffen und den studierenden Eltern eine Vernetzung und wechselseitige Hilfe zu erleichtern.

Kosten der Wohnung

Benötigen die jungen Eltern wegen der Geburt eines Kindes eine größere Wohnung, können sie beim Wohnungsamt einen Antrag auf Vermittlung einer öffentlich geförderten Wohnung stellen. Während der Schwangerschaft ist dieser Antrag mit höchster Dringlichkeit zu bearbeiten.

Wenn Studierende mit einem Kind zusammenleben, kann ein Anspruch auf Wohngeld nach dem Wohngeldgesetz geltend gemacht werden, wenn die weiteren Voraussetzungen (geringes Einkommen, Angemessenheit der Wohnung) vorliegen. Der Mietkostenzuschuss, der nach BAföG verlangt werden kann, entfällt dann allerdings.

Elterngeld

Zusätzlich zu den genannten Sozialleistungen erhalten Studierende nach der Geburt eines Kindes das Elterngeld in Höhe von 300 Euro monatlich. Ein Elterngeld, das 300 Euro übersteigt, wird bei der Berechnung von BAföG und Arbeitslosengeld II als Einkommen angerechnet.

Elterngeld wird auf Antrag 12 Monate gezahlt, wenn die Eltern zusammenleben, aber nur ein Elternteil die Betreuung des Kindes übernimmt. Es wird für weitere 2 Monate gezahlt, wenn der andere Elternteil für mindestens diesen Zeitraum die Betreuung übernimmt. Alleinerziehende erhalten das Elterngeld für 14 Monate. Erwerbstätige erhalten Elterngeld nur, wenn sie in dieser Zeit ihre Wochenarbeitszeit auf maximal 30 Stunden reduzieren. Studierende erhalten Elterngeld, ohne dass sie eine Einschränkung des Studiums nachweisen müssen. Wenn Eltern, die beide studieren, das Kind gemeinsam oder abwechselnd betreuen, kann ein Elternteil für die erste Zeit (mindestens 7 maximal 12 Monate), der andere Elternteil für die restlichen (mindestens 2 maximal 7) Monate das Elterngeld beanspruchen. Beantragen die Eltern das Elterngeld gleichzeitig für die ersten Monate nach der Geburt, ist der Anspruch nach 7 Monaten verbraucht. Auf Antrag kann der Bezugszeitraum verdoppelt werden, wenn man sich jeweils nur den halben Elterngeldbetrag auszahlen lässt.

Der Anspruch auf Elterngeld beträgt mindestens 300 Euro und höchstens 1.800 Euro im Monat. Bei Mehrlingsgeburten wird für jedes weitere Kind zusätzlich 300 Euro gezahlt. Eltern, die schon ein Kind unter 3 Jahren oder mehrere Kinder unter 6 Jahren oder ein behindertes Kind unter 14 Jahren haben, erhalten einen Zuschlag von 10 %, mindestens aber 75 Euro. Berechnet wird das Elterngeld aus dem Nettoeinkommen, das die antragstellende Person im Jahr vor der Geburt des Kindes durchschnittlich verdient hat. Durch das Elterngeld soll erreicht werden, dass der antragstellende Elternteil jedenfalls 67 % seines

Nettoeinkommens erhält, auch wenn er seine Tätigkeit um mehr als 30 % reduziert oder ganz aufgibt. Allerdings steigt der Anspruch nicht über 1.800 Euro. Geringverdiener erhalten einen stufenweise erhöhten Prozentsatz ihres Einkommens. Wer vor der Geburt erwerbstätig war und sich zum Elterngeld etwas hinzuverdienen will, erhält 67°% des Differenzbetrages aus dem früheren und dem aktuellen Verdienst. Wer nur den Grundbetrag des Elterngeldes erhält, kann das Einkommen ohne Einschränkungen durch Erwerbstätigkeit aufbessern. BAföG-EmpfängerInnen müssen dabei die Freigrenzen nach BAföG beachten.

War die Mutter des Kindes vor der Geburt abhängig beschäftigt, so dass ihr während der gesetzlichen Schutzfristen (in der Regel 8 Wochen nach der Geburt) von der Krankenkasse ein Mutterschaftsgeld gezahlt wird, wird dieses auf das Elterngeld angerechnet. Die Zeit, in der die Mutter Mutterschaftsgeld erhält, gilt immer als Zeit des Bezugs von Elterngeld durch die Mutter.

4. Zusammenfassung und Ausblick

Die Zeit des Studiums ist in der Regel einerseits geprägt durch relative Einkommensarmut, andererseits durch relativ hohe Zeitflexibilität. Sind die finanziellen Voraussetzungen der Existenzsicherung gewährleistet, erscheint die Zeit für eine Familiengründung relativ günstig. Allerdings führen die aktuellen Studienreformen generell zu einer stärkeren Verschulung, was die Möglichkeiten individueller Stundenplangestaltung erheblich einschränkt. Je geringer die Wahlmöglichkeiten zwischen verschiedenen Lehrangeboten und je höher die Prüfungsdichte, desto stärker wirken sich Einschränkungen der zeitlichen Verfügbarkeit studienzeitverlängernd aus. Wenn längere Studienzeiten zu zusätzlichen finanziellen Belastungen durch Studiengebühren führen, sinkt die zeitliche Verfügbarkeit wegen der Notwendigkeit, für Studiengebühren Geld zu verdienen, noch weiter ab. Je nach landesgesetzlicher Regelung und Studienfach kann die kumulierte Belastung unter Umständen einen Studienabbruch erzwingen.

Um Studium und Familiengründung miteinander verbinden zu können, müssten nicht nur die Stundenpläne weitgehend kompatibel sein mit den Öffnungszeiten der Kinderbetreuungseinrichtungen, vor allem müsste es ausreichend Krabbelstuben für unter Dreijährige, Kindergärten mit bedarfsgerechten Öffnungszeiten und Ganztagsschulen oder entsprechende Hortplätze geben. Da es in vielen Studiengängen immer auch Blockseminare, Laborübungen oder Prüfungen außerhalb der Öffnungszeiten von Betreuungseinrichtungen geben wird, sind darüber hinaus flexible Betreuungsangebote notwendig. Diese müssen

allerdings erst noch geschaffen werden und sie werden wohl kaum kostenlos
sein. So wird die Entlastung durch flexible Betreuungsangebote in vielen Fällen
einhergehen mit der Notwendigkeit, zusätzlich Geld zu verdienen, was die Studienbedingungen wiederum erschwert.

Studierende finanzieren ihr Studium in der Regel durch Unterhaltsleistungen ihrer Eltern, BAföG und/ oder eigene Erwerbsarbeit. Daran ändert sich im
Prinzip auch nichts, wenn sie ein Kind bekommen. Die Lebenshaltungskosten
des Kindes müssen durch den unterhaltsverpflichteten Elternteil oder staatliche
Leistungen (Unterhaltsvorschuss und Kindergeld) sichergestellt werden. Studierende, die selbst von Unterhalt und/ oder von BAföG leben, erhalten in den ersten 14 Monaten nach der Geburt des Kindes zusätzlich 300 Euro Elterngeld. Für
Kinder, die vor dem 31.12.2006 geboren worden waren, hatte es noch einen
entsprechenden Anspruch über 24 Monate gegeben. Studierende, die ihren Lebensunterhalt vor der Geburt des Kindes durch Erwerbstätigkeit gedeckt haben,
erhalten nach der Geburt des Kindes jetzt ein Elterngeld in Höhe von mindestens
67 % ihres durchschnittlichen Nettolohns. Da dieser Betrag in der Regel nicht
dazu ausreichen wird, die notwendigen Lebenshaltungskosten zu decken, müssen
diese Studierenden nach der Geburt weiter in beschränktem Maß erwerbstätig
sein. Allerdings wird dieses Einkommen teilweise auf das Elterngeld angerechnet, sodass tatsächlich mehr als der Differenzbetrag verdient werden muss.[10]
Erhalten die Studierenden BAföG, so können sie wegen des Elterngeldes im
ersten Jahr nach der Geburt des Kindes durchaus davon leben. Ab dem zweiten
Lebensjahr werden sie jedoch – ebenso wie die Kommilitonen, die keine Kinder
haben – den erlaubten Freibetrag hinzu verdienen müssen, um ihre tatsächlichen
Lebenshaltungskosten decken zu können.[11] Dadurch ist eine Dreifachbelastung
durch Studium, Kindererziehung und Erwerbsarbeit vorprogrammiert.

---

10 Wer zum Beispiel vor der Geburt 700 Euro verdient hat, erhält ein Elterngeld in Höhe von 574
    Euro. Um wieder auf das Einkommen in Höhe von 700 Euro zu kommen, müssen 200 Euro
    hinzu verdient werden. Näheres siehe unter: www.bmfsfj.de/Elterngeldrechner.

11 Die Bundesregierung stellte Anfang 2007 fest, dass die Bedarfssätze um 48 Euro angehoben
    werden müssten, damit Studierende mit BAföG und Kindergeld ihren Bedarf in der Größenord-
    nung der Leistungen nach SGB II decken können (17. Bericht der Bundesregierung zu den Be-
    darfssätzen   nach   BAföG,   BTDrs.   16/4123   vom   18.01.2007),   verfügbar   unter:
    http://dip.bundestag.de/btd/16/041/1604123.pdf., S. 35, 47 f.). Die notwendigen Gesamtausgaben
    von Studierenden (ohne Studiengebühren) betrugen 2003 gemäß der Sozialerhebung der HIS ca.
    700 Euro, während die Studierenden durchschnittlich über ca. 760 Euro monatlich verfügten
    (ebd. S.46).

Wenn die sonstigen Voraussetzungen vorliegen (Einkommen und Vermögen aller Personen in der Bedarfsgemeinschaft unterhalb der Grenzwerte), können die Studierenden in den ersten 7 Lebensjahren ihres Kindes zusätzlich zu BAföG, Unterhalt bzw. Erwerbseinkommen einen Mehrbedarfszuschlag nach § 21 Abs. 3 SGB II in Höhe von 124 Euro geltend machen. Damit können dann zum Beispiel Babysitter bezahlt oder Spielsachen gekauft werden – Ausgaben, die Beziehern von SGB II-Leistungen bzw. Studierenden mit entsprechend geringen Einkommen sonst kaum erschwinglich sind.

Studieren mit Kind ist durchaus möglich, das Leben ist aber in der Regel geprägt durch ein kompliziertes Ausbalancieren der zeitlichen Anforderungen des Studiums, der Öffnungszeiten von Betreuungseinrichtungen der Zeitpläne von Betreuungspersonen und der Notwendigkeiten, die sich aus den Bedürfnissen des Kindes ergeben.

Finanziell müssen sich studierende Eltern darauf einstellen, am Existenzminimum leben zu müssen. Eine besondere Belastung entsteht aus der Tatsache, dass die notwendigen Geldmittel aus verschiedenen Quellen gespeist werden, deren Leistungen überwiegend als System „kommunizierender Röhren" voneinander abhängig sind: BAföG, Unterhaltsleistungen für die Studierenden und Elterngeld, Kindergeld, Kindergeldzuschlag, Unterhalt für das Kind und Unterhaltsvorschuss vom Jugendamt sowie Mehrbedarfszuschlag von der Arbeitsagentur und Wohngeld vom Wohnungsamt sind Leistungen, die alle einzeln beantragt werden müssen und deren Höhe zum Teil von der Höhe der anderen Leistungen und von der Höhe des jeweiligen Erwerbseinkommens der Studierenden abhängig ist. Dieser Flickenteppich aus Sozialleistungen macht es Eltern schwer, alle vorgesehenen Leistungen tatsächlich in Anspruch zu nehmen. Die Vielzahl der Ansprüche und die Komplexität der rechtlichen Grundlagen bergen zudem ein hohes Fehlerrisiko bei den Bewilligungen und Berechnungen. Deshalb wäre es hilfreich, wenn die Leistungen an einer Stelle zentral beantragt und abgeklärt werden könnten.

Teil 2:

Maßnahmen an Hochschulen zur Verbesserung der Rahmenbedingungen für Studierende mit Kind(ern)

Studieren mit Kind in Gießen – Situation und Ansätze zur Verbesserung der Vereinbarkeit

Ines Müller

1 Einleitung

Warum sind studierende Eltern eine familien- und bildungspolitisch interessante Zielgruppe? Seit Jahren beträgt ihr Anteil an der Studierendenschaft zwischen 6 und 7 % (1 und 2) und bislang war es mehr oder weniger ihre Privatangelegenheit, das Zusammenspiel von familiären Belangen und einem erfolgreichen Studium auszubalancieren.

Im Zuge der Diskussion um den demographischen Wandel und die hohe Kinderlosigkeit unter AkademikerInnen wird zunehmend die Frage gestellt, wie junge Frauen und Männer in ihrer Lebens- und Familienplanung – und deren Umsetzung – strukturell unterstützt werden können, denn drei Viertel der Studierenden wünschen sich mindestens ein Kind (3). Die Familiengründung wird aber in den meisten Fällen auf einen späteren Zeitpunkt verschoben. Der 7. Familienbericht spricht in diesem Zusammenhang von einer „'Rush Hour' im Lebenslauf" (4), einer Zeitspanne von fünf bis sechs Jahren, in der die Gründung einer Familie zeitgleich mit dem Einstieg und der Etablierung beider Partner im Beruf erfolgt.

Die Familiengründung vor oder während der Studienphase ist eine Möglichkeit, den bestehenden Kinderwunsch frühzeitig zu realisieren, ohne auf eine qualifizierte berufliche Perspektive zu verzichten.

Doch ist die Studienzeit wirklich geeignet für eine Vereinbarkeit mit Familie? Unter welchen Rahmenbedingungen gestalten studierende Eltern ihren Alltag, an welchen Stellen treten Probleme auf und unter welchen Umständen kann eine zufrieden stellende Vereinbarkeit gelebt werden?

2   Das Modellprojekt „Studieren und Forschen mit Kind" in Gießen

Das Modellprojekt „Studieren und Forschen mit Kind" beschäftigt sich seit Ende 2004 mit dieser Fragestellung. Anhand qualitativer ExpertInnen- und Elterninterviews erfolgt eine Bestandsaufnahme der Situation studierender und promovierender Eltern an der Justus-Liebig-Universität Gießen und der Fachhochschule Gießen-Friedberg. Das Erkenntnisinteresse liegt dabei auf der Darstellung unterschiedlicher Alltagsszenarien und ihrer Rahmenbedingungen. Auf der Grundlage dieser Erkenntnisse werden Maßnahmen zur Verbesserung der Vereinbarkeit von Familie mit einem Studium und/ oder weiterer wissenschaftlicher Qualifizierung entwickelt und erprobt.

Das Ziel ist, durch Bildung tragfähiger Allianzen unterschiedlicher lokaler Akteure eine Strukturentwicklung anzustoßen, die auf andere Hochschulstandorte übertragbar ist. Neben der kontinuierlichen Evaluation der Maßnahmen erfolgt zum Projektende eine zweite Bestandsaufnahme, in der Veränderungen der Situation studierender Eltern erfasst werden sollen.

Auftraggeber des Modellprojekts ist die „hessenstiftung – familie hat zukunft", die neben der Förderung der Forschungsarbeit Mittel für die Umsetzung verschiedener Maßnahmen bereitstellt. Das Modellprojekt endet nach vierjähriger Laufzeit im September 2008. Die wissenschaftliche Leitung liegt bei Prof. Dr. Uta Meier-Gräwe am Lehrstuhl für Wirtschaftslehre des Privathaushalts und Familienwissenschaft der Justus-Liebig-Universität Gießen.

Der Hochschulstandort Gießen, auf den sich das Modellprojekt bezieht, ist eine mittelhessische Stadt mit ca. 80 000 EinwohnerInnen und einer der bundesweit höchsten Studierendendichte von rund einem Drittel. Die über 25.000 Studierenden an Universität und Fachhochschule machen rund 90 % der Altersgruppe der 19- bis unter 35-Jährigen und somit den überwiegenden Teil der Bevölkerung im Familiengründungsalter aus (5). Die Anzahl der studierenden Eltern ist nicht quantifizierbar. Geht man von einem Anteil aus, der dem bundesweiten Durchschnitt von 6 % entspricht, dürften etwa 1500 Studierende mindestens ein Kind haben. Beide Gießener Hochschulen haben im Jahr 2005 das Grundzertifikat im Audit Familiengerechte Hochschule erhalten. Im Sommer 2006 wurde zudem das Aufgabenspektrum der hessischen Studentenwerke um den Bereich Kinderbetreuung erweitert. Jetzt erst haben sie die Möglichkeit, eigene Angebote bereitzustellen.

Wie überall in Deutschland ist auch in Hessen das gesamte Hochschulsystem in einer Umbruchphase: bis zum Jahr 2010 sollen alle Studiengänge modularisiert und – soweit es sich nicht um Staatsprüfungen handelt –

die konsekutiven Abschlüsse Bachelor und Master eingeführt werden. Seit 2003 regelt das Studienguthabengesetz die Erhebung von Langzeit- und Zweitstudiengebühren, ab dem Wintersemester 2007/ 08 wird es durch das Studienbeitragsgesetz abgelöst, welches zusätzlich Studiengebühren von 500 EUR ab dem ersten Semester vorsieht. Eltern von Kindern unter 14 Jahren haben dann einen gemeinsamen Anspruch auf sechs gebührenfreie Semester.

Die momentan erhöhte Aufmerksamkeit für die Möglichkeiten und Probleme der Vereinbarkeit von Studium und Elternschaft erfolgt also zeitgleich mit einer gravierenden Veränderung der allgemeinen Rahmenbedingungen für ein Studium.

3   Studieren mit Kind: Situationsbeschreibung

Bei der Annäherung an die Situation, in der studierende Eltern ihren Alltag gestalten ist von einer großen individuellen Vielfalt der Lebensführung auszugehen. Aus dieser Vielfalt lassen sich eine Reihe von Unterscheidungsmerkmalen ableiten, anhand derer eine grobe Strukturierung vorgenommen werden kann: Die Geburt eines Kindes geht häufig einher mit einer Traditionalisierung der Arbeitsteilung zwischen *Müttern und Vätern*. Insbesondere während der Säuglings- und Kleinkindphase übernehmen Frauen den größeren Anteil an Betreuungs- und Fürsorgearbeit, aber auch an Haushaltsarbeit.

Einen wichtigen Einfluss auf die Gestaltung des Alltags hat die *Partnerschaftssituation*. Während allein erziehende Eltern für das gesamte Alltagsmanagement verantwortlich sind, haben studentische Paare einen gewissen Spielraum hinsichtlich einer gleichberechtigten Aufteilung von Familienarbeit, Zeit für das Studium und eventueller Erwerbstätigkeit. Diejenigen Paare, bei denen ein Partner nach Ausbildung oder Studium bereits erwerbstätig ist, haben ein Einkommen, aber weniger zeitliche Flexibilität. Zu beachten ist auch, dass Paare nicht immer im selben Ort studieren, wohnen und arbeiten.

Ein weiteres Unterscheidungsmerkmal stellt die Höhe und Planbarkeit des *finanziellen Spielraums* dar. Eine kontinuierlich sichere und damit planbare Finanzierung des Lebensunterhalts ist die Basis der Alltagsgestaltung. Studierende, die kein BAföG bekommen, sind häufig auf die finanzielle Unterstützung ihrer Eltern angewiesen. Diese wird zwar dankbar angenommen, löst in der Regel aber auch ein schlechtes Gewissen und ein Gefühl der Abhängigkeit aus. Eine Dreifachbelastung durch Familie, Studium und Erwerbstätigkeit oder die

Abhängigkeit von einer Kombination verschiedener staatlicher Transferzahlungen (z. B. BAföG, Sozialgeld für das Kind, Wohngeld, Unterhalt) und die dadurch erforderliche Zeit für Antragstellung, Schriftverkehr und Behördengänge verringern die Zeit, die uneingeschränkt dem Studium zur Verfügung steht. Zudem berichten studierende Eltern immer wieder davon, sich vor Behörden für ihre Situation rechfertigen zu müssen, zum Studienabbruch aufgefordert zu werden oder Leistungen mit der Begründung nicht zu erhalten, dass ihre monatlichen Einnahmen zu gering sind, womit ihnen indirekt das Verschweigen weiterer Einnahmen unterstellt wird.

Das *Alter des (jüngsten) Kindes* hat Auswirkungen auf die Möglichkeiten und die Dauer der Betreuung durch Dritte (Tagesmutter, Krabbelgruppe, Kita, Schule). Generell günstig ist eine Betreuung, die wenig zusätzliche Wegezeiten verursacht. Die Kinderbetreuung ist ein wichtiger Vereinbarkeitsfaktor. Vor allem in den späten Nachmittagsstunden können hier Lücken entstehen, wenn das Ende der Lehrveranstaltung nicht mit den Abholzeiten kompatibel ist. Hier müssen gerade Alleinerziehende auf Babysitter oder Tagesmütter zurückgreifen, diese Lösung ist jedoch nicht immer finanzierbar. Für Eltern schulpflichtiger Kinder ist eine Nachmittags- und Ferienbetreuung wichtig. Die Schulferien fallen häufig in die Zeit des Semesterbeginns und erfordern dadurch eine besondere Organisation.

Von Bedeutung ist weiterhin, in welchem Umfang studentische Eltern *Unterstützung durch das soziale Netzwerk*, insbesondere die eigenen Eltern erhalten. Diese Unterstützung kann sowohl materieller, zeitlicher als auch psychologischer Art sein. Andererseits können konfliktreiche, soziale Beziehungen eine zusätzliche Belastung darstellen.

Nicht zuletzt spielt natürlich die *Art des Studiengangs* eine zentrale Rolle für die Möglichkeiten der Alltagsorganisation. Hier lässt sich unterscheiden zwischen Studiengängen, die flexibel auf die familiären Bedürfnisse reagieren und im Studienverlauf einen gewissen Anpassungsrahmen hinsichtlich der Auswahl von Lehrveranstaltungen nach fachlichen und zeitlichen Gesichtspunkten bereitstellen. Für Eltern ist es zudem wichtig, dass die Semesterplanung frühzeitig und verlässlich auf die Betreuungssituation abgestimmt werden kann.

Auf der anderen Seite gibt es Studiengänge, die sehr starre Studien- und Prüfungsabläufe mit einem hohem Arbeitspensum vorgeben, die sich nur bedingt entzerren und an individuelle Erfordernisse anpassen lassen. Eltern in diesen Studiengängen müssen ihren Alltag analog einer Vollzeit-Berufstätigkeit organisieren und sind daher auf eine Ganztagsbetreuung angewiesen. Auch bleibt unter diesen Bedingungen kaum Zeit und Kraft für Erwerbstätigkeit.

Prüfungsphasen, insbesondere die Studienabschlussphase, können aufgrund des
erhöhten Arbeitsaufwands innerhalb einer begrenzten Zeitspanne problematisch
werden, vor allem für Studierende, die sich größtenteils aus eigener Erwerbstätigkeit finanzieren.

Im Zuge der Einführung von Studiengebühren und modularisierten Studiengängen gewinnen formalisierte Teilzeitstudienmodelle an Bedeutung. Viele
Mütter unterbrechen nach der Geburt ihr Studium für ein bis zwei Semester und
können oder wollen nach dem Wiedereinstieg nicht in vollem Umfang weiter
studieren. Eine kurze Unterbrechung verhindert, dass der Kontakt zum Lehrstoff
und zu den KommilitonInnen verloren geht. Bevor Studiengebühren erhoben
wurden, war es den Studierenden freigestellt, wie lange und in welcher Intensität
sie studierten. Durch die relativ kurze Gebührenbefreiung von sechs Semestern
je Elternpaar und die Langzeitstudiengebühren, bei gleichzeitiger Ausweitung
der Anwesenheitszeiten in den modularisierten Studiengängen, stellt das Teilzeitstudium einen wichtigen Schutz vor finanzieller und zeitlicher Benachteiligung dar.

Der erfolgreiche Studienabschluss und der anschließende Übergang in die
Berufstätigkeit ist ein Ziel, dass studierende Eltern in mit hoher Motivation und
Leistungsbereitschaft verfolgen. Ebenso wichtig ist es ihnen aber, Zeit mit ihren
Kindern zu verbringen und gut für sie zu sorgen. Um beide Lebensbereiche mit-
einander zu verknüpfen, brauchen sie entsprechende Rahmenbedingungen.

4 Handlungsfelder und notwendige Maßnahmen zur Verbesserung der Vereinbarkeit

Die Verbesserung der Vereinbarkeit von Studium und Elternschaft wird dann am
ehesten gelingen, wenn sie gewollter Bestandteil der *Hochschulpolitik* ist. Hierfür ist eine Mentalität vonnöten, die familienfreundliche Strukturgestaltung als
Querschnittsaufgabe begreift, an der alle Ebenen und Gruppen beteiligt sind. Mit
dem Audit Familiengerechte Hochschule ist dafür ein wichtiger Grundstein gelegt worden. Der Wille zur Veränderung seitens der Hochschulleitung ist für ein
dauerhaftes Gelingen aber ebenso wichtig wie die Teilhabemöglichkeiten der
studierenden Eltern selbst.

Für eine bedarfsgerechte Planung ist es zudem dringend erforderlich, die
Grundlage für eine turnusmäßige Erhebung der Anzahl studierender Eltern am
jeweiligen Hochschulstandort zu schaffen.

Vorteilhaft ist eine gute Einbindung der Hochschule in ihr lokales Umfeld, verstanden als eine Kooperation mit Akteuren aus der Lokalverwaltung, Politik, Wirtschaft und sozialen Einrichtungen.

Die Sicherstellung einer hochschulnahen *Kinderbetreuung* ist ein zentrales Handlungsfeld und bedarf eben dieser Kooperation. Eltern können dauerhaft nur in den Zeiträumen einem Studium nachgehen, in denen das Kind von Dritten (in Einrichtungen oder von Tagespflegepersonen) betreut wird. Hierfür ist eine ausreichende Anzahl an ganztägigen Betreuungsplätzen nötig. Zusätzlich sollten Konzepte entwickelt werden, die eine flexible Teilzeit-Betreuung sowie eine Betreuung in Randzeiten (am späten Nachmittag, am Wochenende) ermöglichen. Kindgerecht eingerichtete Räume an der Hochschule ermöglichen es Eltern, ihre Kinder nach Absprache gegenseitig zu betreuen.

In den verschiedenen Studien- und Prüfungsordnungen sollten einheitliche Regelungen zur *Studienorganisation* bei Elternschaft vorgesehen werden. Bislang sind Eltern auf individuelle Vereinbarungen mit den mehr oder weniger verständnisvollen DozentInnen angewiesen, was z. B. die Kompensation von zusätzlichen Fehlstunden angeht, die durch familiäre Belastungen entstehen können. Im Prüfungsfalle sollte die Krankheit des Kindes der Krankheit des Prüflings gleichgestellt werden. Des Weiteren gibt es bislang keine umfassenden Regelungen zur Kompensation von Leistungen, die aufgrund von Schwangerschaft oder Stillzeit nicht erbracht werden können, z. B. naturwissenschaftliche Praktika. Auch einheitliche Regelungen zum Mutterschutz gibt es bislang nicht. Darüber hinaus ist auf Dauer sicherzustellen, dass Eltern ohne finanziellen Nachteil ein Studium in Teilzeit absolvieren können. Dies beinhaltet ausreichende Flexibilität im Studienverlauf und der Semesterplanung. Im Interesse aller Studierenden sollte zudem darauf hingewirkt werden, dass Pflichtveranstaltungen in definierten Kernzeiten stattfinden.

Das Handlungsfeld *Information und Beratung* beinhaltet zum einen die kompakte und übersichtliche Zusammenstellung aller Aspekte der Vereinbarkeit von Elternschaft und Studium, wie finanzielle Hilfen, Kinderbetreuung, Regelungen zu Studiengebühren, familienbezogene Infrastruktur der Hochschule und des Studienortes sowie AnsprechpartnerInnen verschiedener Informations und Beratungsstellen. Als Medium bietet sich hier das Internet an, da es von studierenden Eltern als Informationsquelle bevorzugt genutzt wird und zudem eine Aktualisierung einfacher ist als in einer Broschüre. Darüber hinaus ist es erforderlich, eine thematisch zugeschnittene Beratung anzubieten. Diese wird in erster Linie in Krisensituationen wie einer ungeplanten Schwangerschaft, einer Trennung oder finanzieller Not aufgesucht. Auch Angebote zur Vernetzung

studierender Eltern untereinander gehören zu diesem Themenkomplex. Zudem
ist sicherzustellen, dass eine Kooperation und ein regelmäßiger Austausch mit
anderen beratenden und unterstützenden Einrichtungen bestehen. Es ist wünschenswert, diese unterschiedlichen Aufgaben an einer Stelle zusammenzufüh-
ren.

Im Handlungsfeld *Finanzen und Wohnen* zeigt sich Beratungs- und Unter-
stützungsbedarf, vor allem im Umgang mit Behörden und um eine Übersicht
über finanzielle Fördermöglichkeiten zu erhalten. Sinnvoll wäre eine finanzielle
Unterstützung in zeitlich sehr belasteten Phasen wie der Abschlussarbeit. Das
größte Problem studierender Eltern in finanzieller Hinsicht ist allerdings, dass sie
trotz eigener Kinder selber als Kinder ihrer Eltern behandelt werden und damit
keinen Anspruch auf finanzielle Unterstützung jenseits des BAföG haben (Sozi-
alhilfe/ ALG 2). Dieser Umstand ist nur auf Seiten der Gesetzgeber zu ändern.
Eine Überlegung zur Wohnsituation ist die Einrichtung eines Elternwohnheims
mit angegliederter Kinderbetreuung und Gemeinschaftsräumen. Auch Formen
generationsübergreifenden Wohnens mit gegenseitiger Unterstützung könnten
gefördert werden.

Der *Übergang in die Erwerbstätigkeit* gestaltet sich für Eltern anders als für
kinderlose Hochschulabsolventen. Bereits während des Studiums haben Eltern
aus Zeitgründen weniger die Möglichkeit, sich auf den Einstieg in eine Berufstätigkeit vorzubereiten, beispielsweise durch Praktika, Auslandsaufenthalte, Kon-
taktpflege oder hochschulpolitisches Engagement. Andererseits erwerben sie
durch ihre Familientätigkeit spezifische Kompetenzen, die sie auch auf dem
Arbeitsmarkt einsetzen können. Das Bewusstsein für diese Art Kompetenz gilt es
zu stärken, vielleicht durch entsprechende Bewerbungstrainings. Ebenso sind
aber Maßnahmen in Betracht zu ziehen, die einen zusätzlichen Kompetenzer-
werb ermöglichen, z. B. eine gezielte Vermittlung von Stellen als wissenschaftliche Hilfskraft.

5   Stand der Entwicklung von Rahmenbedingungen für das Studieren mit Kind in Gießen

Aufgrund der praxisorientierten Ausrichtung des Modellprojekts „Studieren und
Forschen mit Kind" im Hinblick auf die *Maßnahmenphase* wurde von Beginn an
großen Wert auf die *Vernetzung mit lokalen Akteuren* gelegt. Dazu gehört die
Teilnahme an der Projektgruppe des Audit Familiengerechte Hochschule sowie

die Mitbegründung und kontinuierliche Mitarbeit im Gießener Bündnis für Familie. Hierdurch besteht regelmäßiger Kontakt zum Gießener Jugendamt, dem Studentenwerk und verschiedenen Trägern von Kindertagesstätten.

Im November 2005 fand in der Aula der Universität die *erste Projekttagung* mit 150 Teilnehmenden statt. Viele Eltern hatten ihre Kinder mitgebracht (eine Betreuung war organisiert) und diskutierten im Plenum und in Workshops gemeinsam mit MitarbeiterInnen der Verwaltung und des Studentenwerks sowie Teilnehmenden aus anderen Hochschulen über bessere Vereinbarkeitsbedingungen in den hier dargestellten Handlungsfeldern.

Seit Anfang 2006 überprüft eine Arbeitsgruppe die altrechtlichen Diplom- und Magister-*Studien- und Prüfungsordnungen* auf Familienfreundlichkeit und diskutiert entsprechende Änderungen. Diese werden Ende des Jahres der Runde der Studiendekane vorgestellt. Ziel ist eine vom Senat beschlossene Satzung „Familienfreundliche Hochschule". Im Anschluss sollen entsprechende Regelungen in die Allgemeinen Bestimmungen für Bachelor- und Master-Studiengänge aufgenommen werden.

Die „hessenstiftung – familie hat zukunft" fördert seit dem WS 2006/ 07 ein Tagesmütternetz und die Einrichtung zweier Eltern-Kind-Zimmer. Für 2007 ist gemeinsam mit dem Jugendamt die Erweiterung einer städtischen Kindertagesstätte um *eine Gruppe für unter Dreijährige* geplant. Die hessenstiftung plant die Übernahme der Kosten für die nötigen Umbaumaßnahmen.

Im *Tagesmütternetz* wird eine wöchentliche Betreuungszeit von 280 Stunden angeboten. Pro Kind werden maximal 20 Wochenstunden vergeben und mit 1,- EUR je Stunde gefördert. Die Vermittlung von Eltern und Tagesmüttern erfolgt durch eine Kooperation des Studentenwerks Gießen und dem Verein „Eltern helfen Eltern".

Die *Eltern-Kind-Zimmer* werden exemplarisch an zwei Standorten der Universität eingerichtet und sollen Eltern und Kindern die Möglichkeit geben, sich zum Wickeln oder Stillen zurückzuziehen, sich mit anderen zu treffen oder mit dem Partner gemeinsam Pause zu machen und die Betreuungsübergabe zu organisieren.

6   Fazit

Das Hochschulsystem ist ausgerichtet auf junge und flexible „Vollzeit-
Normalstudierende". Die Entscheidung, während des Studiums ein Kind zu be-
kommen oder mit Kind ein Studium zu beginnen, weicht ab von der normativen
Abfolge der Lebensereignisse Ausbildung, Berufseinstieg und Konsolidierung,
Heirat und Familiengründung.

Studierende Eltern stehen vor der Herausforderung, die unterschiedlichen
Systemlogiken von Hochschule und Familie im Rahmen der lokalen Gegeben-
heiten zu einem funktionierenden Alltag zusammenzufügen. Sie brauchen unter-
stützende Rahmenbedingungen, Vorbilder und Anerkennung, um diesen
Balanceakt erfolgreich zu bewältigen. Drei zentrale Gestaltungsbereiche sind
hierbei Zeitstrukturen, Hilfen zur finanziellen Sicherung und eine Infrastruktur-
politik, die unterschiedliche Lebenssituationen ausreichend berücksichtigt.

Die Erziehung von Kindern ist ein besonders zu schützender individueller,
sozialer und gesellschaftlicher Wert. Die Gestaltung einer Gesellschaft, die diese
Wertschätzung in alltagstaugliche Rahmenbedingungen umsetzt, erfordert ein
systematisches und querschnittartiges Mitdenken von familiären Belangen auf
allen gesellschaftlichen Ebenen und in allen Bereichen.

Literatur

[BMFSFJ] Bundesministerium für Familie, Senioren, Frauen und Jugend (2004): Eltern-
    schaft und Ausbildung. Analysen und Empfehlungen zu einem Problemfeld im
    Schnittpunkt von Familien- und Bildungspolitik, S. 44
[BMBF] Bundesministerium für Bildung und Forschung (2004): Die wirtschaftliche und
    soziale Lage der Studierenden in Deutschland. 17. Sozialerhebung des Deutschen
    Studentenwerks. Berlin, S. 51
[HIS] Hochschul-Informations-System GmbH (2003): Kurzbericht Nr. 5. Kinder einge-
    plant? Lebensentwürfe Studierender und ihre Einstellung zum Studium mit Kind.
    Hannover, S.14
[BMFSFJ] Bundesministerium für Familie, Senioren, Frauen und Jugend (2006): 7. Fa-
    milienbericht. Familie zwischen Verlässlichkeit und Flexibilität – Perspektiven für
    eine Lebenslaufbezogene Familienpolitik. Drucksache 16/ 360, S. 249
Magistrat der Stadt Gießen (2002): Gießen. Kommunaler Armutsbericht. Gießen, S. 29f.

Studieren mit Kind in Bamberg – Etappen auf dem Weg zu einer familienfreundlichen Hochschule

Sabine Franke

1 Einleitung

Die Problematik der Vereinbarkeit von Familie und Beruf ist seit langem auf verschiedenen gesellschaftlichen Ebenen erkannt und steht immer wieder in der öffentlichen Diskussion. Die Familienpolitik versucht mit Maßnahmen wie dem Bundeserziehungsgeldgesetz und dem Ausbau der institutionellen Kinderbetreuung Familien zu unterstützen. Die Wirtschaft hat sich dieses Themas mittlerweile ebenfalls angenommen und immer mehr Unternehmen erkennen den Nutzen eines „familienfreundlichen" Betriebes.

Dagegen ist die Vereinbarkeit von Familie und Ausbildung noch weitgehend unerforscht und unbeachtet. Zwar ist nach wie vor für viele junge Menschen der Einstieg in den Beruf eine wichtige Voraussetzung für die Familiengründung, doch insbesondere diejenigen, die sich schon während des Studiums für eine Familie entscheiden, leiden häufig unter der mangelnden Vereinbarkeit von Familie und Ausbildung. Vielfach wird in diesem Zusammenhang auch auf die demographische Entwicklung und die hohe Kinderlosigkeit bei Akademikerinnen hingewiesen. Aus der Familienforschung ist bekannt, dass endgültige Kinderlosigkeit oftmals aus einem ständigen zeitlichen Aufschub des Kinderwunsches resultiert.

Vor diesem Hintergrund beginnen nun auch die deutschen Hochschulen, sich mit dem Thema auseinander zu setzen. Die gemeinnützige Hertie-Stiftung hat bereits das „Audit Familiengerechte Hochschule" entwickelt. Dessen Ziel ist es, eine tragfähige Balance zwischen den betrieblichen Interessen der Hochschule und den familiären Interessen ihrer Beschäftigten und Studierenden zu erreichen und dies langfristig in den Hochschulen zu verankern.

Diesen Weg hat seit November 2005 auch die Universität Bamberg eingeschlagen. Der vorliegende Beitrag beschreibt wichtige Meilensteine auf dem Weg zu einer familienfreundlichen Universität Bamberg, stellt die wichtigsten Ergebnisse der Bedarfserhebung 2006 vor und gibt Empfehlungen für weitere Vorgehensweisen auf dem Weg zu einer familienfreundlichen Hochschule.

2   Befragung: „Universität Bamberg – Eine familienfreundliche Hochschule?" – Zur Vereinbarkeit von Familie und Beruf bzw. Studium an der Universität Bamberg (2003)

Im Rahmen seines Work-Life-Balance Projekts führte das Staatsinstitut für Familienforschung an der Universität Bamberg (ifb) bereits im Jahr 2003 eine allgemeine Befragung zur Familienfreundlichkeit unter den Beschäftigten und Studierenden der Otto-Friedrich Universität Bamberg durch. Auf Grundlage der Ergebnisse wurden Empfehlungen zur Verbesserung der Vereinbarkeit von Familie und Beruf bzw.- Studium ausgesprochen. Im Folgenden werden jedoch ausschließlich die Ergebnisse für die Gruppe der studierenden Eltern dargestellt.

2.1 Methodisches Vorgehen

Zielgruppe der Befragung waren alle studierenden Eltern, die minderjährige Kinder zu betreuen haben. Da für die Studierenden an der Universität Bamberg keine Daten über eine Elternschaft erfasst sind, wurden alle Studierenden (ca. 8.000, Stand 2003) über ihre E-Mail Adresse angeschrieben und um die Teilnahme an der standardisierten Online-Befragung gebeten. Die Befragung unter den Studierenden mit Kind erzielte einen Rücklauf von 72 Fragebögen. Da keine Grundgesamtheit definiert werden kann, ist keine Aussage über die Rücklaufquote und damit die Repräsentativität der Ergebnisse zu machen. Neben der standardisierten Online-Befragung wurden leitfadengestützte Interviews mit studierenden Eltern der Universität Bamberg geführt, die Hintergrundinformationen zu allgemeinen Rahmenbedingungen der Vereinbarkeit von Familie und Studium lieferten (vgl. Vaskovics et al. 2003: 9).

2.2 Ausgewählte Ergebnisse

2.2.1 Gesamtbeurteilung der Familienfreundlichkeit der Universität Bamberg

Die Universität Bamberg bekam keine gute Note für ihre Familienfreundlichkeit (Abbildung 1). Zwar meinten etwa ein Viertel der Befragten, sie sei eher oder sehr familienfreundlich, doch beinahe die Hälfte beurteilte sie negativ. 29 Prozent wählten die mittlere Kategorie (vgl. Vaskovics et al. 2003: 24).

Abbildung 1:   Einschätzung der Familienfreundlichkeit der Universität
              Bamberg (in %)

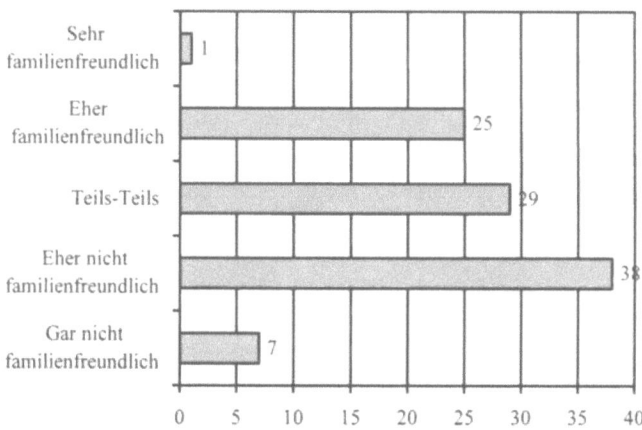

(Quelle: Eigene Darstellung nach Vascovics et al. 2003: 24)

Um diese allgemeine Bewertung zu differenzieren, wurden die Befragten um die
Einschätzung spezifischer Aussagen zur Vereinbarkeit von Familie und Studium
gebeten. Demnach erlebte die große Mehrheit (82 Prozent) der befragten Eltern
damit Probleme, sich die Zeit zwischen Studium, Kinderbetreuung und Familie
effektiv einzuteilen. Mit der Kinderbetreuung im Allgemeinen war die Mehrheit
der studierenden Eltern zufrieden. Jeweils etwa zwei Drittel der Befragten ur-
teilten jedoch, dass die Prüfungs- und Studienordnung ihres Faches die Belange
studierender Eltern nicht angemessen berücksichtige bzw. dass sie von der
Universität nicht ausreichend informiert werden Vor allem im Bezug auf das
Studium, aber auch in finanzieller Hinsicht fühlten sich die Befragten mehrheitlich gegenüber Studierenden ohne Kind benachteiligt (vgl. Vaskovics et al. 2003:
24f.).

2.2.2 Verbesserungsvorschläge

Von Seiten der studierenden Eltern kamen unterschiedliche Vorschläge zur Verbesserung der Vereinbarkeit von Familie und Studium. Vor allem die Betreuungssituation scheint ein kritischer Faktor zu sein. Hier wünschten sich die Befragten vor allem flexible Öffnungszeiten der entsprechenden Einrichtungen, die durch das Studentenwerk oder studentische Initiativen getragen werden sollten. Auch das allgemeine Klima an der Universität wurde als verbesserungswürdig angesehen. So wünschten sich einige befragte studierende Eltern, dass Kommiliton(inn)en, aber besonders Dozent(inn)en mehr Verständnis für ihre Situation aufbringen. Bei der Festlegung von Terminen (Seminare, Ersatzveranstaltungen, Sprechstunden etc.) solle mehr Rücksicht auf die Belange der Eltern genommen und gegebenenfalls Ausweichtermine besonders bei Sprechstundenzeiten ermöglicht werden (vgl. Vaskovics et al. 2003: 26).

3   Der Zertifizierungsprozess – Das Audit „Familiengerechte Hochschule"

Ausgehend von den Ergebnissen dieser Befragung strebte die Universitätsleitung die Zertifizierung als „familienfreundliche Hochschule" an. Seit dem 22. November 2005 hat der Audit-Rat der Beruf & Familie GmbH die Universität Bamberg mit dem Grundzertifikat zum Audit „Familiengerechte Hochschule" ausgezeichnet. Die Universität Bamberg ist damit, nach der Katholischen Universität Eichstätt-Ingolstadt, die zweite bayerische Universität, die sich dem von der Gemeinnützigen Hertie-Stiftung überprüfenden Prozess der Verbesserung der Familienfreundlichkeit unterzieht.

Das Audit wurde auf Initiative der Gemeinnützigen Hertie-Stiftung in Zusammenarbeit mit der Universität Trier entwickelt und möchte eine Balance zwischen den betrieblichen Interessen der Hochschulen und den familiären Interessen ihrer Beschäftigten und Studierenden schaffen und diese langfristig in den Universitäten verankern. Zielgruppe sind dabei die *Kunden* der Universität, also Studierende und Promovierende mit Kindern, und die *Beschäftigten* der Universität, die Familie haben. Des Weiteren richtet sich das Projekt an *Funktionsträger(innen) der Universität* wie die Universitätsleitung, die Personalvertretung und die Frauenbeauftragte etc. sowie an die *Funktionsträger(innen) hochschulnaher Einrichtungen*, wie z. B. des Studentenwerks und der hochschulnahen Kinderbetreuungseinrichtungen.

Der Auditierungsprozess gliedert sich dabei in vier Phasen: Phase 1 umfasst
einen *Strategieworkshop*, der in Phase 2 in einen *Auditierungsworkshop* mündet,
in dem Ziele formuliert und bestätigt werden. Daran anschließend wird das
Grundzertifikat verliehen. Phase 3 beinhaltet die *jährliche Berichterstattung* der
Universität an den Audit-Rat, die im Rahmen einer Maßnahmenmatrix formuliert wird. Phase 4 beginnt mit der *Reauditierung*, die nach 3 Jahren bei erfolg-
reicher Implementierung der vereinbarten Maßnahmen erfolgt und schließt mit
der entgültigen *Zertifikatsverleihung* ab (vgl. beruf und familie gemeinnützige
GmbH 2006). Drei Jahre bleiben der Universität Bamberg, die vereinbarten Ziele
bis zur Rezertifizierung durch den Audit-Rat der Stiftung umzusetzen.

Die Zielvereinbarungen, die die Hochschulleitung in einem Vertrag mit der
Hertie-Stiftung festgelegt hat, umfassen *acht Handlungsfelder*:
- Arbeitszeit
- Arbeitsorganisation
- Arbeitsort
- Personalentwicklung
- Führungskompetenz
- Informations- und Kommunikationspolitik
- Service für Familien
- Studium und weitere wissenschaftliche Qualifikation

Für jedes dieser Handlungsfelder wurde von einem Arbeitskreis der Universität,
der sich aus Vertretern der Hochschulleitung, dem Personalrat, der Gleichstellungsbeauftragten, Mitarbeitern aus Forschung und Lehre, Vertretern der Uni-
versitätsverwaltung sowie Studierendenvertretern zusammensetzt, ein Maßnah-
menkatalog erarbeitet.

Bereits vor der Verleihung des Grundzertifikats im Sommer 2006 konnten
erste kleine Verbesserungen erreicht werden. So wurden in zwei Teilbibliotheken
jeweils ein Wickel- bzw. Stillraum eingerichtet sowie mehrere Schließfächer für
Studierende mit Kind reserviert. Zudem konnte bei den Bamberger Verkehrsbe-
trieben erreicht werden, dass Kinder von Studierenden kostenlos mit ihren Eltern
oder anderen Studierenden den öffentlichen Nahverkehr in Bamberg nutzen
können. Die Internetseite „Familiengerechte Hochschule" sammelt Hinweise und
Links rund um das Thema Vereinbarkeit von Familie und Beruf bzw. Studium.
Sie bietet zudem aktuelle Informationen über die Aktionen und Angebote der
Universität Bamberg.

Im Januar 2005 wurde ein Eltern-Service-Büro in der Studentenkanzlei eingerichtet, das als Anlaufstelle für studierende Eltern dient und unter anderem Treffen von Studierenden mit Kind(ern) organisiert. Die Broschüre „Studieren mit
Kind in Bamberg", die die Frauenbeauftragten in Zusammenarbeit mit dem
Eltern-Service-Büro herausgeben, enthält alle wichtigen Informationen rund um
das Thema Studieren mit Kind an der Universität Bamberg (vgl. http://www.uni-
bamberg.de/leitung_organisation/gremien/familienfreundlich/ 2006).

Wie schon die Befragung von 2003 zeigte, ist das größte Problem in vielen
Fällen eine verlässliche und kostengünstige Kinderbetreuung. Derzeit gibt es an
der Universität Bamberg zwei Krabbelgruppen der Elterninitiative „Krabbel-
monster e. V." für Kinder im Alter von 1 bis 3 Jahren. Die insgesamt 22 Plätze
sind jedoch ausschließlich Kindern von Studierenden vorbehalten, und die Nachfrage ist groß. Der Arbeitskreis „Familienfreundliche Hochschule" plant daher
die Eröffnung eines universitätseigenen „Kinderhauses", in dem sowohl die
Kinder von Studierenden als auch von Mitarbeitern der Universität betreut werden können.

Um den Eltern ein ihren Bedürfnissen entsprechendes Angebot machen zu
können, ist es notwendig, den konkreten Bedarf an Kinderbetreuung an der Otto-
Friedrich-Universität zu ermitteln. Dazu wurde im Rahmen des Zertifizierungs-
prozesses im Sommer 2006 vom Staatsinstitut für Familienforschung (ifb) erneut
eine Erhebung zum Bedarf an Kinderbetreuung an der Otto-Friedrich Universität
Bamberg durchgeführt. Die Ergebnisse werden im Folgenden dargestellt.

4   Befragung: Bedarf an Kinderbetreuung an der Universität Bamberg –
Ergebnisse der Bedarfserhebung unter den studierenden Eltern und
den universitären Mitarbeitern (2006)

4.1 Methodisches Vorgehen

Zielgruppe der Bedarfserhebung waren alle Mitarbeiter bzw. studierenden Eltern
der Universität Bamberg, die minderjährige Kinder zu betreuen haben. Da bislang keine Informationen über die Anzahl der Kinder bei den Beschäftigten und
Studierenden vorliegen und somit die Grundgesamtheit nicht bekannt ist, wurden
alle 781 Mitarbeiter und 8.496 Studierenden der Universität Bamberg (am
Stichtag) über ihre e-Mail-Adresse angeschrieben und auf die Befragung hingewiesen.

Die Erhebung über den Bedarf an Kinderbetreuung an der Otto-Friedrich Universität Bamberg wurde mittels einer standardisierten Online-Befragung vom Bamberger Centrum für Europäische Studien (BACES) im Juni 2006 durchgeführt. Insgesamt nahmen 178 Personen an der Befragung teil, davon 81 (45,5 Prozent) studierende Eltern und 97 (54,5 Prozent) Beschäftigte der Universität Bamberg.

Im Folgenden werden die Ergebnisse der Untersuchung dargestellt, wobei sich der Fokus wiederum auf die studierenden Eltern der Universität Bamberg richtet (vgl. Franke/ Rost 2006: 4)

4.2 Zur Soziodemographie der befragten studierenden Eltern

Knapp ein Viertel der Teilnehmer der Online-Befragung unter den studierenden Eltern sind männlich, 76 Prozent weiblich. Das Durchschnittsalter der Befragten liegt relativ hoch bei 29,2 Jahren. Gut ein Drittel ist höchstens 25 Jahre alt, jede/r Siebte ist bereits über 35 Jahre. Die große Mehrheit (69 Prozent) der befragten Studierenden hat ein Kind, zwei Kinder haben 20 Prozent der Befragten und nur 10 Prozent haben drei und mehr Kinder. Die befragten studierenden Eltern sind mit 35 Prozent vor allem an der Fakultät Pädagogik, Philosophie, Psychologie eingeschrieben. Danach folgen Sozial- und Wirtschaftswissenschaften mit 21 Prozent und Sprach- und Literaturwissenschaften mit 17 Prozent. 42 Prozent der Befragten sind verheiratet und leben mit dem Ehepartner zusammen, 41 Prozent führen eine nichteheliche Lebensgemeinschaft und 16 Prozent sind allein erziehend. Bei 30 Prozent der studierenden Eltern mit Partner ist dieser ebenfalls an einer Hochschule eingeschrieben, 58 Prozent der Partner sind berufstätig (vgl. Franke/ Rost 2006: 7f.).

4.3 Ausgewählte Ergebnisse

4.3.1 Vereinbarkeitsprobleme zwischen Studium und Familie

Die Ergebnisse zeigen, dass sich in den drei Jahren seit der ersten Evaluation an der Lage der Studierenden mit Kind an der Universität Bamberg kaum etwas verändert hat. Noch immer haben fast alle befragten Studierenden, nämlich 92 Prozent (n = 73) Schwierigkeiten, ihr Studium mit der Familie zu vereinbaren. Die studierenden Eltern berichten dabei sowohl von regelmäßigen als auch von unregelmäßigen Schwierigkeiten. Regelmäßige Schwierigkeiten bereitet vor allem die Finanzierung der Kinderbetreuung (Abbildung 2). Für 42 Prozent der Befragten stellt dies ein schwieriges Problem dar. Auch ungünstige Öffnungszeiten der Betreuungseinrichtungen, die nicht mit den Vorlesungszeiten kompatibel sind, erschweren den Befragten das Studium mit Kind. Problematisch sind vor allem universitäre Veranstaltungen, die nach 16:00 Uhr oder am Wochenende stattfinden. Für ein Viertel der Betroffenen sind auch fehlende Betreuungsplätze ein Problem. (vgl. Franke/ Rost 2006: 13ff.)

Abbildung 2:   Regelmäßig auftretende Schwierigkeiten bei der Vereinbarkeit
                von Studium und Familie (in %)

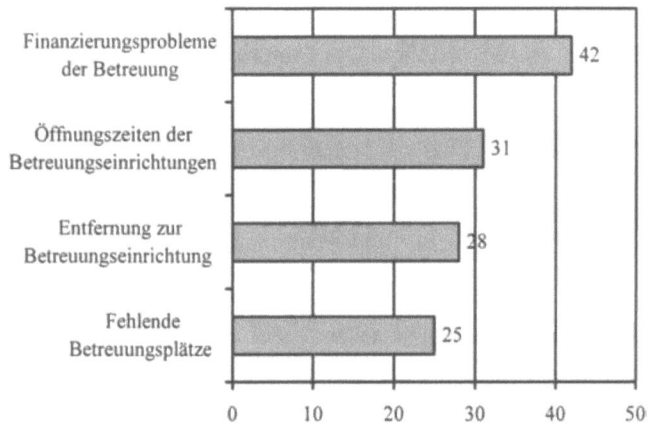

(Quelle: Eigene Darstellung nach Franke/ Rost 2006: 14)

Unter den unregelmäßig auftretenden Schwierigkeiten wurde die Betreuung im Krankheitsfall und in den Ferien am häufigsten genannt (Abbildung 3). Die Kategorie „Sonstiges" umfasst z. B. Schwierigkeiten, die durch nicht rechtzeitig angekündigte Ausfälle von Lehrveranstaltungen entstehen. Des Weiteren bereitet die Betreuung während der Prüfungszeiten Probleme, denn diese fallen zeitlich oft mit den Ferien in den Betreuungseinrichtungen zusammen. Bei Seminaren nach 16:00 Uhr oder am Wochenende ist es für die studierenden Eltern schwer, Kinderbetreuung und Studium zu vereinbaren (vgl. Franke/ Rost 2006: 15).

Abbildung 3:   Unregelmäßig auftretende Schwierigkeiten bei der Vereinbarkeit
von Studium und Familie (in %)

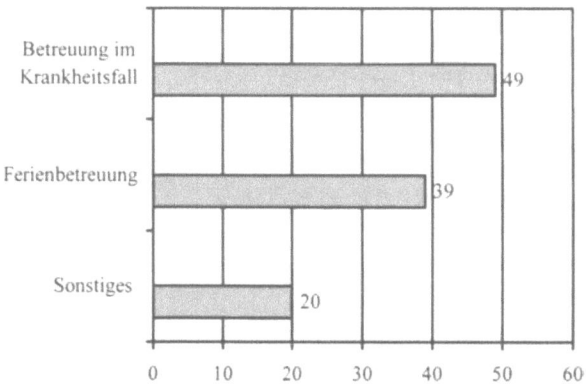

(Quelle: Eigene Darstellung nach Franke/ Rost 2006: 15)

4.3.2   Interesse an Kinderbetreuungsangeboten der Universität Bamberg

Hauptanliegen der Bedarfserhebung war es herauszufinden, in welchem Ausmaß
Interesse an einem eigenen Kinderbetreuungsangebot der Universität besteht
(Abbildung 4). Die Befragung zeigt, dass 79 Prozent (n = 58) der studierenden
Eltern Interesse an einer „hauseigenen" Kindbetreuung der Universität Bamberg
haben.

Der größte Bedarf besteht für die studierenden Eltern vor allem an einer Ferienbetreuung. Dies wünschen sich 21 der Befragten. Eine Ganztagskinderkrippe
sowie ein Ganztagskindergarten stehen für jeweils 19 Studierende auf der
Wunschliste. Des Weiteren ist für 18 der Studierenden eine Kinderbetreuung in
den Abendstunden hilfreich. Das geringe Interesse an Nachmittags- und
Hausaufgabenbetreuung erklärt sich dadurch, dass die meisten Studierenden vor
allem Kinder im Kleinkindalter zu betreuen haben (vgl. Franke/ Rost 2006:
16ff.).

Abbildung 4:   Interesse an Kinderbetreuungsangeboten der Universität (in n)

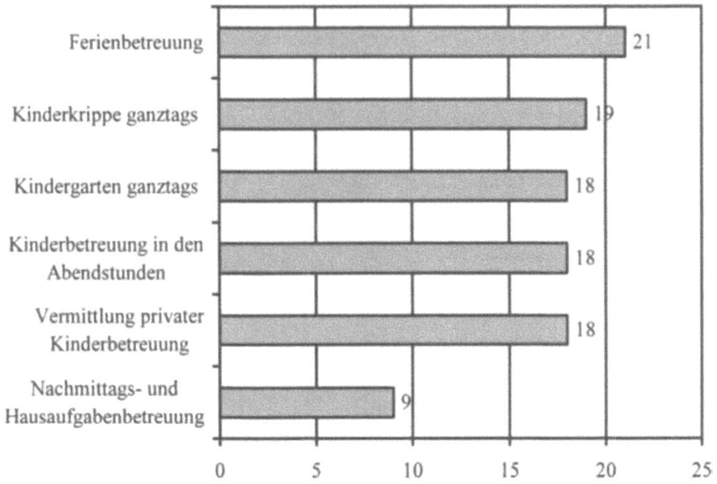

Ferienbetreuung	21
Kinderkrippe ganztags	19
Kindergarten ganztags	18
Kinderbetreuung in den Abendstunden	18
Vermittlung privater Kinderbetreuung	18
Nachmittags- und Hausaufgabenbetreuung	9

```
0        5       10       15       20       25
```

(Quelle: Eigene Darstellung nach Franke/ Rost 2006: 16ff.)

4.3.3 Verbesserungsvorschläge

Das Thema der Vereinbarkeit von Studium und Familie hat für die Befragten eine äußerst wichtige Bedeutung. Das zeigt die große Zahl an Ideen, Wünschen und Anregungen, die als offene Antworten von den Befragten gegeben wurden. Die Vielfalt der Themen und Lösungsvorschläge macht gleichzeitig deutlich, wie komplex das Thema ist und wie individuell unterschiedlich die Problematik die Befragten betrifft. Die Anregungen, Ideen und Wünsche der Teilnehmer werden im Folgenden differenziert nach Themengebiet dargestellt.

Bei dem Themenkomplex der „Kinderbetreuung" wird vor allem eine Art Notfallbetreuung als sehr hilfreich angesehen. Sie soll den studierenden Eltern die Möglichkeit bieten, ihre Kinder in Ausnahmefällen in einer Betreuungseinrichtung unterzubringen. Gewünscht wird ein Raum mit einer Spielecke und Kinderbüchern in der Universität, wo Kinder jederzeit kurzfristig abgegeben werden können, z. B. bei einem Besuch der Bibliothek, einer Sprechstunde oder bei Veranstaltungen nach 16:00 Uhr. Studentische Eltern könnten so eigeninitiativ eine Betreuung organisieren. Bei den institutionellen Kinderbetreuungseinrichtungen geht es den Befragten vor allem um ein flexibel organisiertes Betreuungsangebot hinsichtlich Bring- und Abholzeiten oder in Form einer „Stundenbuchung" zu Beginn des Semesters.

Auf dem Gebiet der „*Studienorganisation*" sollte z. B. die Anpassung der Vorlesungszeiten berücksichtigt werden, d. h. dass Pflichtveranstaltungen zu den Kernzeiten zwischen 8:00 Uhr und 12:00 Uhr und nicht in den Abendstunden abgehalten werden sollen.

Im Bereich „*Studienstrukturen*" wünschen sich die studierenden Eltern mehr Entgegenkommen und Rücksichtnahme der Professoren und Dozenten. Vor allem die Verlängerung von Terminen zur Abgabe von Hausarbeiten oder auch die Verbesserung des Angebotes an Online-Seminaren werden hier genannt. Zudem sollen für studierende Eltern Sonderregelungen bei Veranstaltungen mit Anwesenheitspflicht geschaffen werden, die dann greifen, wenn sie z. B. durch die Betreuungen ihres kranken Kindes am Seminar nicht teilnehmen können.

Im Themengebiet „*Infrastruktur*" wurden Wünsche gebündelt, die sich auf verbesserte Parkmöglichkeiten an der Universität, kostengünstigere Wohnungen, speziell für Studierende mit Kind, oder einen Spielplatz in der Nähe der Universität beziehen (vgl. Franke/ Rost 2006: 22ff.)

5   Empfehlungen zur besseren Vereinbarkeit von Studium und Familie

In den vergangen drei Jahren hat die Universität Bamberg auf ihrem Weg zu einer familienfreundlichen Hochschule wichtige Maßnahmen bereits realisiert. Die Ergebnisse der Bedarfserhebung von 2006 zeigen, dass von Seiten der studierenden Eltern großes Interesse an einer „hauseigenen" Kinderbetreuung der Universität besteht. Die Umsetzung eines vom Arbeitskreis „Familienfreundliche Hochschule" geplanten „Betriebskindergartens" wird jedoch durch äußerst komplizierte gesetzliche Rahmenbedingungen im Bezug auf Kinderbetreuung erschwert.

Doch mit einer bedarfsgerechten Kinderbetreuung allein ist es nicht getan. Für studierende Eltern ist es äußerst schwierig, sich neben Pflichtveranstaltungen und Kinderbetreuung außeruniversitär zu engagieren, sei es in studentischen Organisationen oder in Arbeitsgemeinschaften. Soziales Engagement und so genannte „soft skills" sind für Personalchefs heute jedoch ein wichtiges Einstellungskriterium. Zudem ist es für Studierende mit Kind kaum möglich, bei Praktika erste Berufserfahrungen zu sammeln und so Kontakt zu möglichen Arbeitgebern aufzubauen. Dieses Netzwerk an Kontakten ist für den Einstieg in den Beruf jedoch von unschätzbarem Wert und kann lange Bewerbungsphasen nach Abschluss des Studiums verkürzen.

Damit das Lebensmodell „Studieren mit Kind" zu einer attraktiven Option für angehende Akademiker(innen) werden kann, sollte eine familienfreundliche Universität neben den Verbesserungen in der Infrastruktur und den Kinderbetreuungsangeboten auch Kooperationen mit Unternehmen anstreben. Somit soll studierenden Eltern die Möglichkeit geboten werden, sich beispielsweise in Form von Praktika, die nötigen Qualifikationen für den Arbeitsmarkt anzueignen.

Literatur

Franke, Sabine/ Rost, Harald (2006): Bedarf an Kinderbetreuung an der Universität Bamberg – Ergebnisse der Bedarfserhebung unter den studierenden Eltern und den Mitarbeitern 2006. Staatsinstitut für Familienforschung [ifb] (Hrsg.). Materialien Nr. 7/ 2006. Bamberg

Vaskovics, Laszlo A./ Rost, Harald/ Schmidt, Jan (2003): Universität Bamberg – eine familienfreundliche Hochschule? Zur Vereinbarkeit von Familie und Beruf bzw. Studium an der Universität Bamberg. Staatsinstitut für Familienforschung [ifb] (Hrsg.). Materialien Nr. 7/ 2003. Bamberg

„KidS – Kinder in der Studienzeit", ein Projekt an der Universität Heidelberg

Agnes Speck

Wenn man mit Professorinnen über Kinder spricht, kann man oft den Satz hören: „Eigentlich sollte man seine Kinder während des Studiums bekommen". Studentinnen hingegen sagen: „Wie soll das denn gehen – Studieren und Kind unter einen Hut zu bringen?".

Das Thema Studieren mit Kind hat eine erstaunliche Karriere hinter sich: erst einmal war das Studieren mit Kindern so genannte Privatsache derjenigen, die während des Studiums Kinder hatten. Dann wurde es zur Aufgabe des Sozialwesens an den Hochschulen, die Studentenwerke haben sich seiner angenommen, schließlich haben sich die Frauen- und Gleichstellungsbeauftragten dafür stark gemacht, dass auch in Sachen der Studienbedingungen Verbesserungen eingeführt werden. Und seit ungefähr zwei Jahren hat das Thema die Hochschulen verlassen und wird sehr viel breiter diskutiert. Mittlerweile sind die Zeitungsartikel zur Kinderlosigkeit von Akademikerinnen und die Statements aus der Politik, aus der Demographie- und Sozialforschung zu diesem Umstand nicht mehr zählbar.

Studieren mit Kind ist als Thema inzwischen auch interessant für Statistiken, für die sozialwissenschaftliche Forschung. Vor allem aber ist Studieren mit Kind als Praxisbereich für alle diejenigen, die mit der sozialen Seite des studentischen Lebens zu tun haben, also beispielsweise die Studentenwerke oder die Gleichstellungsbüros der Hochschulen ein zentraler Aufgabenbereich geworden. Und – nicht zu vergessen – Studieren mit Kind ist die Lebenspraxis der studierenden Eltern. Um die Aktivitäten und Bedürfnisse der beiden letztgenannten zusammenzubringen, wurde im Sommersemester 2006 an der Universität Heidelberg das Projekt Kids „Kinder in der Studienzeit" initiiert.

Zur Unterstützung von studierenden Eltern haben sich eine Reihe von stetigen und gut funktionierenden Einrichtungen etabliert, von Seiten des Gesetzgebers wurde dieses Thema in die Hochschulgesetze aufgenommen und an den Hochschulen werden immer wieder einige punktuelle Aktivitäten unternommen.

In der Hauptsache sind es die Studentenwerke, die die beratende Betreuung und Versorgung studierender Eltern übernommen haben. Sie stellen die Infrastruktur für studierende Eltern an einer Universität zur Verfügung, also Familienwohnungen und Angebote zur Kinderbetreuung. In den Sozialberatungsstellen werden studierende Eltern über ihre Rechte und Möglichkeiten informiert. Auch für die Gleichstellungsbüros der Hochschulen gehört dieses Thema zu den Kernaufgaben, dort werden Informationsbroschüren, Einzelberatungen, Prüfungsberatungen und Informationen für Dozenten angeboten. Daneben gibt es einzelne Initiativen von Hochschulen. An der Universität Heidelberg wurde beispielsweise eine flexible Kinderbetreuung am Nachmittag eingerichtet, so dass studierende Eltern während der Vorlesungszeiten oder für Arbeitsaufenthalte in Bibliotheken und Labors ihre Kinder punktuell betreuen lassen können. Die studierenden Eltern selbst berichten von den Mühen, die ihnen der Studienalltag macht. Darunter fallen z. B. ganz praktische Probleme, wie etwa der Besuch von Lehrveranstaltungen am Spätnachmittag und das mühselige Balancieren zwischen Studienlust und Alltagsfrust. Verschärft wird die Situation noch durch das oft fehlende Verständnis von Dozenten, die studierenden Müttern gelegentlich mangelndes Leistungsvermögen unterstellen. Die studierenden Eltern berichten ebenfalls von einer Art Einzelkämpfertum, wünschen würden sie sich Kontakt untereinander, Ermutigung und (das sagen besonders die Mütter) positive Beispiele. Denn gerade für Akademikerinnen zwischen dem zwanzigsten und dem dreißigsten Lebensjahr ist eigentlich kein Zeitpunkt „der richtige" um eine Familie zu haben bzw. zu gründen, und mit jedem Bericht von Schwierigkeiten und Belastungen wird das negative Bild der Mehrfachbelasteten perpetuiert. Um dies auszugleichen, braucht man immer wieder Energiequellen, und das können Rollenmodelle durchaus sein, also ganz konkrete Personen, die sie ausfüllen: Jede Wissenschaftlerin bzw. Studentin mit Familie zeigt, dass Familienleben und eine qualifizierte Ausbildung sich nicht gegenseitig ausschließen. An solchen Vorbildern zeigt sich auch immer wieder ein realistisches Bild von den Möglichkeiten und Anforderungen, von Schwierigkeiten und Lösungsmöglichkeiten.

Wie erwünscht sind studierende Eltern und wie wird ihre besondere Situation zu einem Gewinn? Diese beiden Fragen waren leitend für die Konzeption dieses Projektes, mit dem die Universität sich als familienorientierte Institution ausweist, das Projekt „KidS – Kinder in der Studienzeit".

Damit wir für die Heidelberger Verhältnisse, um die es bei KidS geht, die Größenordnung kennen, zunächst folgende Zahlen: Nach einer Befragung des Studentenwerks sind sechs Prozent aller Studierenden Eltern, das heißt an der Universität Heidelberg gibt es in etwa 2.300 studierende Eltern.[1] Von ihnen sind knapp fünf Prozent im Erststudium, zwei Drittel der Kinder von Studierenden sind bis zu sechs Jahre alt, 44 Prozent der Kinder sind jünger als drei Jahre. Und noch eine Zahl ist in diesem Zusammenhang von Interesse: 29 Prozent der Studierenden in der Postgraduiertenphase haben Kinder.[2]

Eine weitere Zahl aus der Befragung des Studentenwerks ist ebenfalls aufschlussreich: 88 Prozent der studierenden Mütter unterbrechen das Studium, von den Vätern sind dies 50 Prozent (vgl. die Sozialerhebung des Studentenwerks 2005). Über die Gründe des Ausstiegs aus dem Studium ist nichts bekannt; die Dauer beträgt im Durchschnitt 12 Monate. Aber diese beiden Zahlen allein sind alarmierend und machen verstärkte Anstrengungen und Aktivitäten an den Hochschulen für eine Verbesserung der Vereinbarkeit von Studium und Familie notwendig.

Um bereits präventiv das Angebot und die Regelungen zur Erleichterung des Studierens mit Familie wirksam werden zu lassen, also nicht erst, wenn Schwierigkeiten oder verzweifelte Lagen eingetreten sind, wurde im dem Sommersemester 2006 das Projekt „KidS - Kinder in der Studienzeit" initiiert. Beraten wird das Gleichstellungsbüro (das die Federführung des Projektes übernommen hat) von einer Gruppe studierender Eltern, das Studentenwerk ist ebenfalls an der Arbeitsgruppe KidS beteiligt.

Die generellen Zielsetzung von KidS sind

▪ die Verbesserung der Rahmenbedingungen für die Balance zwischen Studium und Familienleben sowie
▪ die Förderung des (weiblichen) akademischen Nachwuchses.

Die bestehenden Angebote von Seiten des Studentenwerks Heidelberg (Kinderbetreuungsplätze, Familienwohnungen in den Wohnheimen und die Sozialberatung) und von Seiten des Gleichstellungsbüros (individuelle Beratung,

---

1 Bundesweit studieren etwa 120 000 Eltern, diese Zahl stammt aus der Sozialerhebung des Studentenwerks 2005, von HIS wurde eine Untersuchung zum Thema durchgeführt. Sie kann nur eine Annäherungszahl sein, denn weder bei der Immatrikulation noch bei der Rückmeldung wird nach Kindern der Studierenden gefragt.
2 Alle diese Zahlen sind der Befragung des HISBUS-Panels entnommen (vgl. dazu ausführlich den Beitrag von Elke Middendorff in diesem Band).

Informationsangebote für Studierende und Hinweise für Dozenten) werden in KidS integriert und zwar als Serviceangebot. Sie reichen jedoch längst nicht aus, um den studierenden Eltern einen reibungslosen Alltag zu ermöglichen. Und so stellt KidS neben diese Angebote zur Organisation des alltäglichen Lebens eine Reihe von Angeboten zur Verbesserung der Studiensituation zur Verfügung. KidS ist ein Projekt mit unterschiedlichen Bausteinen und unterschiedlichen Absichten, die im Folgenden geschildert werden sollen.

Baustein 1. Angebote zur Erleichterung der Studienorganisation und des Alltags
- Für die Alltagbewältigung, die wesentlich auch den Studienverlauf beeinflusst, braucht man beispielsweise eine gute Zeitorganisation: Hier ist eine spezielle Studienberatung „Zeitmanagement für studierende Eltern", ein Trainingsangebot zum einüben eines gut organisierten Tages- und Arbeitsablaufs mit dem Zentrum für Studienberatung und Weiterbildung ZSW, begonnen worden.
- Zu Organisationsfragen, die das Leben erleichtern, deren Lösungen oft nach wenig klingen, aber einen großen Effekt haben, beispielsweise die Möglichkeit der Nutzung von Bibliotheken, so dass Bücher nicht in der Universitätsbibliothek gelesen werden müssen, sondern ein Ausleihen wie für Dozenten möglich ist.
- Für eine brisante Lebensphase, nämlich den Übergang vom Studium in die Berufstätigkeit. Hier kann die Universität mit dem Career Service eine Reihe von Schulungen und Unterstützungsmassnahmen anbieten. Das Angebot von Kinderbetreuung für studierende Eltern in der Bewerbungszeit unterstützt konkret dann, wenn die Studentenwerkseinrichtungen eigentlich nicht mehr in Anspruch genommen werden können.
- Informationen für Studierende über ihre rechtliche Situation, Regelungen von Prüfungs- und Examensflexibilisierung, Informationen zu Studiengebühren und
- Aufklärung von Studiendekanaten, Prüfungsausschüssen und Dozenten über Flexibilisierungsmöglichkeiten bei Prüfungs- und Examensfristen.

Baustein 2: Service und Infrastrukturangebote
- Informationen zur Vermittlung von Kinderbetreuungsplätzen, Familienwohnheimen,
- Informationen zur Sozialberatung und
- Informationsveranstaltungen des BAföG-Amts speziell für studierende Eltern.

▪ Zur Lösung lebenspraktischer Fragen wurden Kooperationen mit Sozialeinrichtungen und Beratungsstellen in Kommune und Region begonnen, die einen unbürokratischen Beistand ermöglichen.

Baustein 3: Informationssammlungen zu den relevanten Themen
Die individuelle Informationssuche, die das Glück des Suchens und Findens stark strapaziert, soll von aktuellen und jederzeit zugänglichen Informationsmöglichkeiten abgelöst werden

▪ zu geltenden Gesetzen und Richtlinien, zu Studienbedingungen: Studienunterbrechung, Regelungen in Studien- und Prüfungsordnungen: Prüfungsflexibilisierung, Fristverlängerungen, Studiengebühren,
▪ zu finanziellen Hilfen und Unterstützungsleistungen,
▪ zu Regelungen für ausländische Studierende,
▪ zu Sozialleistungen für Studierende: Hier sind übrigens die allein erziehenden Mütter die Gruppe, die sie am meisten in Anspruch nimmt und damit auch die meiste Beratung braucht,
▪ zu Betreuungsmöglichkeiten an der Universität und Vermittlung von Betreuung außerhalb,
▪ Tipps und Hinweise erfahrener studierender Eltern und
▪ Empfehlungen für allein erziehende Eltern.

Diese Informationssammlung besteht bereits „auf Papier" in Form einer Broschüre des Gleichstellungsbüros gemeinsam mit dem Studentenwerk (4. Auflage 2005) und einer Internetseite, auf der diese Informationen elektronisch zugänglich sind. In einem Online-Beratungsforum soll auf Fragen eingegangen und Anregung gegeben werden.

Baustein 4: Kontaktplattform
Bei einem Treffen mit studierenden Müttern, die KidS bei der Planung von Aktivitäten und Initiativen beraten, war einer der wichtigen Punkte der mangelnde Kontakt studierender Eltern untereinander, etwa zum Austausch von Informationen. Hier will und kann KidS Abhilfe schaffen, indem durch das Angebot von regelmäßigen Veranstaltungen und Treffen (etwa einem „jour fixe" für studierende Eltern zum Mittagessen), per Newsletter oder Chatroom die Möglichkeit, sich zu vernetzen, zur Verfügung steht.

Baustein 5: Themenarbeit
Studieren mit Kind ist nicht nur eine Lebenspraxis, sondern auch ein Forschungsthema, das allerdings in der Rangliste sozialwissenschaftlicher Arbeiten

keine prominente Stelle einnimmt. Gerade in den letzten Jahren hat sich auch die publizistische Aufmerksamkeit für dieses Thema verstärkt. Ergebnisse und Publikationen sollten den studierenden Eltern wie auch der Öffentlichkeit zur Verfügung gestellt werden, dies geschieht durch Vortragsreihen und Workshops.

Baustein 6: Öffentlichkeitsarbeit
Das Thema Studieren mit Kind braucht eine Lobby! Nach wie vor wird das Studium mit Familie vielfach als Privatsache der studierenden Eltern behandelt, und wenn studierende Eltern auf Schwierigkeiten stoßen, dann müssen sie um Lösungen nachfragen. Wir wollen das Thema in Zukunft nicht so sehr als eines der Nachfrage, sondern als eines des Angebots begreifen: Studierende sind auch mit Kindern willkommen, die Universität ist eine familienfreundliche Einrichtung. Dafür macht KidS Öffentlichkeitsarbeit und so soll auch jedes Semester eine Aktivität gestartet werden, denn eine bessere Sichtbarkeit der studierenden Eltern stärkt nicht nur ihre Position sondern auch ihr Selbstbewusstsein.

Baustein 7: Hochschulpolitische Rahmenbedingungen
Für das berufsbegleitende Studieren existiert das Teilzeitstudium bereits, das so genannte Duale System, und in diesem Zusammenhang hat es sich bewährt. Ebenfalls eingerichtet wurden einzelne Studiengänge, die für ein Teilzeitstudium konzipiert sind, aber für die individuelle Planung, wie z. B. die Betreuung von Kindern oder die Pflege von Angehörigen, ist es noch nicht generell zugelassen. In einzelnen Bundesländern, wie Hessen beispielsweise gibt es allerdings bereits die Möglichkeit zum Teilzeitstudium, neben anderen auch aus familienbedingten Gründen. Die Regelung in Hessen kann nur teilweise ein Vorbild sein: Teilzeitstudium wegen Kinderbetreuung (für Kinder bis zum Alter von 18 Jahren) kann für zwei Semester beantragt werden, die dann jeweils als ein halbes Fachsemester zählen. Die Beantragung ist mehrmals möglich und muss mit Angaben von Gründen geschehen. Das BAföG entfällt dann allerdings für diese Zeit. In Bayern ist es möglich, während eines Urlaubssemesters aus familienbedingten Gründen Leistungsnachweise, also Scheine oder Praktikumsbescheinigungen zu erwerben. Insgesamt ist die Frage des Teilzeitstudiums in den einzelnen Bundesländern sehr unterschiedlich geregelt und das wird wohl noch für längere Zeit so bleiben, denn die Tendenz zur Vervielfältigung der Regelungen in den Landeshochschulgesetzen wird durch die Förderalisierung des Hochschulwesens sicher verstärkt. Ein offiziell eingeführtes, rechtlich geregeltes Teilzeitstudium mit sozialer Absicherung – dies ist seit langer Zeit eine Forderung der Gleichstellungsbeauftragten, bisher ist sie unerfüllt.

Eine zweite fundamentale Erleichterung für studierende Eltern würde es bedeuten, wenn für sie ein elternunabhängiges BAföG eingeführt würde. Dies gibt es bisher nur dann, wenn man im Anschluss an eine Erwerbstätigkeit die Förderung für ein Studium beantragt oder für den Erwerb der allgemeinen Hochschulreife auf dem Zweiten Bildungsweg. Was die neu eingeführte Studienstruktur, also das BA/ MA-Studium für das Studieren mit Kindern bedeutet, darüber lässt sich bisher nur vermuten, dass die deutlich stringenteren Studienpläne für die studierenden Eltern eine weitere Anstrengung bedeuten werden.

Mit dem Projekt KidS haben wir uns vorgenommen, ein Informations- und Kommunikationsangebot für die studierenden Eltern an der Universität Heidelberg aufzubauen. KidS will also einer sehr persönlichen Angelegenheit, nämlich ob und wie studierende Eltern mit ihren Kindern leben wollen, ein öffentliches Angebot in Form von Entlastungen in ihrem Studien- und Lernumfeld bereitstellen. Und in jedem Semester soll es (damit haben wir in diesem Wintersemester 2006/ 07 begonnen) eine Aktivität geben, die wir für die studierenden Eltern unternehmen – wir werden in den nächsten Jahren viel zu tun haben. Vor allem wollen wir zu einem Mentalitätswandel beitragen – Studieren mit Kind ist kein zu lösendes Problem, sondern eine bereichernde Lebensform.

Unterstützung und Beratung von Schwangeren und Studierenden mit Kind(ern) in München

Beate Mittring

„Ich bin schwanger, studiere im 6. Semester und überlege mir, wie ich das alles organisieren kann. Geht das überhaupt? Kann ich mich beurlauben lassen? Wie kann ich das alles finanzieren? Wo können wir eine größere Wohnung für uns und das Kind finden? Welche Möglichkeiten der Kinderbetreuung gibt es?"

Während der letzten zehn Jahre, in denen ich als Sozialpädagogin beim Studentenwerk in München arbeite, höre ich solche und ähnliche Anfragen fast täglich. Das Beratungsangebot des Studentenwerks wurde bereits 1991 eingerichtet. Damals ergaben sich durch den Aufbau der studentischen Kinderkrippen viele Kontakte mit studierenden Eltern und schnell kristallisierte sich der hohe Informations- und Beratungsbedarf dieser Gruppe heraus. Seither wird unser Angebot sehr gut angenommen und erfreut sich großer Nachfrage.

1 Zur Situation schwangerer Studentinnen und Studierender mit Kind(ern)

Schwangere und Studierende mit Kind(ern) befinden sich durch die Doppel- oder sogar Dreifachbelastung in einer Situation, die ihnen Studium und Alltag im Vergleich zu ihren Kommilitoninnen und Kommilitonen deutlich erschwert: Sie stehen vor der Aufgabe, sich zusätzlich zum Studium mit der Schwangerschaft und der Geburt ihres Kindes auseinanderzusetzen und Kindererziehung und Finanzierung des Familienunterhaltes meistern zu müssen. Besonders für Alleinerziehende ist das eine große Herausforderung, denn sie müssen all diese Aufgaben bewältigen, ohne auf die Unterstützung eines Partners oder einer Partnerin zurückgreifen zu können. Insbesondere am Anfang der Schwangerschaft, aber auch im weiteren Verlauf eines Studiums mit Kind stellen sich viele Fragen, für die die Betreffenden Antworten finden müssen: So gilt es, sich neben allen persönlichen Fragen und der Einübung in die neue Rolle als Mutter oder Vater auch mit den organisatorischen und finanziellen Rahmenbedingungen zu beschäftigen.

Ein großer und für viele bis dahin völlig ungewohnter Organisationsaufwand, Ämtergänge, die Suche nach einer neuen Wohnung etc. sind zu bewältigen. Fehlende Kinderbetreuungsangebote vor allem für die unter Dreijährigen erschweren oft die Weiterführung des Studiums.

2   Angebote für Studierende mit Kind in München

Ausgehend von den Zahlen der 17. Sozialerhebung des Deutschen Studentenwerkes[1] kann man in München von 5.000 bis 5.500 Studierenden mit Kind(ern) ausgehen. Etwa 58 % dieser Studierenden sind Eltern eines Kindes, 42 % haben zwei oder mehr Kinder. Fast 60 % dieser Kinder sind unter drei Jahren.

2.1   Studentische Kinderbetreuung in München

Nach Artikel 88 des Bayerischen Hochschulgesetzes (BayHSchG) ist das Studentenwerk für die Organisation der studentischen Kinderbetreuung für ein- bis dreijährige Kinder zuständig. Das Studentenwerk München kommt diesem Auftrag nach, indem es insgesamt 15 Kinderkrippen betreibt. Die Kinder werden dort von pädagogischem Fachpersonal betreut. Für die Eltern ist dies eine wesentliche Voraussetzung, beruhigt ihrem Studium und eventuell einer Erwerbstätigkeit nachgehen zu können.

Die erste Einrichtung eröffnete bereits 1975 und seitdem wird das Angebot kontinuierlich ausgebaut und erweitert. Im Jahr 2005 wurde zusätzlich zu den bestehenden Krippen in Kooperation zwischen Ludwig-Maximilians-Universität (LMU) und Studentenwerk eine Einrichtung zur stundenweisen flexiblen Betreuung von Kindern von ein bis sechs Jahren eröffnet. Dieses Angebot ermöglicht es studierenden Eltern, während einer Beurlaubung (wegen Elternzeit) das Studium teilweise fortzuführen und bei Bedarf auf ein flexibles Kinderbetreuungsangebot direkt in der Nähe der Hochschule zurückgreifen zu können. Weitere Kinderbetreuungseinrichtungen sind zur Zeit in Zusammenarbeit mit den Hochschulen im Entstehen.

---

1 „Die wirtschaftliche und soziale Lage der Studierenden in der Bundesrepublik Deutschland", herausgegeben vom Bundesministerium für Bildung und Forschung im Jahr 2004, siehe im Internet unter: http://www.studentenwerk.de/se.

2.2 Beratungsangebot

Die Beratung für schwangere Studentinnen, werdende Väter und Studierende mit
Kind bietet zweimal in der Woche eine offene Sprechstunde an. Neben persönli-
chen Paar- und Einzelgesprächen erfolgen auch telefonische und schriftliche
Beratungen.

Das Angebot der Beratung wird überwiegend von schwangeren Studentinnen und werdenden Vätern genutzt, die sich am Anfang der Schwangerschaft auf
die neue Situation einstellen wollen, da Schwangerschaft und Geburt eines Kindes die bisherige Lebensplanung oftmals radikal verändern. Eine Phase der
Neuorientierung ist nötig. Frauen oder Männer, die bereits ein Kind haben und
ein Studium aufnehmen wollen oder die während des Studiums ein Kind planen,
nutzen das Beratungsangebot, um sich vorab über ihre Möglichkeiten zu informieren. Außerdem ist in der Beratung Raum für alle Fragen und Probleme, die
sich im Verlauf eines Studiums mit Kind ergeben.

Der Hauptanteil der Ratsuchenden sind Frauen (ca. 70 %), der Anteil der
Männer beläuft sich auf 15 % und etwa 15 % kommen paarweise in die Beratung. Circa 20 % der Studierenden sind allein erziehend (auch hier überwiegend
Frauen) oder rechnen damit, nach der Geburt ihres Kindes allein erziehend zu
sein.

2.2.1 Inhalte der Beratung

Neben der persönlichen Lebensplanung und Lebenssituation spielen bei den
meisten Ratsuchenden die finanziellen und rechtlichen Rahmenbedingungen eine
wichtige Rolle. Ein Schwerpunkt der Arbeit ist deshalb, neben der psychosozialen Beratung, über die relevanten gesetzlichen Grundlagen zu informieren.
Im Folgenden werden die wichtigsten Themen und Inhalte der Beratung heraus-
gegriffen und kurz erklärt.

Studienorganisation:
▪ Beurlaubungsmöglichkeiten nach Art. 48 Abs. 4 Bayerisches Hochschulge-
setz (BayHSchG)
Nach dem Bayerischen Hochschulgesetz gelten Umstände, die bei Beschäftigten
Mutterschutz und Elternzeiten rechtfertigen, für Studierende als Beurlaubungs-
grund. Studierende mit Kind können sich in Bayern auf Antrag bis zum dritten
Geburtstag des Kindes beurlauben lassen, dürfen während dieser Zeit jedoch

weiterhin Studien- und Prüfungsleistungen erbringen. Diese Regelung ermöglicht es, die Semesterwochenstunden der persönlichen Situation der studierenden Eltern entsprechend zu reduzieren, ohne das Studium vollständig zu unterbrechen. Auf Antrag können bis zu 12 Monate der Beurlaubung auch auf die Zeit bis zum 8. Geburtstag des Kindes übertragen werden, also z. B. für die Zeit des Schuleintritts des Kindes „aufgespart" werden. Studieren beide Eltern, besteht die Möglichkeit, sich abwechselnd oder gleichzeitig beurlauben lassen.

- Befreiung von den Studienbeiträgen

Sehr aktuell ist zur Zeit die Information über die Möglichkeit der Befreiung von den Studienbeiträgen für studierende Eltern und die dafür geltenden Fristen. Die Studienbeiträge werden in Bayern ab dem Sommersemester 2007 erhoben. Laut BayHSchG können sich Studierende, die in ihrem Haushalt ein Kind bis zu zehn Jahren pflegen und erziehen auf Antrag von den Studienbeiträgen befreien lassen. Dies gilt für Mutter und Vater gleichermaßen.

Finanzielle Unterstützungsmöglichkeiten:
- Förderung nach dem Bundesausbildungsförderungsgesetz (BAföG)

Für eine Förderung nach dem BAföG müssen die Studierenden verschiedene Kriterien erfüllen. Die Studierenden können BAföG nur beanspruchen, soweit zur Deckung ihres Bedarfs nicht anderweitige Mittel zur Verfügung stehen. Eigenes Einkommen und Vermögen der Studierenden, ihrer Eltern und des Ehegatten werden grundsätzlich angerechnet.

Ob die Studierenden Kinder haben oder nicht bleibt bei der grundsätzlichen Entscheidung, einer vom Einkommen der Eltern (und des Ehegatten) der Studierenden abhängigen Förderung unberücksichtigt. Bei einer Förderung unabhängig vom Einkommen der Eltern können eventuelle Kindererziehungszeiten vor dem Studium geltend gemacht werden. Sind Studierende mit Kind BAföG-berechtigt, haben sie einen höheren monatlichen Freibetrag, d. h. sie dürfen mehr (zusätzlich zum BAföG) verdienen, als Studierende ohne Kind. Verlängert sich das Studium wegen Schwangerschaft und/ oder Kindererziehung, besteht die Möglichkeit, die Förderungshöchstdauer zu überschreiten. Die zusätzlich gewährten Semester werden nicht, wie die anderen Semester zur Hälfte als Darlehen, sondern als volle Zuschüsse geleistet, so dass für diesen Zeitraum nichts zurückbezahlt werden muss. Bei der Rückzahlung des Darlehens (normalerweise 5 Jahre nach Ende der Förderungshöchstdauer) besteht bisher die Möglichkeit des Schuldenerlasses, wenn ein Kind bis zu zehn Jahren gepflegt oder erzogen wird und das Einkommen bestimmte Beträge nicht übersteigt.

Während einer Beurlaubung wegen Elternzeit erhalten Studierende mit Kind
kein BAföG. Dies gilt auch, wenn sie – wie oben beschrieben nach Artikel 48
BayHSchG – Scheine und Prüfungsleistungen erbringen. Ausbildungsförderung
wird aber geleistet, solange die Studierende infolge einer Schwangerschaft gehindert ist, die Ausbildung durchzuführen, dies gilt jedoch nicht über das Ende
des dritten Kalendermonats hinaus.

- Hartz IV (Arbeitslosengeld, Mehrbedarf, Sozialgeld)

Sind Studierende mit Kind vom Studium beurlaubt und verfügen sie und ihr/ e
Partner/ in über kein oder ein geringes Einkommen, kann ein Anspruch auf Arbeitslosengeld II (ALG II) bestehen. Unabhängig von einer Beurlaubung besteht
unter bestimmten Umständen ein Anspruch auf Mehrbedarf. Auch das so genannte Sozialgeld für das Kind wird - wenn die Voraussetzungen erfüllt sind -
unabhängig von einer Beurlaubung der Eltern gewährt. In besonderen Härtefäl-
len kann ALG II als Darlehen gewährt werden, wenn z. B. der Abschluss des
Studiums unmittelbar bevorsteht und durch eine Erwerbstätigkeit gefährdet ist,
weil die Zeit zur Vorbereitung auf die Prüfung dadurch fehlt.

- Kindergeld und Elterngeld

Wie alle Eltern erhalten Studierende für ihr Kind unabhängig von der Höhe des
Einkommens monatlich 154 Euro Kindergeld. In den ersten beiden Lebensjahren
beziehen Studierende, deren Kind bis zum 31.12.06 geboren wurde und die unter
den geltenden Einkommensgrenzen liegen, außerdem monatlich bis zu 300 Euro
Erziehungsgeld. Im Anschluss daran wird in Bayern das Landeserziehungsgeld
von 256 Euro ausbezahlt.

Zum 01.01.07 wurde das Erziehungsgeld vom Elterngeld abgelöst. Studierende, deren Kinder nach dem 31.12.06 geboren sind, erhalten das neue Elterngeld. Dies beträgt 67 % des letzten Nettoeinkommens. Wenn sie im Jahr vor der
Inanspruchnahme des Elterngeldes über kein eigenes Einkommen verfügen,
erhalten sie ab diesem Zeitpunkt monatlich den Mindestbetrag von 300 Euro
über höchstens 12 Monate.

Die Zukunft des Landeserziehungsgeldes wird in Bayern zur Zeit diskutiert.
Nach Auskunft der zuständigen Stelle wird es eine Anschlussförderung an das
Elterngeld weiterhin geben, wie diese genau aussehen wird, ist allerdings zur
Zeit noch unklar.

- Wohngeld

Studierende sind dem Grundsatz nach nicht wohngeldberechtigt. Studierende mit Kind stellen hier jedoch eine Ausnahme dar. Sie können Wohngeld beantragen. Die Höhe des Wohngeldes hängt von der Höhe des Einkommens (dazu zählt auch BAföG) sowie der Anzahl der Familienmitglieder, die im Haushalt leben und der Miethöhe ab.

- Sonstige finanzielle Hilfen

Eine weitere finanzielle Unterstützungsmöglichkeit, in die die Beratung Einblick gibt, ist u. a. die „Landesstiftung Hilfe für Mutter und Kind". Hier kann ein Zuschuss zur Babyerstausstattung beantragt werden kann.

Über die Krankenversicherung von Eltern und Kindern, Kostenerstattung der Kinderbetreuungskosten durch das Jugendamt, Unterhaltsvorschuss, Kinderzuschlag, Stipendien und sonstige Förderungsmöglichkeiten wird ebenfalls umfassend und individuell informiert.

Information über die Kinderbetreuungsmöglichkeiten:
Eine wichtige Grundlage, um nach der Geburt eines Kindes das Studium zielstrebig weiterverfolgen zu können, ist eine passende Betreuungsmöglichkeit für das Kind. In der Beratung wird deshalb ein Überblick über bestehende Einrichtungen im studentischen Bereich und über das Angebot anderer Träger vermittelt. Auch Fragen zur Tagespflege und zu sonstigen Angeboten wie Babysitterbörsen, Ferienbetreuung, Notfallbetreuung im Fall von Krankheit des Kindes oder der Eltern etc. werden angesprochen.

Unterstützung bei der Wohnungssuche – Information über bestehende Angebote:
Die Wohnsituation in München stellt Studierende mit Kind(ern) oft vor eine schwierige Situation, da bezahlbarer, familiengerechter Wohnraum insgesamt sehr knapp ist. Das Studentenwerk versucht dieses Problem zu entschärfen und stellt derzeit 187 Wohneinheiten für Familien und 800 Mutter-Kind-Appartements zur Verfügung. Ferner werden auch angemietete Wohnungen und Häuser an Studierende mit Kind weitergegeben. Die Wohnraumvermittlung des Studentenwerks unterstützt Studierende mit Kind zusätzlich bei der Suche nach einer passenden Wohnung.

Persönliche Krisen und Probleme:
Persönliche Krisen und Probleme wie z. B. Beziehungsprobleme, Trennung und Scheidung oder auch Erziehungsfragen, Lern- und Schreibblockaden, Prüfungsängste etc. werden in der Beratung ebenfalls häufig thematisiert. Wenn die Problematik tiefer geht, gilt es abzuklären, ob eine Weiterverweisung an eine Stelle, die auf diese Anliegen spezialisiert ist, angezeigt ist.

Beratung internationaler Studierender:
Etwa 35 % der Studierenden, die in die Beratung kommen, stammen aus dem Ausland. Für sie sind zusätzlich zu allen oben genannten Bereichen ausländerrechtliche Fragen (z. B. die Aufenthaltserlaubnis betreffend) relevant. Vor allem für nicht EU-Ausländer stellt die Finanzierung von Familienunterhalt und Studium häufig ein großes Problem dar.

2.3 Studentenwerksinterne und Institutionen übergreifende Zusammenarbeit

Neben der Zusammenarbeit mit den beim Studentenwerk selbst angesiedelten Beratungsstellen, wie der Sozial- und Rechtsberatung, der BAföG- und Kreditberatung, der Wohnraumvermittlung sowie der psychosozialen und psychotherapeutischen Beratung, sind die Frauenbeauftragten und die Studienberatungen der Hochschulen wichtige Partnerinnen.

Besonders bedeutsam ist die Zusammenarbeit mit der Studienberatung der Ludwig-Maximilians-Universität, die bisher als einzige Hochschule in München eine spezielle Studienberatung für Schwangere und Studierende mit Kind(ern) anbietet. Ihr Schwerpunkt in der Beratung liegt auf Fragen zur Studienwahl, Zulassung, Bewerbung, Studienplanung und -organisation, Fachwechsel sowie zu Beurlaubungsmöglichkeiten.

2.4 Broschüre „Studieren mit Kind"

Bereits seit 1992 veröffentlicht das Studentenwerk einen Wegweiser „Studieren mit Kind", der regelmäßig überarbeitet und aktualisiert wird. Studierende Eltern finden darin alle relevanten Informationen und die entsprechenden Adressen der Anlaufstellen. Das gesamte Angebot ist auf der Internetseite des Studentenwerks[2] oder im Wegweiser „Studieren in München"[3] abrufbar.

---

[2] Siehe im Internet unter: http://www.studentenwerk.mhn.de/.
[3] Siehe im Internet unter: http://www.wegweiser-muenchen.de.

2.5 Weitere Angebote für Studierende mit Kind(ern)

Gesprächskreis

In regelmäßigen Abständen findet an unterschiedlichen Hochschulstandorten der Gesprächskreis „Studieren mit Kind" statt. Er wird in Zusammenarbeit von Mitarbeiterinnen der Studienberatung und der Frauenbüros sowie des Studentenwerks durchgeführt. Dazu eingeladen sind Schwangere, werdende Väter und Studierende mit Kind(ern). Bei diesen Treffen wird über interessante Neuerungen in diesem Bereich informiert. Darüber hinaus besteht die Gelegenheit zum Austausch und Kennenlernen der Studierenden untereinander.

Eine häufige Rückmeldung der TeilnehmerInnen bezieht sich auf die entlastende Wirkung, die es hat, sich mit anderen in der gleichen Situation austauschen zu können. „Ich habe gedacht, ich bin die einzige, die mit Kind studiert ..." ist ein häufig geäußerter Satz. Zu erfahren, dass es nicht so ist, ist für viele eine große Erleichterung. Die Studierenden sprechen über ihre Erfahrungen, geben Tipps weiter und organisieren z. B. eine gegenseitige Kinderbetreuung während der Vorlesung. Immer wieder entstehen auf Initiative der anwesenden Eltern beim Gesprächskreis auch „Krabbelgruppen" oder „Elternstammtische".

Erstsemesterinformation

Die Studienberatung der LMU bietet ebenfalls in Zusammenarbeit mit dem Frauenbüro und dem Studentenwerk eine Erstsemesterveranstaltung zur Information der Studierenden mit Kind an. Dort werden Informationen zur besseren Orientierung an der LMU gegeben und die bestehenden Angebote vorgestellt. Auch hier ist die Kontaktaufnahme der Betreffenden untereinander ein gewollter und geförderter Nebeneffekt.

Kursangebote

Unterschiedliche Anbieter organisieren – meist auf Initiative der Frauenbeauftragten - diverse Kurse zu Lern- und Studientechniken oder Studienorganisation, die speziell auf die Belange Studierender mit Kind zugeschnitten sind.

3   Was brauchen Studierende mit Kind?

3.1 Flexible Studienbedingungen

Starre Anwesenheitspflichten und enge Zeitpläne an den Universitäten kollidieren mit den Anforderungen, die die Erziehung und Pflege eines Kindes an die Eltern stellen. Studierende haben damit oft große Probleme, z. B. wenn das Kind krank wird oder die Tagesmutter kurzfristig ausfällt.

Bei der Umstellung der Studiengänge auf Bachelor- und Masterabschlüsse, die zur Zeit im Gange ist, dürfen die Belange studierender Eltern nicht aus den Augen verloren werden. Anhand der bereits umgestellten Studiengänge wird jedoch deutlich, dass die Studierenden teilweise ihre Zeit weniger flexibel einteilen können als bisher. Die Zeit, die für das Studium aufgewandt werden muss, erhöht sich. Dies hat zur Folge, dass weniger Zeit für das Kind oder die Erwerbstätigkeit zur Verfügung steht. Vermehrt finden Vorlesungen und Seminare auch an Abenden oder Wochenenden statt. Prüfungstermine werden in die vorlesungsfreien Zeiten (beispielsweise im August) gelegt. Eine Kinderbetreuung ist für diese Zeiten oft schwer zu organisieren. Darüber hinaus kann der Jahresturnus (Vorlesungen werden nicht jedes Semester angeboten, sondern z. B. ausschließlich im Wintersemester) für Studierende, die sich beurlauben lassen, zu einem großen organisatorischen Problem werden, das schlimmstenfalls zum „Verlust" eines oder mehrerer Semester und so zu eine Verlängerung des Studiums führt. Es bleibt abzuwarten, ob es nicht vor allem Frauen mit Kind bei den in kürzerer Zeit zu erreichenden Bachelorabschlüssen belassen und eventuell ganz auf die teilweise teuren Masterabschlüsse verzichten.

Grundsätzlich sollten Vorlesungs-, Praktikums- und Prüfungszeiten sowie die Regelung von Ausweichterminen die Bedürfnisse studierender Eltern berücksichtigen und für sie passende Lösungen ermöglichen. Offenheit und Bereitschaft von Professoren und Dozenten, flexible Lösungen zu finden sowie die Unterstützung durch Mitstudierende sind ebenfalls sehr wichtig. Die Einführung von speziellen Teilzeitstudiengängen muss weiter diskutiert und baldmöglichst konkretisiert werden. Gäbe es diese Möglichkeit, würde dies erheblich zu einer besseren Vereinbarkeit von Studium und Kindern beitragen.

3.2 Verbesserung der finanziellen Situation

Die finanzielle Situation hat sich für viele Studierende mit Kind in den letzten Jahren eher verschlechtert. Der Wegfall des Erziehungsgeldes und die Einführung des Elterngeldes stellen erneut einen Einschnitt dar. Zum Zeitpunkt der Erstellung dieses Textes wird zwar über die Einführung eines Kinderbafögs diskutiert, dass dies die finanzielle Lücke schließen wird, ist jedoch nicht zu erwarten. Es ist wünschenswert, dass sich die Politiker und Entscheidungsträger dazu entschließen, spezielle und umfassende Möglichkeiten zur finanziellen Unterstützung von Studierenden mit Kind(ern) zu schaffen.

3.3 Ausbau der Kinderbetreuung

Ausreichend qualitativ hochwertige Krippen, Kindergärten, Hortplätze und flexible stundenweise Betreuungseinrichtungen für Kinder von drei Monaten an müssen uni- oder wohnortnah zur Verfügung stehen. Die monatlichen Beiträge, die die Eltern für die Kinderbetreuung bezahlen, müssen an das Budget der Studierenden angepasst sein. Die Rahmenbedingungen wie z. B. die Öffnungszeiten der Einrichtungen sollten an den Bedarf von Studierenden mit Kindern angepasst werden. Erstrebenswert wäre außerdem eine Vermittlungsstelle für verlässliche Tageseltern oder Babysitter, die z. B. in Prüfungszeiten, an Abenden und Wochenenden oder wenn das Kind erkrankt ist, einspringen. Viele Eltern wünschen sich auch für ihre Kinder unter einem Jahr eine flexible Betreuungsmöglichkeit, um den Anschluss nicht zu verlieren und schon während der Beurlaubung an einigen Studienangeboten teilnehmen zu können.

3.4 Kinder- und elternfreundliche Rahmenbedingungen

Eine kinder- und elternfreundliche Atmosphäre an der Hochschule erleichtert das Studium mit Kind enorm. Eine positive Entwicklung in diesem Bereich hat bereits in den letzten Jahren langsam eingesetzt. Das Bewusstsein für die Bedürfnisse Studierender mit Kind wächst. Allerdings ist es auch weiterhin unumgänglich, dass spezielle Anlaufstellen für studentische Eltern, (wie z. B. beim Studentenwerk oder an der Studienberatung der Ludwig-Maximilians-Universität) eingerichtet und ausgebaut werden:

- Die betreffenden Stellen müssen sich vernetzen und regelmäßig austauschen.
- Bei der Fortbildung der Angestellten der Hochschulen und Studentenwerke sollte über die Belange Studierender mit Kind (z. B. über spezielle Regelungen) informiert werden.
- Wichtige Informationen über bestehende Regelungen sollten den Studierenden über Broschüren und Internetseiten zugänglich sein.
- Gesprächskreise, Kursangebote sowie Foren im Internet ermöglichen es den Studierenden, sich untereinander auszutauschen.
- Der Ausbau von Still- und Wickelräumen, die Einrichtung von Kinderspielplätzen, das Angebot von Kinderstühlen, Spielecken und Kinderessen in der Mensa muss vorangetrieben werden.
- Wegbeschreibungen, wie Räume mit dem Kinderwagen erreichbar sind, sollten von allen Universitäten herausgegeben werden.
- Nachgedacht werden muss außerdem darüber, welche Unterstützungsmöglichkeiten für Studierende mit Kind beim Übergang von der Hochschule in den Beruf geschaffen werden können.
- Familiengerechter und bezahlbarer Wohnraum muss bereits bei der Planung von Neu- oder Umbauten im Bereich der Wohnheime ein Schwerpunktthema sein.

Die Auseinandersetzung mit dem Thema „familienfreundliche Hochschule" über eine Zertifizierung oder in sonstigen Arbeitskreisen, in denen neben allen relevanten Stellen auch studierende Eltern selbst vertreten sein sollten, ist sicherlich sehr dazu geeignet, weitere Entwicklungen voranzutreiben.

In den letzten Jahren hat sich einiges entwickelt, es bleibt aber noch vieles zu tun, um die Lebenssituation der Studierenden mit Kind zu erleichtern. Wenn die Rahmenbedingungen optimal sind, kann das Studium eine gute Zeit für die Erziehung eines Kindes sein. Es muss dann nicht länger die Alternative gelten: „Studium *oder* Kind", sondern Studierende, die dies wünschen können sich selbstverständlich für ein „Studium *mit* Kind" entscheiden.

Das Auditierungsverfahren der Gemeinnützigen Hertie-Stiftung und die Leistungen der Hochschulen im Auditierungsverfahren

Christine Bald

1 Das *audit familiengerechte hochschule* – ein Instrument für die familienbewusste Gestaltung von Arbeits- und Studienbedingungen an Hochschulen

Das *audit familiengerechte hochschule* ist ein strukturiertes Verfahren, um Rahmenbedingungen für das Studium, die wissenschaftliche Karriere und ganz allgemein das Arbeiten an der Hochschule systematisch und Schritt für Schritt familiengerechter zu gestalten. Es wurde von 2001 bis 2004 als erstes und bisher einziges branchenspezifisches „Familienaudit" im Auftrag der *berufundfamilie gGmbH* – einer Initiative der Gemeinnützigen Hertie-Stiftung – an der Universität Trier entwickelt.[1] Basierend auf dem *audit berufundfamilie®* für Unternehmen wird es von der *berufundfamilie gGmbH* zusammen mit diesem bis heute ständig weiterentwickelt und in der Öffentlichkeit bekannt gemacht. 2004 übernahmen die damalige Bundesfamilienministerin Renate Schmidt und Bundeswirtschaftsminister Wolfgang Clement die Schirmherrschaft über das *audit berufundfamilie®*. Ihre Nachfolger Ursula von der Leyen und Michael Glos führen die Schirmherrschaft weiter. Die Spitzenverbände der deutschen Wirtschaft empfehlen den Unternehmen die Zertifizierung seit 2001.[2] Für die

---

1 Vgl. dazu Günther Vedder (Hrsg.): Familiengerechte Hochschule. Analysen – Konzepte - Perspektiven", Gemeinnützige Hertie-Stiftung: Frankfurt am Main 2004.

2 Vereinbarung zwischen der Bundesregierung und den Spitzenverbänden der deutschen Wirtschaft zur Förderung der Chancengleichheit von Frauen und Männern in der Privatwirtschaft vom 2. Juli 2001, veröffentlicht im Internet unter: http://www.bdi-online.de/Dokumente/Allgemeine Wirtschaftspolitik/Chancengleichheit.pdf (letzter Aufruf am 4. Januar 2007).

Hochschulen hat die Hochschulrektorenkonferenz 2003[3] eine Empfehlung zur Zertifizierung ausgesprochen. Einzelne Bundesländer fördern die Hochschulauditierung finanziell.

Bevölkerungsrückgang, gesetzliche Verpflichtungen zur Gleichstellung von Männern und Frauen aber auch der wachsende internationale Wettbewerb um die fähigsten Köpfe verlangen nach Schaffung einer familienfreundlicheren Hochschulkultur. Studierende und Beschäftigte an Hochschulen sollen ihre akademische Ausbildung, wissenschaftliche Qualifizierung oder Berufstätigkeit auf zufrieden stellende Weise mit einer Familiengründung, der Erziehung von Kindern oder der Pflege von Angehörigen zeitlich und organisatorisch verbinden können. Dabei kann ihnen die Hochschule in vielfältiger Weise entgegenkommen, sei es durch flexible Prüfungsregelungen für Studierende, Kinderbetreuungsangebote oder sozial kompetente Professoren und Professorinnen. Familienbezogene Maßnahmen kosten oft wenig zusätzliches Geld; das Hochschulmanagement muss aber die Lebenssituation von Menschen, die Kinder oder pflegebedürftige Angehörige versorgen, bewusst ins Alltagsgeschäft einbeziehen. Dafür gilt es Gestaltungsspielräume auszuloten, innovative Konzepte zu entwickeln und gelegentlich auch mit akademischen Traditionen zu brechen, etwa wenn es um die Anerkennung von Familienphasen in Berufungsverfahren geht.

Der Leitfaden, mit dem im Auditverfahren gearbeitet wird, ist in acht Handlungsfelder gegliedert und umfasst einen Fundus von über hundert einzelnen Maßnahmevorschlägen. Näheres zu diesen Handlungsfeldern findet sich in Abschnitt 3 des Beitrages. Entlang der Handlungsfelder können die Studien- und Arbeitsbedingungen an der Hochschule systematisch auf ihre Familienverträglichkeit durchleuchtet werden. Dies geschieht zunächst im Rahmen eines ausführlichen Fragebogens. Die Antworten sind durch Belegmaterialien, wie Dienstvereinbarungen zu Arbeitszeit oder Telearbeit, Studien- und Prüfungsordnungen oder Informationsbroschüren für Studierende mit Kindern zu bestätigen und darzustellen. Mit diesen Vorinformationen im Gepäck besucht eine externe Auditorin bzw. ein Auditor die Hochschule und führt ein mehrstündiges Strategiegespräch mit Vertretern und Vertreterinnen der Hochschulleitung, der Personalabteilung, des Personalrats, der Studierendenvertretung bzw. des AStA sowie der Frauen- oder Gleichstellungsbeauftragten. Das Thema Studium/ Beruf und Familie wird „Chefsache".

---

3 Empfehlung der 200. Hochschulrektorenkonferenz am 8. Juli 2003 zur familienfreundlichen Gestaltung der Hochschule, veröffentlicht im Internet unter: http://www.hrk.de/de/ beschluesse/109_261.php?datum=200.+Plenum+am+8.+Juli+2003 (letzter Aufruf am 4. Januar 2007).

In diesem so genannten Strategieworkshop werden übergeordnete Ziele sowie
die Zielgruppe für die Auditierung bestimmt: Was will die Hochschule mit der
Auditierung in betrieblicher Hinsicht und im Sinne ihres gesellschaftlichen Auf-
trags erreichen? Wer fällt unter den Begriff „Familie"? Im weiteren Verlauf des
Gesprächs werden mögliche inhaltliche Schwerpunkte diskutiert: In welchen
Bereichen sehen die Verantwortlichen besonderen Handlungsbedarf oder besonders gute Chancen für Verbesserungen? Steht zum Beispiel ein Neubau an, bei
dem Still- und Wickelgelegenheiten oder Spielmöglichkeiten für Kinder eingeplant werden können? Klagen Eltern vor allem über fehlende Kinderbetreuungseinrichtungen oder eher über unflexible Arbeitszeiten? Schließlich wird überlegt,
wer in der Projektgruppe für die Auditierung mitarbeiten soll und ein Zeitplan
für den weiteren Verlauf der Auditierung erstellt, denn spätestens neun Wochen
nach dem Strategieworkshop müssen die kompletten Unterlagen für die Zertifizierung eingereicht werden.

Die etwa fünfzehnköpfige Projektgruppe soll nach Möglichkeit das ganze
Spektrum von Arbeits- und Lebenssituationen an der Hochschule repräsentieren:
Professorenschaft und Studierende, wissenschaftlichen Mittelbau, Sekretärinnen
und Techniker, Verwaltungsangestellte und Bibliothekare, Mütter, Väter, Sin-
gles. Bestimmte Funktionen wie Hochschulleitung, Personalrat, AStA und
Gleichstellungsbeauftragte müssen vertreten sein; andere können wertvolle Erfahrungen beisteuern, so Vertreter oder Vertreterinnen von Studienberatung,
Studentenwerk, Prüfungsamt oder Elterninitiativen. Mit der Projektgruppe führt
die Auditorin bzw. der Auditor einen ganztägigen Workshop durch. Gestützt auf
den Leitfaden und straff moderiert durch Auditorin oder Auditor diskutiert die
Projektgruppe intensiv die aktuelle Arbeits- und Studiensituation an der Hochschule. Insbesondere wird erhoben, wie die offiziell vorhandenen Angebote und
Maßnahmen in der Praxis verankert sind, ob sie genutzt werden und wenn ja,
von wem, oder wenn nein, warum nicht. Oft werden an dieser Stelle auch funkti-
onierende informelle Vorgehensweisen bekannt, die aber vom „good will" ein-
zelner Vorgesetzter oder Lehrender abhängig sind, zum Beispiel Prüfungstermine außerhalb des offiziellen Prüfungszeitraums. Gemeinsam werden
familienbewusste Ziele und Maßnahmen entwickelt und festgehalten, die die
Hochschule in einem Zeitraum von drei Jahren umsetzen soll.

Am Ende des Tages hat sich gezeigt, ob sich die bisherigen Angebote und
Maßnahmen in der Praxis bewähren und wo es weiteren Handlungsbedarf gibt.
Meist stehen etwa acht bis zehn Ziele auf den Moderationstafeln, konkretisiert in
einzelnen Maßnahmen und Handlungsschritten. Diese werden innerhalb der
folgenden drei Wochen mit Unterstützung der Auditorin bzw. des Auditors

ausformuliert, mit der gesamten Hochschulleitung abgestimmt, in der Endfassung vom Präsidenten oder der Präsidentin unterschrieben und bei der *berufundfamilie gGmbH* zur Begutachtung eingereicht.

Wurden formale, zeitliche und inhaltliche Vorgaben der Auditierung eingehalten, und lassen die formulierten Ziele und Maßnahmen eine deutliche Verbesserung der Rahmenbedingungen für die Vereinbarkeit von Studium/ Beruf und Familie erwarten, so erhält die Hochschule das „Grundzertifikat" *audit familiengerechte hochschule*. Es beinhaltet die Verpflichtung, einen jährlichen Fortschrittsbericht einzureichen, der ebenfalls von der *berufundfamilie gGmbH* begutachtet wird. Nach drei Jahren kann sich die Hochschule zur Re-Auditierung anmelden. Das bedeutet, sie lässt die Umsetzung der vereinbarten Ziele prüfen und setzt sich neue, weiterführende Ziele für die nächsten drei Jahre. Bei Erfolg erhält sie das (eigentliche) „Zertifikat" *audit familiengerechte hochschule*. Die Grundzertifikate und Zertifikate werden im Rahmen einer jährlich in Berlin veranstalteten, großen öffentlichkeitswirksamen Zertifikatsverleihung überreicht.

2   Durchdringungsgrad und Kosten der Auditierung

Am 30. November 2006 waren 44 von 339 Hochschulen in Deutschland zertifiziert.[4] An diesen 44 Hochschulen waren zum jeweiligen Zeitpunkt ihrer Auditierung insgesamt rund 445.000 Studierende eingeschrieben. Bei einem Anteil von 6 Prozent Studierenden mit Kindern,[5] können demnach rund 27.000 Studierende mit Kindern von der Auditierung profitieren.

Die ersten vier Hochschulen hatten bis zum Stichtag die Re-Auditierung durchlaufen und wurden bereits mit dem „Zertifikat" ausgezeichnet. 40 Hochschulen hielten zum Stichtag das „Grundzertifikat". Zwei der zertifizierten Hochschulen befanden sich in kirchlicher, eine in privater und 41 in staatlicher Trägerschaft. Zertifizierte Hochschulen gab es in 14 der 16 Bundesländer.

---

4 Die hier und im Folgenden genannten Zahlen wurden den auf der Internetseite der berufundfamilie gGmbH veröffentlichten Plakaten der zertifizierten Hochschulen entnommen, vgl. http://www. beruf-und-familie.de/index.php?c=audit.zertifikat. Diese werden jeweils aus Anlass der Zertifikatsverleihung gezeigt. Die Angaben der Hochschulen wurden, wo dies nicht schon auf dem Plakat der Fall ist, vor Verwendung für diese Statistik auf hundert gerundet.

5 Der prozentuale Anteil Studierender mit Kindern unter allen Studierenden wurde gemäß der Ergebnisse der 17. Sozialerhebung des Deutschen Studentenwerks (2004) mit 6 Prozent veranschlagt.

Spitzenreiter bei der Auditierung von Hochschulen nach dem *audit familiengerechte hochschule* war zum Stichtag das Land Hessen. Das Hessische Sozialministerium fördert die Zertifizierung von Hochschulen seit Ende 2004. Insgesamt waren in Hessen acht Hochschulen mit insgesamt rund 131.000 Studierenden zertifiziert, das heißt rund 8.000 Studierenden mit Kindern kommt derzeit das Engagement ihres Landes zu Gute.

Seit 2006 gelten gestaffelte Mindestpreise für die Durchführung der Auditierung. Je nach Anzahl der Studierenden bezahlen große Hochschulen einen höheren Preis als kleine. Im Jahr 2006 kostete die Erstauditierung zur Erlangung des Grundzertifikats beispielsweise eine Hochschule mit 7.500 Studierenden 11.600 Euro inklusive gesetzliche Mehrwertsteuer. Bei 450 Studierenden mit Kindern (= 6 Prozent) kostet die Auditierung die Hochschule pro Studentin oder Student mit Kind rund 26 Euro. Nicht eingerechnet sind dabei die betroffenen Beschäftigten der Hochschule, die ebenfalls von der Auditierung profitieren.

3   Handlungsfelder im *audit familiengerechte hochschule* und was zertifizierte Hochschulen für Studierende mit Kindern tun

Der Leitfaden zum *audit familiengerechte hochschule* ist in acht Handlungsfelder gegliedert:

Handlungsfelder mit der Zielgruppe „Beschäftigte":
▪ Arbeitszeit
▪ Arbeitsorganisation
▪ Arbeitsort
▪ Personalentwicklung

Handlungsfelder mit der Zielgruppe „Beschäftigte und Studierende":
▪ Führungskompetenz
▪ Informations- und Kommunikationspolitik
▪ Service für Familien

Handlungsfeld mit der Zielgruppe „Studierende und Wissenschaftler bzw. Wissenschaftlerinnen in der Qualifizierungsphase":
▪ Studium und wissenschaftliche Qualifizierung

Auch Maßnahmen, die zunächst nur Beschäftigte betreffen, können indirekt Auswirkungen für Studierende mit Kindern haben. So können sich Arbeitszeitregelungen für Beschäftigte auf Öffnungszeiten von Service-Einrichtungen für Studierende auswirken. Andererseits haben Studierende und Beschäftigte möglicherweise ein gemeinsames Interesse an einem Ferienbetreuungsangebot für Kinder oder Spielmöglichkeiten für mitgebrachte Kinder auf dem Campus. Im Folgenden werden nur solche Maßnahmebeispiele aus Hochschulen angeführt, von denen auch oder ausschließlich Studierende mit Kindern profitieren.

Hochschulen, die sich auditieren lassen, fangen praktisch nie bei Null an, sondern sie verfügen bereits über einige Angebote, die das Studieren mit Kindern erleichtern. Zum Beispiel bestellen sie qua Gesetz immer eine Frauen- oder Gleichstellungsbeauftragte, die in der Regel als persönliche Ansprechpartnerin für Fragen rund um die Vereinbarkeit von Studium und Familie zur Verfügung steht, die Interessen der Studierenden mit Kindern in der Hochschule vertritt und ihnen bei der Durchsetzung ihrer Interessen auch individuell weiterhilft – oft unterstützt von einer oder mehreren Mitarbeiterinnen oder weiteren Frauen- und Gleichstellungsbeauftragten in den einzelnen Fachbereichen oder Fakultäten. Auch wenn Familie nach wie vor häufig als Frauenthema angesehen wird, nehmen doch auch studierende Elternpaare und manchmal auch Väter den Service der Frauen- oder Gleichstellungsbüros in Anspruch. Meistens geht die Initiative zur Teilnahme der Hochschule an der Auditierung von der Frauen- oder Gleichstellungsbeauftragten aus: Sie hat die meisten Kenntnisse und Erfahrungen zum Thema und wird am häufigsten mit den Problemen studierender oder an der Hochschule beschäftigter Eltern konfrontiert.

Ebenfalls fast schon Standard ist die Bereitstellung eines Mindestmaßes an kindgerechter Infrastruktur: So finden studierende Eltern in den meisten Mensen der Studierendenwerke Kinderhochstühle und können mit ihren Kindern gemeinsam günstig Mittag essen. Die Mehrheit der 66 deutschen Studentenwerke hat qua Satzung auch die Aufgabe, Betreuungsangebote für Studierendenkinder bereitzustellen. So können studierende Eltern oft qualitativ hochwertige Betreuungsangebote für Kleinkinder und Kindergartenkinder in räumlicher Nähe zur Hochschule in Anspruch nehmen. Allerdings gibt es oft Wartelisten, weil die Plätze nicht ausreichen. In geringerem Umfang stellen die Studierendenwerke auch vergünstigten Wohnraum für Familien zur Verfügung. Die Hochschulen selbst unterstützen häufig bereits eine Elterninitiative zur wechselseitigen Kinderbetreuung, indem sie ihr Räumlichkeiten überlassen.

Viele Hochschulen stellen Informationsmaterial für Studierende mit Kindern bereit, gelegentlich ausführliche ortsbezogene Broschüren zum „Studieren mit Kind". Darin finden Studierende alles Wissenswerte von Mutterschutz-, Elternzeit- und Beurlaubungsregelungen, über Prüfungsregelungen, finanzielle Unterstützungsmöglichkeiten bis hin zu Listen von Kinderbetreuungseinrichtungen und weiteren Beratungsstellen für Familien vor Ort. Eher selten wurden schon einmal Befragungen zum Thema „Studieren mit Kind" oder gar Bedarfserhebungen zur Kinderbetreuung durchgeführt.

Welche Ziele und Maßnahmen werden nun im Rahmen der Auditierung besonders häufig vereinbart?

Handlungsfeld Service für Familien:
Häufig wird der Ausbau oder die Verbesserung des Betreuungsangebots für Kleinkinder vereinbart, weil die vorhandenen Plätze oder die Öffnungszeiten der Einrichtungen nicht ausreichen. Dazu muss die betreffende Hochschule eventuell mit dem zuständigen Studierendenwerk oder kommunalen Betreuungseinrichtungen kooperieren. Auch Maßnahmen zur Infrastruktur an der Hochschule, die das Mitbringen von Kindern erleichtern, werden sehr häufig verabredet, etwa Spielgelegenheiten, Eltern-Kind-Computerarbeitsräume oder Still- und Wickelräume.

Handlungsfeld Führung:
An vielen Hochschulen wurde das Ziel, eine familiengerechte Hochschule zu sein, ins Leitbild der Hochschule aufgenommen – eine Absichtsbekundung, auf die sich studierende Eltern in konfliktträchtigen Situationen auch einmal berufen können. Über die Auditierung gelangt das Thema Studieren mit Kind auf die Agenda der Hochschulgremien und damit auch in das Bewusstsein der Lehrenden und der Entscheidungsträger an der Hochschule. So wird gelegentlich vereinbart, einzelne Probleme oder Ziele im Senat oder in den Fachbereichen zu thematisieren.

Handlungsfeld Information und Kommunikation:
Sehr oft wird ein ausführliches Informationsangebot auf den Internetseiten der Hochschule in Angriff genommen, das mit Betreuungseinrichtungen und anderen Anlaufstellen für Studierende mit Kindern verlinkt ist und so den Zugang zu relevanten Informationen und den Kontakt zu weiteren Anlaufstellen erheblich beschleunigt und erleichtert. Gleichzeitig steht dieses Informationsangebot auch

interessierten Studienbewerbern von außen offen, die sich vorab über die Rahmenbedingungen für das Studieren mit Kind an der Hochschule informieren wollen.

Handlungsfeld Studium:
Hier wird im Rahmen der Auditierung meist die Berücksichtigung von Elternschaft in Studien- und Prüfungsordnungen diskutiert. Die Einführung gestufter und modularisierter Studiengänge im Rahmen der Studienreform sowie die Einführung von Studiengebühren hat fast immer zu einer Einschränkung der zeitlichen Gestaltungsspielräume für die Studierenden geführt. Während studierende Eltern früher zumindest in den geisteswissenschaftlichen Fächern ihr Studium inoffiziell als Teilzeitstudium absolvieren konnten, indem sie einfach länger studierten, werden in den neuen Bachelor- und Master-Studiengängen enge zeitliche Vorgaben gemacht, die von Studierenden mit Kindern kaum eingehalten werden können. Der Studienaufbau lässt – anders als vor Einführung angenommen – in der Regel Änderungen in der Zusammensetzung und zeitlichen Abfolge der zu absolvierenden Studienmodule nicht zu, obwohl die Modularisierung eigentlich zur flexibleren Studiengestaltung zu Gunsten von Auslandsstudien gedacht war. Bislang wurde aus Sicht der Autorin noch keine befriedigende Lösung für dieses Problem gefunden. Im Rahmen der Auditierung wird jedoch die Problematik der Studienorganisation mit Kindern wach gehalten. Lösungsansätze, die zumindest vorübergehend ein Teilzeitstudium ermöglichen, sowie flankierende Maßnahmen, wie verstärkte Fachstudienberatung zur individuellen Studienverlaufsplanung, werden angegangen.

Inzwischen wird das *audit familiengerechte hochschule* seit gut fünf Jahren durchgeführt. Durch Kennziffern abgesicherte Aussagen etwa über die Auswirkung auf die Studienabbruchsrate unter Studierenden mit Kindern oder die Vermeidung von Studienverzögerungen gibt es noch nicht – zumal kaum relevante Kennziffern erhoben werden. Was die teilnehmenden Hochschulen jedoch einhellig berichten ist, dass ein allmählicher Bewusstseinswandel stattfindet. Die Auditierung scheint den Aktivitäten für Studierende und Beschäftigte mit Kindern einen deutlichen Schub zu geben.

4 Best Practice Beispiele aus auditierten Hochschulen

Die Carl von Ossietzky Universität Oldenburg (Grundzertifikat 2004) hat ihre komplette Zielvereinbarung sowie Fortschrittsberichte und Protokolle ins Internet gestellt und damit den Auditierungsprozess für alle transparent gemacht. Im Jahr 2006 wurden an der Universität die Ergebnisse ausführlicher Befragungen von Studierenden und Beschäftigten zum Thema Vereinbarkeit von Studium/ Beruf und Familie vorgestellt. Sie sind ebenfalls im Internet abrufbar.[6]

Ein außergewöhnliches Angebot macht die Universität des Saarlandes (Grundzertifikat 2004): Im „Wissenschaftsportal Karriere-Wissenschaft-Familie" können sich Studierende und Nachwuchswissenschaftler bzw. -wissenschaftlerinnen im Rahmen eines e-mentoring mit erfolgreichen Mentoren und Mentorinnen aus Hochschule, Forschungseinrichtungen und Privatwirtschaft – den „science angels" – zum Thema Work-Life-Balance im Zusammenhang mit der Vereinbarkeit von Studium/ Beruf und Familie austauschen und wertvolle Kontakte zur scientific community knüpfen.[7]

Die Hochschule für angewandte Wissenschaft und Kunst HAWK Hildesheim, Holzminden, Göttingen (Grundzertifikat 2003, Zertifikat 2006) hat eine bisher bundesweit einmalige Modellkinderkrippe in Verbindung mit einem neuen Studiengang für Erzieherinnen gegründet - nach dem Motto „Bei uns können Sie mit Kind studieren und studieren, was Kindern gut tut" (Martin Thren, Präsident der HAWK). Bei der Einrichtung der Krippe wurden Kompetenzen aus den verschiedensten Fachrichtungen der eigenen Hochschule genutzt.[8]

Die Fachhochschule Ludwigshafen (Grundzertifikat 2002, Zertifikat 2005) lobt inzwischen einen „familiy award" für Studierende mit Kindern aus, die neben der Kinderziehung hervorragende Leistungen im Studium erbringen – eine für spätere Bewerbungen nützliche Empfehlung.[9] Der Preis ist mit 300 Euro dotiert und wird zweimal im Jahr im Rahmen der Absolventenfeier verliehen.

---

6 Vgl. http://www.uni-oldenburg.de/gss/10953.html (letzter Aufruf 4.1.2007).

7 Vgl. http://www.science-angels.de/ (letzter Aufruf 4.1.2007).

8 Vgl. http://www.hawk-hhg.de/hawk/hochschule/134418.php (letzter Aufruf 4.1.2007).

9 Vgl. http://web.fh-lu.de/index.nsf/de/familienfreundlich (letzter Aufruf 4.1.2007): Auf dieser Seite finden Sie einen Artikel von Prof. Dr. Jutta Rump, in dem der Auditprozess an der FH Ludwigshafen in seiner Gesamtheit dargestellt wird, darunter auch eine kurze Information zum „Family Award".

Die Fachhochschule Frankfurt (Grundzertifikat 2004) unterstützt das Auslands-
studium mit Kind. Das zuständige Auslandsamt gibt Tipps zu familienfreundlichen Hochschulorten im Ausland. Ein forschungsorientiertes Kinderhaus
auf dem Campus ist in Planung. Teilbereiche wurden bereits eröffnet. Es wird
speziell auf den Bedarf von Eltern an der Hochschule zugeschnitten und mit
Beratungsangeboten für Eltern ebenso wie mit besonderen pädagogischen Angeboten für die Kinder verbunden. In verschiedenen Gebäuden werden Spielkisten
für Kinder unterschiedlicher Altersgruppen bereitgestellt. Und die allgemeine
Prüfungsordnung der Hochschule berücksichtigt Elternschaft.[10]

5   Fazit: Was bringt die Auditierung für Studierende mit Kindern?

Einzelne Hochschulen, die nicht an der Auditierung teilnehmen, bieten ihren
Studierenden dennoch vorbildliche Rahmenbedingungen für das Studieren mit
Kind. Brauchen Hochschulen das *audit*, brauchen studierende Eltern das *audit*?
Das *audit* bietet die Möglichkeit, die Rahmenbedingungen für das Studieren mit
Kind an einer bestimmten Hochschule in einem straff organisierten, inhaltlich
strukturierten und extern begleiteten Verfahren systematisch zu analysieren und
Verbesserungen zu planen. Es sorgt durch Veröffentlichung der Ziele und Maß-
nahmen und regelmäßige externe Überprüfungen für eine hohe Verbindlichkeit.
Studierende Eltern haben die Möglichkeit, eigene Interessen und Anregungen im
Zielentwicklungsprozess einzubringen – auch wenn sie davon leider noch viel zu
wenig Gebrauch machen. In dem Maße, in dem Hochschulen sich beteiligen und
familienbewusste Ziele und Maßnahmen realisieren, setzen sie Maßstäbe. Häufig
entwickeln auditierte Hochschulen innovative Angebote.
    In einer Zeit, in der die Hochschulpolitik auf ein zügiges, ununterbrochenes
Studium und möglichst junge Absolventen und Absolventinnen setzt, sollte
überdacht werden, ob nicht gerade die Studienzeit besonders günstige Voraussetzungen für eine Familiengründung bietet. Etwas ältere, aber dafür sozial kompetente Absolventen und Absolventinnen, die gezeigt haben, dass sie Ausbildung
und Familie erfolgreich vereinbart haben, und die die Familienphase mit Kleinkindern schon hinter sich haben, bringen auch einen Wettbewerbsvorteil auf den
Arbeitsmarkt mit. Jedenfalls werden sie ihre Erfahrungen mit der Vereinbarkeit
in die Arbeitswelt tragen.

---

10 Vgl. http://www.fh-frankfurt.de/de/fh_ffm/ueber_uns/familienfreundlichkeit.html (letzter Aufruf
    4.1.2007).

Exkurs

Studieren mit Kindern – Aus dem Alltag einer studierenden Mutter an der Universität Heidelberg

Julia Bäumer

„Oh, Du hast zwei Kinder! Das hätte ich ja nie gedacht", habe ich in den letzten 12 Monaten sehr häufig von Kommilitonen zu hören bekommen. „Wie ist es zu dieser Lebensplanung gekommen?", „Geht das denn überhaupt?" oder „Wie schaffst du das denn alles?", sind Fragen, die sich anschließen.

Die erste Baby- und Kleinkindzeit hatte ich ganz meinen Töchtern gewidmet, wenn auch teilweise mit einem weinenden Auge im Hinblick auf meine noch nicht beendete Hochschulausbildung. Als meine Töchter drei und anderthalb Jahre alt waren, habe ich mein Studium wieder aufgenommen. Die größere kam endlich in den Kindergarten, die kleinere konnte dank der Unterstützung meiner Eltern zu Hause in ihrem vertrauten Umfeld von einem Au-Pair betreut werden. Für mich bedeutete der Schritt in die Universität nicht nur einen Wiedereinstieg nach fast vier Jahren Erziehungspause, sondern auch einen Hochschulwechsel, da wir bedingt durch den Beruf meines Mannes in der Zwischenzeit drei mal umgezogen waren. Begonnen hatte ich mein Studium in Passau. Ein erster Umzug führte uns dann nach München, wo beide Kinder zur Welt kamen, In München konnte ich allerdings nur sehr begrenzt am Unileben teilnehmen. Eine sehr schöne Unterstützung bot mir dort aber das Seminar „Zeitmanagement für Studierende mit Kind", das von der Ludwig-Maximilians-Universität angeboten wurde. Anschließend lebten wir in Bielefeld und Heidelberg.

Ist es möglich, als Mutter eines gestillten Säuglings am Vorlesungsbetrieb teilzunehmen? Kann ich ein Baby mit in die Veranstaltungen nehmen? Für mich hieß die Antwort auf diese Fragen bei meiner ersten Tochter: Nein. Mein wenige Wochen altes Kind wollte ich damals aber auch nicht für längere Zeit fremdbetreut wissen. An erster Stelle stand für mich die Gewöhnung an meine neue Rolle als Mutter und der Aufbau einer Bindung zwischen meiner Tochter und mir. Nach den ersten zehn Monaten hätte ich mich über eine Halbtagsbetreuung im studentischen Umfeld sehr gefreut. In München, wo wir einen Großteil dieser Zeit lebten, war an einen Krippenplatz jedoch gar nicht zu denken. Als verheiratete Studentin eines im Berufsleben stehenden Mannes kam ich in der

Dringlichkeitsstufe für einen Betreuungsplatz unter „ferner liefen". So stellte ich die Kinderplanung für mich an die erste Stelle und bekam im direkten Anschluss ein zweites Kind. In unserem nächsten Wohnort, Heidelberg, hatte ich mehr Glück im Hinblick auf die Unterstützung in der Kinderbetreuung. Gleich zur Immatrikulation vor einem Jahr wurde mir ein studentischer Krippenplatz für meine jüngere Tochter angeboten. Durch die Entfernung dieser Einrichtung zu unserem Stadtteil kam dies jedoch nicht in Frage. Die Suche nach einer praktikablen Lösung war langwierig. Eine Tagesmutter war sehr kostspielig. Allein durch das Kindergeld für meine beiden Töchter und das Einkommen meines Mannes wäre eine Alternative zur Kinderkrippe nicht möglich gewesen. Erst die Unterstützung meiner Eltern ermöglichte mir, ein Au Pair Mädchen bei uns aufzunehmen. Die Betreuung durch unser Au-Pair im ersten Jahr nach der Wiederaufnahme des Studiums bot mir dann eine wesentlich flexiblere Studienplanung. Krankheiten der Kinder bedeuteten für mich nicht automatisch eine Unterbrechung des Vorlesungsbesuches. Meinen Töchtern wurde die Umstellung von der Vollzeitmutter zur Teilzeitmutter erleichtert durch diese weitere intensive Vertrauensperson. Mit dem guten Wissen, meine Kinder den Tag über ihren jeweiligen Bedürfnissen entsprechend versorgt zu haben, konnte ich mich wieder intensiv im Unibetrieb einleben. Von vielen Mitstudierenden bekam ich sehr positive Reaktionen bezüglich meiner familiären Situation. Die meisten waren zuerst einmal erstaunt. Unter ungefähr 100 Kommilitonen kannte ich nur eine weitere mit einem Kind und eine Schwangere. Und die wenigsten Mitstudierenden wussten davon, da weder ich noch eine der anderen studentischen Mütter ihr Kind mit in die Uni brachten.

„Meine Mama geht zum Lernen in die Uni und ich gehe zum Arbeiten in den Kindergarten!", meint meine Tochter manchmal, wenn wir morgens gemeinsam im Bus sitzen. Damit drückt sie gut aus, wie jeder in unserer Familie den Tag über sein eigenes Umfeld hat. Die Zeit von 8.00 bis 16.30 Uhr verbringen meine Kinder im Kindergarten. Ich pendle während dieser Stunden zwischen Vorlesungen, Bibliothek, meiner Arbeitsstelle, unserem Haushalt und den damit verbundenen Verpflichtungen. Entscheidend in der Gestaltung meines Tages ist der Veranstaltungsplan in meinem Fachbereich an der Universität. Fallen Vorlesungen auf die Zeit nach 16.00 Uhr werden meine Töchter von unserem Babysitter oder meinem Partner betreut. Glücklicherweise kommt dies meist an nur einem Tag pro Woche vor. Ob ich Kinder, böte sich ein passenderes Umfeld, mehr in das studentische Leben integrieren würde, weiß ich nicht. Wenn ich in Vorlesungen und Übungen gehe, genieße ich diese Zeit und brauche sie, um die nötige Konzentration aufbauen zu können. Viele meiner Freundinnen in ähnlicher Situation würden mir zustimmen, dass man sich mit kleinen Kindern in der Universität auch immer nur mit der halben Konzentration den Inhalten widmen kann. Gerade in diesem Punkt sind meine Töchter unnachgiebig. Wenn ich mit ihnen zusammen bin, wünschen sie sich volle Aufmerksamkeit wenn auch nur für wenige Stunden täglich. Meist lässt sich dies zwischen 17 Uhr und 20 Uhr einrichten. Wir spielen, kochen und essen gemeinsam, bevor beide ins Bett müssen. Danach setze ich mich häufig zum Lernen an den Schreibtisch. Doch wie das mit kleinen Kindern so ist, lässt sich das nicht immer genau nach Plan umsetzen. Vor den Klausurzeiten kommt es meist zu einem Mehrbedarf an Lernzeit.

„Wer kann mich dort zusätzlich zur Kindertagesstätte unterstützen?", ist eine Frage, die sich viele studentische Mütter stellen. Der Partner, Großeltern, Freunde und Nachbarn sind für mich glücklicherweise zu unterschiedlichen Zeiten immer wieder verfügbar. Dabei ist es mir wichtig, den Kindern nicht zu viele ständig wechselnde Betreuungspersonen zuzumuten. Um mich meinen fachlichen Inhalten mit voller Konzentration widmen zu können, brauche ich als Mutter die Sicherheit, dass es meinen Töchtern in dieser Zeit gut geht. Teilweise lege ich ganze Samstage in der Bibliothek ein, an denen meine Kinder mit meinem Partner etwas unternehmen. Wenn das nicht reicht, springen meine Eltern für ein oder zwei Wochen ein und nehmen die beiden zu sich. Obwohl dies eine sehr lernintensive, stressige Zeit für mich ist, genieße ich es doch sehr, mich zu jeder Tages- und Nachtzeit an den Schreibtisch setzen zu können und auch einmal mehrere Stunden zusammen mit anderen Studenten zu lernen. In solchen Zeiten fällt mir auf, wie viel weniger Zeit mir für mein Studium bleibt, verglichen mit einem Vollzeitstudierenden ohne familiäre Verpflichtungen. Nach einer bestandenen Klausur feiern wir zuhause ein Fest, die Kinder schmücken die Wohnung und helfen beim Kochen. An einem dieser Abende fragte meine ältere: „Mama, wann wirst du denn jetzt endlich Professorin?". Welche Art der Unterstützung könnte ich mir mehr wünschen, als eine so optimistische Tochter?

Eine Integration von Kindern in den Unibetrieb halte ich für schwierig, sinnvoll wäre sicherlich eine flächendeckende Tagesbetreuung. Die größte Unterstützung für mich als studierende Mutter in Baden-Württemberg wäre es jedoch, in der Erziehungszeit ohne fortlaufende Semesterzahl Scheine schreiben zu können – wie dies in Bayern bereits möglich ist. Gerade jetzt, in meiner dritten Schwangerschaft mit Zwillingen stellt es eine außergewöhnliche Belastung dar, alle nötigen Scheine schreiben zu müssen, um die Semestergrenzen einzuhalten.

Wie lange werde ich am Vorlesungsbetrieb tatsächlich teilnehmen im Hinblick auf die Geburt gegen Ende des Semesters? Werde ich meine Klausuren noch schreiben können? Diese Fragen kann ich zum jetzigen Zeitpunkt nicht klären. Aber deswegen erneut das Studium für ein oder zwei Semester zu unterbrechen, möchte ich gerne vermeiden. Hier fehlt mir Flexibilität, die ich zum Beispiel an meinem Arbeitsplatz als Werkstudentin in wesentlich größerem Maß erhalte. Dank meiner Vorgesetzten, die selbst Mutter von kleinen Kindern ist, kann ich mir dort meine Arbeitszeiten sehr frei einteilen und genieße viel Verständnis, sollte ich aufgrund einer Erkrankung meiner Töchter einmal absagen müssen. Das wirft für mich neue Fragen auf: Studieren mit zwei Kleinkindern, die den Tag in der Kita verbringen, klappt bei uns sehr gut. Wie können zwei Babys und ich plus ein zu beendendes Studium parallel existieren? Hier fehlt es an einer stundenweisen Unterbringungsmöglichkeit im universitären Umfeld, die zumindest den Vorlesungsbesuch ermöglicht.

„Würdest du wieder während des Studiums Kinder bekommen?", werde ich häufig gefragt. Offensichtlich ja, sonst hätten wir uns nicht für ein drittes (und gleich viertes) Kind entschieden. „Nur" Mutter sein, käme für mich mit Mitte zwanzig auf Dauer nicht in Frage. Ich liebe meine Kinder und die Zeit mit ihnen. Doch ohne eine persönliche Weiterentwicklung, wie ich sie im Studium erfahre, wäre ich nicht zufrieden. Darüber hinaus ist es mir wichtig, meine vier Kinder nach meiner Hochschulausbildung auch finanziell unabhängig großziehen zu können. Der Weg, den ich zum Erreichen dieses Zieles gewählt habe, ist sicherlich nicht mühelos. Immer wieder muss ich meine Schwerpunkte neu definieren: Wer steht gerade im Vordergrund? Mein Studium und ich, die Kinder oder mein Mann? Oft genug habe ich das Gefühl, dass einer dieser Bereiche nicht ausreichend Beachtung erhält. Gerade die Partnerbeziehung leidet in turbulenten Prüfungszeiten und im Alltag mit Kleinkindern. Neben Familie, Beziehung und Studium kommt Zeit für mich allein oder mit Freundinnen viel zu kurz. Die Balance zwischen all diesen Bedürfnissen halte ich, indem ich jeden Tag die Prioritäten neu festlege und vieles für mich unnötig erscheinende weglasse. Dafür bietet mir mein Studium ohne Anwesenheitspflichten eine wesentlich größere Flexibilität als es eine berufliche Anstellung könnte. Gerade seit ich in eine Firma hineinschnuppere, bin ich überzeugt davon, dass ich im Arbeitsleben froh sein werde, meine vorhandenen Ressourcen voll auf den Beruf konzentrieren zu können. Für meine über dem Durchschnitt liegende Semesterzahl hoffe ich auf Verständnis bei der Einstellung. Und was spricht dann für mich? Ich werde keine Auszeit mehr brauchen, da meine Kinder das Kindergarten- und Schulalter längst erreicht haben.

Aus dem Alltag einer studentischen Mutter an der Universität Magdeburg

Marita Gottwald

„Während des Studiums ist die beste Zeit, um Kinder zu bekommen. Man kann sich ganz auf das Kind einlassen ohne sich beruflich hinten anzustellen." Das war immer meine Antwort auf die Frage, wann der richtige Zeitpunkt zur Familiengründung sei. Nun habe ich es gewagt und meine Erwartungen haben sich erfüllt. Ich heiße Marita Gottwald, bin 29 Jahre alt, Mutter zweier Töchter und Studentin im Fach Wirtschaftsmathematik an der Otto-von-Guericke Universität in Magdeburg. Als mein Bauch wuchs, waren die Reaktionen sehr verschieden. Manche KomolitonInnen und Professoren hatten offensichtlich ihre Bedenken, ob ich der Doppelbelastung als Mutter und Studentin gerecht werden kann. Andere wiederum waren sehr entgegenkommend und sind es heute noch. Aber der Reihe nach:

Ein großer Wunsch meines (damaligen Freundes und jetzigen) Ehemannes Randy und mir war es, jung Eltern zu werden. Als ich endlich schwanger war, kam neben der freudigen Erwartung auch teilweise große Angst in mir auf. Ich hatte zwar eine abgeschlossene Berufsausbildung und hätte jederzeit in den Beruf zurückkehren können, aber ich wollte und will studieren! Ich sammelte Informationen bei Freunden, der Hebamme oder aus Büchern und durchkämmte die Studien- und Prüfungsordnung nach Besonderheiten hinsichtlich meiner neuen Situation. Und ich war positiv überrascht über die Möglichkeiten, die sich uns eröffneten. Wir tankten großen Mut und ich war sicher, dass ich Studium und Familie, vor allem auch mit der Unterstützung meines Mannes, vereinbaren kann.

Der Geburtstermin unserer ersten Tochter Stella fiel glücklicherweise so, dass ich die Lehrveranstaltungen des Sommersemesters fast noch bis zum Ende besuchen konnte. Die Inhalte der entgangenen Vorlesungen der letzten Wochen holte ich in Eigenleistung von zu Hause aus nach. Ich deckte mich mit Büchern aus der Bibliothek ein und erarbeitete mir den Vorlesungsstoff selbst. So ging mir das Semester nicht verloren und ich konnte mich gespannt auf meine neue Hauptrolle als Mama vorbereiten. Nach der Geburt unserer Tochter legte ich ein

Urlaubssemester ein. Die Immatrikulationsordnung an der Universität Magdeburg erlaubt es Studenten, bis zu vier Urlaubssemester während des gesamten Studiums zu beantragen, dabei maximal zwei hintereinander. Während dieser Zeit pausiert die fortlaufende Semesterzählung bei gleichzeitiger Aufrechterhaltung des Studentenstatus, das bedeutet z. B., dass die Bibliothek, die Mensa und das Semesterticket weiterhin genutzt werden können. Ein weiterer Vorteil der Beurlaubung aus persönlichen Gründen besteht in der Möglichkeit, Leistungsnachweise und sogar Prüfungen auf Antrag beim Prüfungsamt ablegen zu können. Viel schafft man zwar nicht, aber man bleibt am Ball und ist motiviert, neben Windeln wechseln und Fläschchen abkochen auch mal wieder das Gehirn zu fordern. Theoretisch wäre auch eine Ex- und anschließende Immatrikulation möglich gewesen, um einen Anspruch auf Sozialleistungen geltend zu machen. Jedoch hatte sich bei näherer Betrachtung gezeigt, dass sich Nachteile im Verlauf des Studiums durch Änderungen in der Studienordnung ergeben hätten.

Im Anschluss an das Urlaubssemester nahm ich mein Studium wieder auf. Da kein starrer Stundenplan vorgegeben ist, sondern die Vorlesungen teilweise variabel kombinierbar sind, wählte ich jene Lehrveranstaltungen aus, die gehalten wurden, wenn mein Mann für Stella sorgen konnte. Zugegebenermaßen übernahm ich mich dennoch etwas in meinem Vorhaben. Schließlich setzte ich mir nun eher kleinere erreichbare Ziele, indem ich meinen Veranstaltungs- und Prüfungsplan reduzierte und war und bin insgesamt zufriedener.

Der erste Geburtstag von Stella nahte und damit auch der erste Tag in der Kindertagesstätte. Die Universität kooperiert bislang noch nicht mit Betreuungseinrichtungen. Zukünftig soll aber laut dem Grundzertifikat zum „audit familiengerechte Hochschule", welches im Juni diesen Jahres von der Bundesfamilienministerin Dr. Ursula von der Leyen überreicht wird, der Bedarf zur Kinderbetreuung erhoben werden. Aber da wir 50 km von Magdeburg entfernt wohnen, würden wir wahrscheinlich keinen Nutzen daraus ziehen können. In unserem Wohnort Halberstadt fanden wir dafür ohne Probleme einen Platz in einer Kindertagesstätte. Da ich mich noch in der Ausbildung befinde, habe ich ein Vorzugsrecht auf die Ganztagsbetreuung eigener Kinder. Mir wurde beim Amt sogar der Tipp gegeben, dass die Kosten in Höhe von 205 Euro pro Kind eventuell das Jugendamt übernimmt. Der Antrag wurde unter Berücksichtigung unseres Einkommens genehmigt. Stella ging nun also in die Kindertagesstätte und plötzlich hatte der Tag wieder 24 Stunden! Ich war stolz auf das, was ich geschafft habe, auf unser kleines Töchterchen und meinen lieben Mann! Nun konnte ich wieder durchstarten und das eine oder andere nachholen. Rückblickend hatte ja nun doch alles ganz gut geklappt, und so sollte das Geschwisterchen nicht lange auf sich warten lassen. Die vorteilhaften Arbeitszeiten meines Mannes bestärkten uns in unserem Vorhaben. Er ist zwar vormittags und am späten Nachmittag bis frühen Abend und zusätzlich einen Tag am Wochenende beruflich unterwegs, dafür aber über die Mittagsstunden meist zu Hause und somit kann er einige Arbeiten übernehmen. Einen Monat nach unserer baldigen Hochzeit war ich wieder schwanger. Im Mai letzten Jahres war es soweit, unsere zweite Tochter Maja machte unsere Familie komplett.

Den Alltag in unserer kleinen Familie meistern wir ganz gut. Wie kann ein Tag auch schöner beginnen, als morgens mit einem zärtlichen „Mami, Papi, aufstehen" geweckt zu werden, auch wenn es 6.00 Uhr ist! Das Frühstück nutzen wir als gemeinsamen Start in den Tag. Das ist uns sehr wichtig, da verzeiht man manch schlaflose Nacht und tankt Kraft. Auf dem Weg zur Arbeit gegen 9.00 Uhr bringt mein Mann Stella in die Kindertagesstätte. Sie freut sich auf die vielen Kinder und für mich ergibt sich daraus eine wesentliche Entlastung im Haushalt und macht das weitere Studium überhaupt erst möglich. Der Anspruch auf die Ganztagsbetreuung von Stella blieb uns jedoch nur erhalten, indem ich nachweisen konnte, dass ich mich in der Zeit, in der ich momentan mit Maja zu Hause bin, weiter mit dem Studium befasse. Den Rest des Vormittags versuche ich, neben der Beschäftigung mit Maja, ein wenig im Haushalt zu schaffen. Gegen 11.00 Uhr bekommt sie ihren Mittagsbrei und gegen 12.00 Uhr schläft sie hoffentlich. Nun ist meine Zeit gekommen. Wenn ich Glück habe, stehen mir 2 Stunden zum Lernen zur Verfügung. Meist ist das gerade die Zeit, um sich in einen Sachverhalt einzuarbeiten, Mathematik macht man nicht nebenbei, und schon ist es wieder Zeit für Majas Nachmittagsmahlzeit. Mein Mann holt währenddessen Stella von der Kindertagesstätte ab. Wir könnten sie bis 17.00 Uhr dort lassen, aber Randy nutzt lieber die Gelegenheit etwas mit seinem Töchterchen zu unternehmen, bevor er wieder zur Arbeit muss. Auf dem Heimweg erledigen beide meistens noch einige Besorgungen oder genießen einfach das Miteinander. Ist mein Mann dann aus dem Haus, gehört meine Zeit ganz den Kindern. Alles andere wäre auch vergebliche Müh. Anfangs glaubte ich noch, nebenbei mal in den Hefter schauen zu können, aber das bringt nichts. Auch wenn beide zwischenzeitlich alleine spielen, ist man immer mittendrin! Da muss Stella aufs Töpfchen, Maja braucht eine frische Windel, das Getränk ist alle oder ich muss trösten, weil sich jemand gestoßen hat... und man möchte ja auch die Zeit mit den Kindern genießen, kuscheln, toben, gemeinsam ein Buch anschauen, was das Familienleben eben ausmacht. Zwischendurch bereite ich auch schon wieder das Abendbrot vor. Für Lernstoff ist da jedenfalls kein Platz. Nach dem Essen schauen wir das Sandmännchen und dann geht's ab ins Bad.

So viel wie Stella auch schon kann, so viel muss man trotzdem noch helfen. Zwischen 19.00 und 20.00 Uhr kommt mein Mann meistens schon wieder nach Hause und bringt Stella ins Bett. Sind dann beide im Bett, kehrt noch lange keine Ruhe ein. Bis auch das letzte Kuscheltierchen und Püppchen zugedeckt und endlich bereit zum Schlafen ist, kann es durchaus schon mal 21.30 Uhr sein. Eigentlich schreit dann die Wohnung nach Ordnung, aber nun beschränke ich mich nur auf das Nötigste, um für die Nacht und den kommenden Morgen gewappnet zu sein und nutze lieber die Zeit zum Lernen. Der Schlaf kommt hierbei meist zu kurz. Wachsende Zähnchen oder plagender Schnupfen richten sich nicht nach meinen Prüfungsterminen, und chronischer Schlafmangel und Prüfungen lassen sich wiederum schwer vereinbaren. Was bleibt, ist ein großes Loch im ohnehin durch die hormonellen Umstellungen sehr dünnen Nervenkostüm. Aber nach jedem Stolperer muss man wieder aufstehen und es noch einmal probieren. Meine Kinder machen es mir vor! Sicherlich kommen mal spitze Bemerkungen aus dem Umfeld, aber mein Mann hält zu mir. Er sieht schließlich, wie hart ich arbeite und dass ich eben nicht Däumchen drehe, wie es manche gern anklingen lassen. Aber wen sonst geht es auch etwas an, wie lange ich noch studiere? Fragen wie: „Bist du nicht bald fertig?" überhört man lieber, aber sie schmerzen doch und verursachen zusätzlichen Druck.

Über den Umfang der finanziellen Unterstützung war ich sehr überrascht. Wir erhielten in Stellas ersten zwei Lebensjahren den Regelhöchstsatz Erziehungsgeld in Höhe von 300 Euro monatlich, da wir eine gewisse Einkommensgrenze unterschritten. Dasselbe gilt momentan für das erste Lebensjahr von Maja, da jeweils das Einkommen des Vorjahres ausschlaggebend ist und mein Mann 2005 zwischenzeitlich auch noch sehr wenig verdiente. Den Antrag für das zweite Lebensjahr muss ich demnächst stellen, aber wir gehen davon aus, dass wir zukünftig kein Geld erhalten, da sich unser Einkommen um 400 Euro erhöht hat. Aufgrund neuer Berechnungsgrundlagen wurde unser Anspruch auf Übernahme des Elternbeitrages für die Kindertagesstätte kürzlich auf 42,48 Euro gesenkt. Damit werden wir, trotz Mehrverdienstes, zukünftig rund 50,00 Euro weniger im Monat in der Tasche haben. Hinzu kommen ab März dieses Jahres noch die Gebühren für die Ganztagsbetreuung von Maja. Das ist sicher nicht erfreulich, aber auch das wird uns nicht aus der Bahn werfen. Offensichtlich gehörten wir zu den Wenig- oder Schlechtverdienern, aber das haben wir nie so empfunden. Wir können gut haushalten. Sicherlich können wir keine großen Sprünge machen, aber welcher Student kann das schon? Vielleicht haben wir Lebensqualität auch einfach nur anders definiert. Weitere finanzielle Belastungen, wie beispielsweise in Form von Studiengebühren, entstanden uns bislang nicht. Diese werden in Sachsen-Anhalt nicht erhoben. Wird die Regelstudienzeit jedoch um mehr als vier Semester überschritten, müssen Langzeitstudiengebühren in Höhe von 500 Euro pro weiterem Semester erbracht werden. Aber auch hier werden studierende Mütter berücksichtigt. Auf Antrag ist eine Stundung um Zeiten der Pflege und Erziehung von Kindern höchstens jedoch bis zum Erreichen der doppelten Regelstudienzeit möglich. Auf BAföG habe ich keinen Anspruch. Dafür unterstützen mich meine Eltern finanziell, wofür ich ihnen sehr zu Dank verpflichtet bin. Da wir aber alle weit auseinander wohnen, sind wir ansonsten auf uns allein gestellt.

Im Vergleich zu anderen Fachrichtungen ist mein Studiengang sehr dünn belegt. Somit kennen die Professoren der mathematischen Fakultät fast jeden ihrer Studenten persönlich. Daher sind sie oftmals für individuelle Absprachen offen, was z. B. Abgabe- oder mündliche Prüfungstermine angeht. Auch bei inhaltlichen Fragen stellen sie sich neben den Übungsleitern auch gern persönlich zur Verfügung. Zum Beispiel kopierte mir letztens ein Professor sein gesamtes handschriftliches Skript, weil ich nicht an seiner Vorlesung teilnehmen konnte und bot mir eine „Probeprüfung" an, d. h. ein mündliches Abfrage-Gespräch, damit ich mir ein Bild meines eigenen Wissensstandes machen kann. Zudem habe ich beim Studium Freundinnen gefunden, die mich sehr unterstützen. Sei es, indem sie mir ihre Aufzeichnungen zur Verfügung stellen, mir Sachverhalte erklären oder einfach nur für mich da sind und mich auch mal auf andere Gedanken bringen. Manchmal habe ich ein schlechtes Gewissen, weil ich ihnen für ihr Studium keine große Hilfe bin, aber ich hoffe, dass ich ihnen vielleicht in anderen Lebenslagen zur Seite stehen kann. Ein weiterer Vorteil unserer kleinen Fakultät ist, dass eventuell, mit Zustimmung aller Teilnehmer und natürlich der des Professors, eine Veranstaltung generell verlegt werden kann. Allerdings gelingt das nur sehr selten, weil jede individuelle Semesterplanung berücksichtigt werden muss. Dagegen ist dieses Modell an der verhältnismäßig großen Fakultät für Wirtschaftswissenschaften, an der ich meine Nebenfächer belege, nicht vorstellbar. Hier kann nicht auf jeden persönlich eingegangen werden. Auch auf E-Mails oder sonstige Nachfragen wird von Seiten der Dozenten meist gar nicht reagiert. Somit gestaltet sich die Leistungserbringung in den Wirtschaftsbereichen für mich schon etwas schwieriger. Zudem gibt es Vorlesungen, die ich für den Abschluss benötige, aber nie besuchen kann, da sie abends oder am späten Nachmittag gehalten werden. Wie es funktionieren kann, zeigte eine Notfalllösung. Aus Mangel an räumlichen Kapazitäten wurde eine Wirtschaftsvorlesung an einem Tag der Woche gehalten und aufgezeichnet. An einem weiteren Tag konnten die restlichen Studenten, die nicht live dabei waren, dieses

Video auf der Leinwand verfolgen. Zusätzlich setzte der Professor diese Video-sequenzen ins Internet. Das war mein Glück. So konnte ich mir bei flexibler Zeiteinteilung die Vorlesung von zu Hause aus anschauen. Allerdings ist mir nur dieser Einzelfall bekannt. Dabei könnte sich die verstärkte Umsetzung der Idee einer „virtuellen Hochschule" auf die Situation studierender Eltern besonders effektiv auswirken. Für die weiteren Wirtschaftsfächer bleibt mir nur das Selbst-studium. Folglich benötige ich noch mehr Zeit für die Erarbeitung des Lernstof-fes als meine Mitstudenten und das, obwohl ich ohnehin schon viel weniger „freie" Zeit zur Verfügung habe. Das wirkt sich leider auch unerbittlich auf die Prüfungsergebnisse aus. Nicht selten musste und muss ich Prüfungen wiederho-len. Das kostet Nerven und Zeit und hegt so manchen Zweifel. Aber irgendwie klappte es bisher doch. Und wenn ich dann nach Hause komme und die zwei kleinen Mäuschen sehe, weiß ich, warum ich weiterkämpfe. Allerdings sind gute Noten für mich momentan zweitrangig, jedes Bestehen ist für mich ein Erfolg. Diese Einsicht kostete mich einige Überwindung und Tränen, da ich von der Schule und Ausbildung gute Noten gewöhnt war. Aber nun bin ich einfach stolz, dass ich nicht aufgegeben habe und hoffe zu den 30 Prozent zu gehören, die dieses Studium erfolgreich abschließen.

Sicherlich war die erste Zeit mit den zwei Kindern sehr anstrengend und ich fragte mich manchmal, ob wir die richtige Entscheidung getroffen hatten. Aber man wächst mit der Herausforderung, und heute weiß ich, ich würde es wieder so machen! Zugegeben, das Studium liegt momentan brach, aber Planung ist alles! Mittlerweile bin ich in meinem dritten Urlaubssemester und in einem Mo-nat steht wieder eine Wirtschaftsprüfung an. Ich fange schon früh an zu lernen, aber bin mir trotzdem des Erfolges nicht sicher. Aber ab März geht auch die kleine Maja in die Kindertagesstätte und dann kann ich wieder loslegen. Ich studiere länger als der Durchschnitt, aber ich bin eine von wenigen verbliebenen StudentInnen des Jahrganges und wenn man mich lässt, bleibe ich bis zum (Ab-)Schluss!

Aus dem Alltag einer allein erziehenden studentischen Mutter an der Universität München

Michaela Mertens

Morgens. Leise raschelnde Tapser in Richtung meines Bettes. Dann zwei kleine Hände, die in mein Gesicht patschen. Ich öffne ein Auge. Zwei blaue Augen strahlen mich an: „Mama!". Ich linse auf meinen Radiowecker. Warum ich ihn jeden Tag stelle, weiß ich auch nicht so genau, aber es ist ja so, dass die Hoffnung bekanntlich zuletzt stirbt. Halb sieben – hey, sie hat mich direkt schlafen lassen! Immerhin habe ich mich bis nachts um eins mit der Literatur der Ming-Zeit und den Vokabeln von Lektion 44 herumgeschlagen. Das gehört zum Sinologiestudium einfach dazu. „Mama! Aufstehen?". Sie strahlt mir ins Gesicht. „Möcht essen!". Was will man bei dieser Argumentation noch erwidern? Ich stehe auf und mache Frühstück.

Wenn mir vor drei Jahren einer gesagt hätte, wie abhängig ich mal von koffeinhaltigen Heißgetränken sein würde, ich hätte ihn wohl für verrückt erklärt. Aber es hilft nichts, Kind muss angezogen und fertig gemacht werden, ich auch, die Uni ruft. Schnell das Kind in der Kinderkrippe abgeliefert und ab zur U-Bahn. Manchmal sehne ich mich schon zurück, nach der Möglichkeit den Wecker einfach auszuschalten und noch mal zwei oder drei Stunden weiterzuschlafen. Oder nach der Möglichkeit, das Kind einfach einem anwesenden Lebensabschnittspartner in die Hand zu drücken mit den Worten „Mach Du heute mal".

Schlafmangel ist aber erstaunlicherweise ein Zustand, an den man sich gewöhnt. Schwieriger wird es, wenn ich selber mal krank werde. Das ist in den letzten zwei Jahren Gott sei Dank nur zweimal der Fall gewesen, aber wenn man selber z. B. mit Magen-Darm-Grippe im Bett liegt, wird es schwer den Bedürfnissen eines Kindes gerecht zu werden. Gott sei Dank gibt es aber in solchen Fällen hilfsbereite Zeitgenossen. Im letzten Frühjahr habe ich mir auf dem Spielplatz den Knöchel angebrochen und musste Gips tragen. Da es schwierig ist, ein Kind das gerade laufen kann, mit Krücken wieder einzufangen, hatte ich ein echtes Problem. Da erwies sich eine Erzieherin aus der Kinderkrippe als rettender Engel, die meine Tochter auf dem Weg einfach abgeholt hat. Die restliche

Gipszeit konnte ich dann bei meiner Tante verbringen. Wird allerdings das Kind krank (was leider öfter als zwei Mal im Jahr vorkommt), hat man es als Studentin natürlich einigermaßen gut. Kein Arbeitgeber, dem man erklären muss, warum man schon wieder zu Hause bleibt. Das Kind kann in Ruhe auskurieren, während Mama am Telefon hängt, um sich schnell die durchgenommenen Lektionen durchgeben zu lassen. Nachgearbeitet wird dann halt wieder des Nächtens.

Es gibt noch einen Vorteil als Studentin mit Kind: im Chinesisch-Konversationsunterricht habe ich immer viel zu erzählen. Gelegentlich sprechen mich auch Kommilitonen auf meine Tochter an. Ein Satz, der da oft zu hören ist, lautet: „Wie schaffst du das nur alles?" - Manchmal frage ich mich das selber. Ich schaffe ja auch nicht immer alles, mit meinen Vokabeln bin ich gut und gerne drei Lektionen zurück, Schreiben üben sollte ich auch mehr und da waren ja noch Nebenfächer und die Zwischenprüfung, die ich im Sommer auch noch machen wollte.....und so viele Dinge, an die man so eben nebenbei denken soll. Aber ich habe es geschafft: Der Antrag auf Befreiung von den Studiengebühren ist im richtigen Briefkasten, und das sogar innerhalb der richtigen Frist! Mit den Terminen kann man manchmal schon ein wenig den Überblick verlieren. Es ist toll, was man als Studentin mit Kind - nicht nur an der Ludwig-Maximilians-Universität - so alles beantragen kann, aber die Tage rennen manchmal in einem Tempo an mir vorbei, dass ich mir immer nicht sicher bin, wo denn der jeweilige Monat jetzt schon wieder geblieben ist. Nun bin ich schon im fünften Semester und habe das Gefühl doch gerade erst angefangen zu haben. Das Leben als Studentin mit Kind stellt einiges auf den Kopf. Wenn ich manchmal mittags den Radiomoderator ein fröhliches „Guten Morgen liebe Studenten" schmettern höre, bin ich froh, dass selbiger sich nicht in Wurfweite von alten Windeln oder ungebrauchten Skripten befindet. Das Wichtigste, was man als Alleinerziehende dabei lernen muss, ist Prioritäten zu setzen. Das muss vor allem mein Haushalt akzeptieren. Ich schaffe das „Tagesgeschäft" – das Kind hat jeden Tag was zu essen und saubere Klamotten – die Feinheiten allerdings....naja. Meine Erziehungsphilosophie ist allerdings auch darauf ausgelegt, dass grundsätzlich erstmal das Kind glücklich sein muss und dann die Mama, Hausarbeit kann warten. Hier wartet sie dann auch mal etwas länger, aber nachmittags muss ich oft dringender Fangen oder Memory spielen als zu bügeln. Gott sei Dank wird auch von einer Studentin kein perfekter Haushalt erwartet. Dennoch – sollten Sie irgendwo den Ritter auf dem weißen Pferd sehen, der in seinem Budget zufällig auch noch eine Haushaltshilfe hat, lassen sie es mich bitte wissen.

In den letzten Jahren hat sich an den Universitäten Gott sei Dank viel für Studierende mit Kind getan. Fast überall gibt es nun z. B. Wickel- und Stillräume. Ein großer Vorteil ist, dass einem als Studentin oder Student in Bayern mit Kind(ern) unter 10 Jahren nicht nur die Studiengebühren erlassen werden, sondern dass einem auch „Erziehungsurlaub" zusteht. Das bedeutet, man kann sich in den ersten acht Lebensjahren des Kindes bis zu sechs Semester beurlauben lassen und kommt so nicht in Bedrängnis, was z. B. Prüfungsanmeldungen angeht. Das Gute daran ist, dass man in den beurlaubten Semestern - im Gegensatz zu „normalen" Urlaubssemestern - Prüfungen und Scheine schreiben darf. Auch die Studentenwerke tun mehr und mehr für die Studierenden mit Kind. Ich muss gestehen, dass ich als Alleinerziehende ohne den Platz in der Kinderkrippe des Studentenwerks echt aufgeschmissen wäre. Außerdem fühlt sich meine Tochter in der Kinderkrippe des Studentenwerks sehr wohl. Durch das Leben im Studentenwohnheim fremdelt sie fast gar nicht und geht gerne zu den anderen Kindern. Wochenends muss ich ihr sogar erklären, warum heute kein „Kinnagaten" ist. Leider hat man immer noch mit Vorurteilen zu kämpfen, wenn man sein Kind früh in eine Familien ergänzende Betreuung gibt.

Was allerdings mehr und mehr zum Problem wird, sind die Seminare und Kurse, die bis 17.00 Uhr dauern oder sogar noch länger. Hier einen Schein zu erwerben, ist für mich eigentlich unmöglich, da ich nicht die Babysitterkapazitäten habe, die solche Kurse benötigen würden. Oma und Opa wohnen teils am anderen Ende der Stadt, teils ca. 600 km weg. Ein „konventioneller" Babysitter ist finanziell einfach nicht drin, auch der Papa hat nur begrenzt Zeit. Was also tun? Ich kann nur hoffen, dass es zu diesen Zeiten nie ein Pflichtseminar geben wird, dessen Schein ich dringend brauche. Von den ganzen Kursen, die ich einfach gerne hören würde, weil mich die Themen interessieren, reden wir mal nicht. Kind mitnehmen, mag mit den ganz Kleinen ja noch funktionieren – so sie denn viel schlafen – aber mit meinem zweijährigen Quirl ist da auch nicht dran zu denken. Leider verlaufen gute Initiativen in puncto Zeiteinteilung der Uni oder des Studentenwerks immer wieder im Sande, entweder wegen der Kosten oder weil die entsprechenden Räume fehlen oder oder oder.....

In den Nachrichten hört man immer wieder die Aussage: „Die Akademikerinnen bekommen zu wenig Kinder!". Wie ja schon geschrieben, hat es mehrere Vorteile, während des Studiums ein Kind zu bekommen. Leider gibt es auch einen ganz großen Nachteil und das ist der finanzielle Aspekt. Als Studentin rutscht man bei so ziemlich allen Sozialleistungen, wie z. B. ALG II irgendwie durch. BAföG gibt's auch nicht ewig, und ich muss gestehen, dass es

Monate gibt, wo ich ab dem 20. nicht mehr wirklich weiter weiß. Wenn man einen verdienenden Partner im Rücken hat, mag das anders aussehen, als Alleinerziehende ist es leider alles andere als lustig. Man kann sich ja vorstellen, wie weit man mit 154 Euro Kindergeld, 200 Euro Unterhalt, 200 Euro Erziehungsgeld und ein bisschen Wohngeld in München kommt. Nicht allzu weit. Würde ich nicht noch nebenbei in der Uni als HiWi jobben, würde es nicht gehen. Da helfen dann auch alle erwähnten Vorteile nicht weiter.

Das nächste Problem wird sein, eine Arbeit zu finden, die kompatibel zu den normalen Kindergartenöffnungszeiten ist, von der Schulzeit und den knappen Hortplätzen mal ganz zu schweigen. Jünger werde ich auch nicht - und ich werde vermutlich auch kein zweites Kind bekommen, wenn ein neuer Partner in mein Leben tritt, da ich mit einer nochmaligen großen Pause im Lebenslauf dann sämtliche Chancen auf eine Arbeit vermutlich endgültig vergeben würde. Traurig aber wahr.

Ich wünsche mir, es gäbe mehr Möglichkeiten eine größere, bezahlbare Wohnung zu bekommen. Selbst wenn ich mal eine finde, heißt es dann „Allein erziehend mit Kind? Und Studentin?". Dann ist die Wohnung plötzlich doch schon vergeben. So wohnen wir bislang zu zweit in einem Mutter-Kind-Appartement im Studentenwohnheim. Das ist einerseits prima, da es für Münchner Verhältnisse unschlagbar günstig ist, andererseits ist ein Leben zu zweit auf 28 Quadratmetern auch bisweilen anstrengend. Im Sommer ist der Spielplatz unser zweites Wohnzimmer, im Winter müssen bei extrem schlechtem Wetter schon mal meine Flurgenossen damit klarkommen, dass unser Flur in eine Dreirad-Rennstrecke umgewandelt wird. Aber eine Zweijährige hat nun mal Bewegungsdrang, der muss einfach raus. Darüber hinaus stelle ich mir immer wieder die Frage: Warum wird es einem als Studierender mit Kind bei den Behörden so schwer gemacht? Können Arbeitgeber nicht mal anerkennen, was man an „soft skills" so alles erwirbt, wenn man Mutter ist? Mich aus der Ruhe zu bringen, ist mittlerweile echt schwer, auch was Organisationstalent und Teamfähigkeit angeht, macht mir so schnell keiner was vor. Können nicht ein einziges Mal alle Rolltreppen und Lifte in der U-Bahn einfach funktionieren? Kann es nicht mal einen Kinderarzt geben, der Sprechstunde hat, wenn Kinder krank werden (bevorzugt freitagabends)? Und können unsere Politiker nicht auch mal Rücksicht auf Studierende nehmen, wenn sie sich Dinge, wie das Elterngeld einfallen lassen, das Studierende mit Kind finanziell noch schlechter stellt als es eh schon der Fall ist?

Aber trotz allem – ich würde das Geräusch, wenn sich leise raschelnde Tapser morgens in Richtung meines Bettes bewegen, für kein Geld der Welt eintauschen wollen!

Teil 3:

Ausblick auf Forschungsbedarf und Handlungsperspektiven im Themenfeld Studieren mit Kind

Anforderungen an die Forschung

Sabine Sardei-Biermann, Waltraud Cornelißen

1 Einleitung

Befragungen aus den letzten Jahren belegen, dass in der bundesdeutschen Bevölkerung, auch in der jüngeren, die Einstellung vorherrscht, junge Frauen und Männer sollten erst ihre Ausbildung abschließen und einige Jahre in ihrem Beruf arbeiten, bevor sie eine Familie gründen. 85 % der 18- bis 44-Jährigen meinen dies, selbst für den Fall, dass es ausreichende Kinderbetreuungsangebote gäbe (Institut für Demoskopie Allensbach 2004: 25). Auch die Studierenden sind äußerst zurückhaltend, was die Realisierung von Kinderwünschen während des Studiums betrifft: Zwar haben 6 % aller Studierenden Kinder, aber nur 2 % der kinderlosen Studierenden können sich vorstellen, noch während des Studiums ein Kind zu bekommen (Isserstedt u. a. 2004: 314; Middendorff 2003).

Im Zuge der demografischen Entwicklung, insbesondere der anhaltend niedrigen Geburtenrate von Akademikerinnen und Akademikern wird dagegen von Experten immer häufiger die Familiengründung schon während des Studiums als eine viel zu selten realisierte Möglichkeit thematisiert (z. B. im Siebten Familienbericht: Bundesministerium für Familie, Senioren, Frauen und Jugend 2006); einen Vorteil der Familiengründung schon während des Studiums sehen sie darin, dass dann nach dem Studienabschluss, wenn es um Arbeitsplatzsuche und Berufseinstieg geht, nicht gleichzeitig eine Familiengründung ansteht. Man erhofft sich so eine Entzerrung von familienbedingten und berufsbedingten Phasen sehr intensiver Beanspruchung (vgl. den Beitrag von Dressel in diesem Buch). Vor diesem Hintergrund und gestützt durch das Engagement von Gleichstellungsbeauftragten an Hochschulen und der Hertie-Stiftung (vgl. den Beitrag von Bald in diesem Buch) versuchen immer mehr Hochschulen derzeit, ihre Studienbedingungen sukzessive so zu verändern, dass Studierenden die Vereinbarung ihres Studiums mit Elternschaft erleichtert wird. Die unterschiedlichen Positionen im Hinblick auf einen vermeintlich „richtigen" Zeitpunkt für eine Familiengründung und ihre jeweilige Begründung sowie die Veränderungen an den Hochschulen verdienen genauere wissenschaftliche Analysen. In diesem Kontext ist auch die Umstrukturierung des Studiums an Fachhochschulen und

Hochschulen in Bachelor- und Masterstudiengänge, die Studierenden eine
größere Flexibilität bei der Gestaltung ihres Studiums ermöglichen könnten, von
Bedeutung.

2 Aktuelle Studien

Tatsächlich hat sich die sozialwissenschaftliche Forschung in den letzten Jahren
häufiger dem Thema der Vereinbarkeit von Studium und Elternschaft zuge-
wandt. Die vom Hochschul-Informations-System (HIS) regelmäßig durchge-
führte repräsentative Sozialerhebung des Deutschen Studentenwerks (DSW) hat
sich schon 1991 (Kahle 1993) und 2003 (Isserstedt u. a. 2004) mit dieser Thema-
tik befasst; 2002 wurde vom HIS eine gesonderte Studierendenbefragung zum
Thema „Studentische Lebensentwürfe" durchgeführt (Middendorff 2003). Bei
der Sozialerhebung 2006 vom HIS wurde neben der allgemeinen Studierendenbefragung wieder eine Zusatzbefragung bei Studierenden mit Kind durchgeführt;
diese Zusatzbefragung erhebt insbesondere den Bedarf und die Formen der Kinderbetreuung in dieser Gruppe; die Ergebnisse dieser Studie sind 2007 zu erwarten (vgl. den Beitrag von Middendorff in diesem Buch).

Fragen, die sich auf Einstellungen zu Studium, Familie, Beruf und zu deren
Vereinbarkeit beziehen, wurden Studierenden in unterschiedlichen Studien gestellt (Middendorff 2003 sowie in diesem Buch; Sardei-Biermann in diesem
Buch; Bargel/ Multrus/ Ramm 2005). Derzeit wird eine quantitative und qualitative Studie bei Studierenden mit Kind für Baden-Württemberg durchgeführt (vgl.
den Beitrag von Helfferich, Hendel-Kramer und Wehner in diesem Buch). Diese
Studie ist längsschnittlich angelegt und wird deshalb erste Einblicke in den Verlauf des Studiums und die Arbeitsmarktchancen studierender Eltern bieten.

Etliche Hochschulen haben eigene Untersuchungen, zum Teil auch im
Kontext von Modellprojekten und Auditierungsverfahren durchgeführt, um neue
Angebote an dem spezifischen Bedarf der Studierenden ihrer Hochschule und an
ihren jeweiligen lokalen Bedingungen auszurichten (vgl. z. B. die Beiträge in
diesem Buch: für die beiden Hochschulen in Gießen von Müller, für die Universität Bamberg von Franke, für die Universität Heidelberg von Speck, für das
Studentenwerk München bzw. die Ludwig-Maximilians-Universität München
von Mittring; vgl. auch Blanckenburg 2006). Einige weitere Studien über Studierende mit Kindern liegen vor: Kurscheid (2005) hat eine qualitative und quantitative Untersuchung zur Lebenslage Kölner Studierender und insbesondere

Studierender mit Kind durchgeführt. Sellner (2003) hat in einer qualitativen Studie Frauen retrospektiv befragt, die an einer Wiener Universität studiert und während des Studiums Kinder bekommen haben.

3 Forschungsbedarf

Es wäre wünschenswert, dass sich zunehmend mehr Hochschulen mit den Möglichkeiten einer Verbesserung ihrer Studien- und Arbeitsbedingungen unter dem Gesichtspunkt der Vereinbarkeit mit Elternschaft befassen und in diesem Kontext auch eigene Studien durchführen, um bedarfsgerechte Angebote zu entwickeln. Neben Analysen der Bedingungen für Studierende mit Kind an den jeweiligen Hochschulen bzw. Hochschulstandorten fehlt derzeit aber auch ein Überblick über die Bedingungen für studierende Eltern in den unterschiedlichen Bundesländern bzw. in Deutschland insgesamt. Es ist zur Zeit nicht bekannt, was der politische Diskurs der letzten Jahre an den Hochschulen insgesamt bewegt hat und was sich inzwischen für studierende Eltern möglicherweise verbessert hat. Solange eine solche Bestandsaufnahme für Deutschland fehlt, könnte es als voreilig betrachtet werden, Empfehlungen für eine Familiengründung während des Studiums auszusprechen. Studierende Eltern könnten mit einer erheblichen Verlängerung ihres Studiums, einem Studienabbruch und zusätzlichen Schwierigkeiten beim Einstieg in den Beruf konfrontiert werden. Dies gilt umso mehr als die Studiendauer in Deutschland ohnehin schon zu den längsten in Europa gehört (Konsortium Bildungsberichterstattung 2006: 111) und alles dafür spricht, dass die Verantwortung für Kinder in der Regel zu einer (weiteren) Verlängerung des Studiums führt (Middendorff in diesem Buch). Was die Studienabbruchquoten betrifft, liegt Deutschland im europäischen Mittelfeld. Immerhin ein Viertel aller Studierenden in Deutschland bricht sein Studium ab, bisher Männer häufiger als Frauen (Konsortium Bildungsberichterstattung 2006: 112 und 275; Heublein u. a. 2005). Wie gefährdet die Fortsetzung des Studiums gerade bei studierenden Müttern sein kann, deutet sich in deren Erfahrungsberichten an (Bäumer, Gottwald und Mertens in diesem Buch). Von den Studienabbrecherinnen mit Kind in Westdeutschland, sind es fast die Hälfte, die die Unvereinbarkeit von Studium und Kinderbetreuung als entscheidenden Grund für ihren Studienabbruch angeben, in Ostdeutschland sind dies ein Fünftel (Heublein u. a. 2003: 87ff). Auch auf die Verzögerung des beruflichen Einstiegs, jedenfalls von Hochschulabsolventinnen, die Kinder haben, gibt es Hinweise (Heine 2002: 266f).

Es wäre also sinnvoll, den derzeitigen Stand der Vereinbarkeit von Studium und Elternschaft in Deutschland bundesweit zu untersuchen. Dazu wäre einerseits eine Analyse der Lebenssituation und -bedingungen studierender Eltern und eine Problem- und Bedarfsanalyse aus ihrer Sicht erforderlich; andererseits wäre dafür auch eine Bestandsaufnahme der jeweiligen institutionellen Rahmenbedingungen des Studierens mit Kind wichtig. Würden diese beiden Analyseebenen in einer Untersuchung berücksichtigt, könnte besser geklärt werden, welche der eingeleiteten Maßnahmen von studierenden Eltern positiv bewertet werden und welche ihrem Bedarf kaum entsprechen. Auch könnte sichtbar gemacht werden, welche der noch ausstehenden Maßnahmen und Angebote ihnen besonders fehlen.

Bei denjenigen Hochschulen, die an dem Auditierungsverfahren der Hertie-Stiftung teilgenommen haben bzw. teilnehmen, werden die eingeleiteten Maßnahmen an jeder einzelnen Hochschule dokumentiert; eine Synopse dieser Maßnahmen an den auditierten Hochschulen liegt allerdings noch nicht vor (vgl. den Beitrag von Bald in diesem Buch). Auch bleibt bisher unklar, ob und wie diese Maßnahmen zur Vereinbarkeit von Studium und Elternschaft beitragen und wie sich dies für studierende Eltern auswirkt (vgl. ebd.). Objektive Indikatoren wie die relative Verkürzung der Studiendauer und die relative Verringerung von Studienabbruchquoten von Eltern könnten ebenso einen Hinweis auf Verbesserungen der Studienbedingungen für Eltern bieten wie Befragungen von studierenden Eltern zu ihren Studienbedingungen und zu ihrer Studien- und Lebenszufriedenheit. Beides liegt unseres Wissens für die auditierten Hochschulen bisher nicht vor. Bei Analysen der Studiendauer könnte zu Vergleichszwecken auf die amtliche Hochschulstatistik zurückgegriffen werden (Statistisches Bundesamt 2006), bei Untersuchungen zu den Studienabbruchquoten auf Berechnungen sowie die repräsentative Studienabbruchstudie des Hochschul-Informations-Systems HIS (Heublein u. a. 2003; Heublein u. a. 2005).

In Empfehlungen für eine Familiengründung während des Studiums wird gelegentlich argumentiert, dies würde den Berufseinstieg *nicht* erschweren, sondern könnte ihn sogar erleichtern. Gleichzeitig gibt es allerdings Hinweise darauf, dass der Übergang in den Beruf, jedenfalls bei Hochschulabsolventinnen mit Kind, verzögert erfolgt (Heine 2002: 266f). Um diese Diskrepanz aufzuklären, wären Studien wichtig, die den Berufseinstieg und die berufliche Entwicklung von jungen Frauen und Männern verfolgen, die während ihres Studiums Eltern geworden sind und Studium und Elternschaft tatsächlich vereinbart haben. Lässt sich in solchen Studien zeigen, dass Elternschaft für die Arbeitsmarktintegration eher förderlich ist – z. B. weil die Familienphase mit

kleinen Kindern bereits abgeschlossen ist und/ oder weil die in der Familie er-
worbenen Kompetenzen als arbeitsmarktrelevante Sozialkompetenzen anerkannt
werden? Oder ist Elternschaft für die Arbeitsmarktintegration eher hinderlich –
z. B. weil die Möglichkeiten der Mobilität und Arbeitsplatzsuche, etwa über
Praktika, durch eine eigene Familie eingeschränkt werden? Oder ist vielmehr
Elternschaft für den Berufseinstieg weitgehend indifferent – z. B. weil für ihn die
fachlichen Qualifikationen der jungen Frauen und Männer und der jeweilige
Bedarf am Arbeitsmarkt ausschlaggebend sind? Erste Ergebnisse hierzu liegen in
der qualitativen Studie von Sellner (2003) vor, die sich allerdings nur auf sehr
wenige Frauen bezieht; dabei wird gezeigt, dass unter insgesamt optimalen Bedingungen (bzgl. einer gleichberechtigten Partnerschaft, ausreichender Kinderbetreuung, der Akzeptanz von Kindern an der Universität, der finanziellen
Absicherung, einer gelingenden Berufseinmündung etc.) ‚Studieren mit Kind'
als Lebensmodell von einigen Frauen einer Familiengründung während der Berufstätigkeit vorgezogen wird; bei weniger guten Bedingungen kann ein solches
Lebensmodell aber auch zu ausbildungs- und berufsbezogenen Einschränkungen
und Nachteilen und zur Anpassung beruflicher Vorstellungen an familiäre Erfordernisse führen.

Zu untersuchen wäre auch, ob die in der wissenschaftlichen und politischen
Diskussion vermuteten Effekte der Entzerrung in der „rush hour of life" auch im
Erleben der jungen Erwachsenen selbst zum Tragen kommen. Es wäre also z. B.
zu fragen, ob Studentinnen und Studenten unter den gegenwärtigen Bedingungen
ihr Studium und das Zusammenleben mit Kindern tatsächlich subjektiv zufrieden
stellender realisieren können als es für Akademikerinnen und Akademiker in den
ersten Berufsjahren im Hinblick auf Beruf und Kinder möglich ist. Dabei wäre
auch zu untersuchen, ob die häufig nachteiligen Folgen einer Familiengründung
für die berufliche Entwicklung von Frauen während der Ausbildungsphase besser vermieden werden können als es in der Berufseinstiegsphase der Fall ist.

Die Einführung der Bachelor- und Masterstudiengänge und die damit ein-
hergehende weitgehende Veränderung der Studienbedingungen an Fachhochschulen und Hochschulen bedarf intensiver wissenschaftlicher Forschung, auch
im Hinblick auf die Möglichkeiten einer Vereinbarung von Studium und Elternschaft. Der Stand dieser Hochschulreform, die 1999 begann, ist derzeit bereits
recht fortgeschritten: im Wintersemester 2006/ 2007 führen fast die Hälfte der
Studiengänge an den Hochschulen in Deutschland zu den Abschlüssen Bachelor
oder Master (Hochschulrektorenkonferenz 2006); von den Studienberechtigten
des Jahrgangs 2005, die ein Studium aufgenommen haben bzw. es für die Zukunft sicher planen, sind es bereits ca. ein Viertel, die einen Bachelorstudiengang

absolvieren (werden) (Heine u. a. 2006); dies wird durch die amtliche Hochschulstatistik für das Wintersemester 2005/ 2006 bestätigt (Hochschulrektorenkonferenz 2006). Für die nächsten Jahre ist von einer starken Zunahme der Studierenden in Bachelor- und Masterstudiengängen auszugehen. Es kann einerseits
vermutet werden, dass die durchgehend stärkere Strukturierung der Studienab-
läufe in den neuen Studiengängen eher zu weiteren Belastungen für studierende
Eltern führt. Dies wird noch verstärkt, wenn studierenden Eltern die Studiengebühren nur teilweise erlassen werden, wie z. B. in Hessen (Ebcinoglu 2006).
Andererseits wird mit der Modularisierung und auch mit der Einführung von
Teilzeitstudiengängen möglicherweise mehr Flexibilität bei der Studiengestaltung gewährt. Gelegentlich wird von Experten darauf verwiesen, dass zwischen
dem Abschluss eines Bachelorstudiums und dem Beginn eines Masterstudien-
gangs – sofern gewünscht – eine Familiengründung realisierbar sein könnte und
die neuen Studienphasen eine andere Art der Lebenslaufgestaltung ermöglichen
(vgl. z. B. Dressel in diesem Buch).

Wie aber junge Frauen und Männer mit Hochschulreife die veränderten
Studienbedingungen in ihre Lebensplanung integrieren und ob sie dabei von
herkömmlichen Einstellungen im Hinblick auf Berufseintritt und Familiengründung abweichen, ist bisher noch nicht untersucht worden. Sehen sie in den ge-
stuften Studiengängen Chancen für eine bessere Vereinbarung ihrer ausbildungs-
und berufsbezogenen Entwicklung mit dem Aufbau einer eigenen Familie? Wie
gehen sie mit den neuen Möglichkeiten um? Planen sie für sich, wie bisher
üblich, erst den Abschluss ihres Studiums, dann den Eintritt in den Beruf und
eine Familiengründung allenfalls erst nach den ersten Berufsjahren und auf der
Basis einer gesicherten Berufsposition? Ob es vermehrt junge Frauen sein
werden, die – u. a. im Blick auf eine eigene Familie – die Gelegenheit für einen
früheren Berufseintritt wahrnehmen und ihr Studium nicht mit einem Masterstu-
diengang fortsetzen, kann gegenwärtig noch nicht realistisch abgeschätzt
werden.[1] Ob sie damit – im Vergleich zu Hochschulabsolventinnen und
-absolventen mit einem Masterabschluss – eingeschränkte Möglichkeiten für

---

1 Der Anteil der Masterabschlüsse an den Hochschulabschlüssen insgesamt beträgt im Prüfungsjahr
   2005 (Wintersemester 2004/ 2005 und Sommersemester 2005) mit 4 % nur einen sehr geringen
   Prozentsatz; bei diesen Abschlüssen sind Frauen mit einem Anteil von 41 % deutlich unterreprä-
   sentiert (Hochschulrektorenkonferenz 2006). Dabei ist allerdings zu berücksichtigen, dass bisher
   nicht alle Studienfächer bei der Umstellung auf die neuen Abschlüsse gleichermaßen beteiligt
   sind; darüber hinaus entspricht die Gruppe der Absolventinnen bzw. -absolventen mit Masterabschluss bisher noch nicht dem Durchschnitt der Hochschulabsolventinnen bzw. -absolventen insgesamt (Willand 2005). Neuere Daten, die bisher noch nicht vorliegen, werden in dieser Hinsicht
   bessere Aufschlüsse ermöglichen.

ihre berufliche Entwicklung in Kauf nehmen, kann bisher ebenso wenig beurteilt werden. Derzeit beträgt der Frauenanteil bei den Studierenden im ersten Semester, bei den Studierenden insgesamt und bei den Hochschulabsolventinnen bzw. -absolventen insgesamt fast 50 % (Bildungsministerium für Bildung und Forschung 2005; Konsortium Bildungsberichterstattung 2006; Statistisches Bundesamt 2006); ob die Hochschulreform in dieser Hinsicht wieder zu neuen (alten) Geschlechterungleichheiten beiträgt, wird sich zeigen. Ob bei dieser Gruppe der Hochqualifizierten im Zuge der Hochschulreform neue Muster der Lebenslaufgestaltung entstehen, wird zu untersuchen sein. Es wäre denkbar, dass studierende Mütter und Väter in den Masterstudiengängen durchaus häufiger vertreten sind. Ob die Einführung der neuen Bachelor- und Masterstudiengänge zu einer Verringerung der Studienabbruchquoten, auch derjenigen von studierenden Müttern und Vätern, beiträgt, wird ebenfalls festzustellen sein. Diese Fragen bedürfen eingehender wissenschaftlicher Analyse.

Literatur

Bargel, Tino/ Multrus, Frank/ Ramm, Michael (2005): Studiensituation und studentische Orientierungen. 9. Studierendensurvey an Universitäten und Fachhochschulen. Bundesministerium für Bildung und Forschung (Hrsg.). Bonn, Berlin

Blanckenburg, Christine von (2006): Familienfreundliche Hochschule als Katalysator regionaler Entwicklung: Integration sektoraler Forschungsbefunde. Hochschule Magdeburg Stendal. Nexus Institut für Kooperationsmanagement und interdisziplinäre Forschung

Bundesministerium für Bildung und Forschung (Hrsg.) (2005): Grund- und Strukturdaten 2005. Berlin

Bundesministerium für Familie, Senioren, Frauen und Jugend (Hrsg.) (2006): Familie zwischen Flexibilität und Verlässlichkeit. Perspektiven für eine lebenslaufbezogene Familienpolitik. Siebter Familienbericht. Bundestagsdrucksache 16/ 1360. Berlin

Ebcinoglu, Fatma (2006): Die Einführung allgemeiner Studiengebühren in Deutschland. Entwicklungsstand, Ähnlichkeiten und Unterschiede der Gebührenmodelle der Länder. HIS Hochschul-Informations-System. Kurzinformation A4. Hannover

Heine, Christoph (2002): HIS Ergebnisspiegel 2002. hrsg. von Hochschul-Informations-System. Hannover

Heine, Christoph/ Spangenberg, Heike/ Sommer, Dieter (2006): Bachelor-Studiengänge aus Sicht studienberechtigter SchulabgängerInnen. Akzeptanz und Auswirkungen auf die Studierbereitschaft. HIS Hochschul-Informations-System: Forum Hochschule 4. Hannover

Heublein, Ulrich/ Schmelzer, Robert/ Sommer, Dieter (2005): Studienabbruchstudie 2005. Die Studienabbrecherquoten in den Fächergruppen und Studienbereichen der Universitäten und Fachhochschulen. HIS Hochschul-Informations-System. Kurzinformation A1. Hannover

Hochschulrektorenkonferenz [HRK] (Hrsg.) (2006): Statistische Daten zur Einführung von Bachelor- und Masterstudiengängen. Wintersemester 2006/ 2007. Statistiken zur Hochschulpolitik 2. Bonn

Institut für Demoskopie Allensbach (2004): Einflussfaktoren auf die Geburtenrate. Ergebnisse einer Repräsentativbefragung der 18- bis 44jährigen Bevölkerung. Allensbach am Bodensee

Isserstedt, Wolfgang/ Middendorff, Elke/ Weber, Steffen/ Schnitzer, Klaus/ Wolter, Andrä (2004): Die wirtschaftliche und soziale Lage der Studierenden in der Bundesrepublik Deutschland 2003. 17. Sozialerhebung des Deutschen Studentenwerks durchgeführt durch HIS Hochschul-Informations-System. Bundesministerium für Bildung und Forschung (Hrsg.). Bonn, Berlin

Kahle, Irene (1993): Studierende mit Kindern. Die Studiensituation sowie die wirtschaftliche und soziale Lage der Studierenden mit Kindern in der Bundesrepublik Deutschland. Hochschulplanung, Band 97, hrsg. von HIS Hochschul-Informations-System. Hannover

Konsortium Bildungsberichterstattung (Hrsg.) (2006): Bildung in Deutschland. Ein indikatorengestützter Bericht mit einer Analyse zu Bildung und Migration. Bielefeld

Kurscheid, Clarissa (2005): Das Problem der Vereinbarkeit von Studium und Familie. Eine empirische Studie zur Lebenslage Kölner Studierender. Münster: LIT VERLAG

Middendorff, Elke (2003): Kinder eingeplant? Lebensentwürfe Studierender und ihre Einstellung zum Studium mit Kind. Befunde einer Befragung des HISBUS-Online-Panels im November/ Dezember 2002. HIS Hochschul-Informations-System. Kurzinformation A4. Hannover

Sellner, Marie (2003): Studieren mit Kind – Chancen und Risiken. Eine theoretische und empirische Untersuchung über „Studieren mit Kind" als Lebensmodell, in seiner Bedeutung für die Studienzeit und den Berufsverlauf. Frankfurt a. M.: Peter Lang Europäischer Verlag der Wissenschaften

Statistisches Bundesamt (Hrsg.) (2006): Bildung und Kultur. Nichtmonetäre hochschulstatistische Kennzahlen. 1980-2005. Fachserie 11, Reihe 4.3.1. Wiesbaden Verfügbar unter: www.destatis.de/shop

Willand, Ilka (2005): Bachelor und Master: Aktuelle Entwicklungen an deutschen Hochschulen. In: Wirtschaft und Statistik, Heft 4, S. 372-381

Handlungsperspektiven in der Praxis[1]

Silke Grunenberg, Agnes Speck

Studieren mit Kind ist kein Leben mit Handicap, wie es so viele Studierende, die keine Kinder haben, begreifen. Im Gegenteil, studierende Eltern zählen, wenn man sie nach der Vereinbarkeit von Studium und Familie fragt, eine Reihe von maßgeschneiderten Unterstützungsangeboten für ihre Lebenssituation auf. Denn genau betrachtet, gibt es bereits sehr viele Hilfen und Leistungen, die die Familiengründung im Studium erleichtern. An erster Stelle nennen studierende Eltern die Flexibilität ihrer Lebensgestaltung und Studienorganisation. Außerdem ist wohl kaum eine andere Phase im Leben so kinderfreundlich - Stichwort: Semesterferien. Während der Vorlesungszeit gibt es an vielen Hochschulen bereits sehr gute und flexible Kinderbetreuungsangebote. Auch beim Erbringen von Studienleistungen gibt es für Eltern Erleichterungen. Die Möglichkeit, Prüfungszeiten flexibel zu gestalten, sehen alle Hochschulgesetze bereits vor. An einigen Hochschulen gibt es darüber hinaus die Möglichkeit eines Teilzeitstudiums. Zudem müssen Studierende mit Kindern keine Studiengebühren bezahlen und auch die staatlichen Unterstützungsleistungen für die Familie sind höher als bei Arbeitnehmern.

Die Familiengründung während des Studiums kann beim Einstieg in das Berufsleben ein Wettbewerbsvorteil sein. Denn wenn die „Kinderlosen" damit beginnen über das „Kinderkriegen" nachzudenken, haben diejenigen, die ihre Kinder im Studium bekommen haben, die zeitintensivste Phase der Kinderbetreuung bereits hinter sich. Wer Examen und Kinder hat, könnte einem Arbeitgeber besonders attraktiv erscheinen, weil er/ sie Belastbarkeit und Flexibilität schon unter Beweis gestellt hat. Es gibt also weniger praktische Hindernisse beim Studium mit Kindern als gemeinhin angenommen wird. Es ist vielmehr eine Einstellungsfrage, ob man die Studienzeit als geeignet für die Familiengründung ansieht. Positive Lebensmodelle, in denen Studium und Elternschaft vereinbart werden, sind allerdings zu wenig sichtbar.

---

1 Der Beitrag verbindet eine Standortbestimmung mit dem Ausblick auf konkrete nächste Schritte. Die praktischen Anregungen werden größtenteils ausführlich in den Artikeln des Buches behandelt.

Die Leistungen der Hochschulen, die familienfreundliche Studienbedingungen erlauben, lassen sich in drei Worten beschreiben: betreuen, beraten, informieren. Obwohl bereits Vieles getan wird, sind ein Ausbau der bestehenden Unterstützungsangebote und eine Reaktion auf die immer stringenter werdenden Studienbedingungen nötig.

Die bestehenden *Kinderbetreuungsangebote* müssen vielerorts noch erweitert werden. Ihre Öffnungszeiten sollten sich an den täglichen Vorlesungszeiten orientieren, Angebote von Ferienbetreuung und Betreuung in Notfallsituationen (etwa Krankheit der Eltern) fehlen oft.

Auch die *Studienorganisation* kann elternfreundlicher gestaltet werden. Die Modularisierung des Studiums und der Leistungsnachweise sollten für Eltern flexibilisiert werden und das Teilzeitstudium aus Familiengründen an allen Hochschulen möglich sein. Zumindest sollte es die Möglichkeit zur zeitlichen Aufteilung von Prüfungsleistungen geben. Wenn Leistungsnachweise in Urlaubssemestern erbracht werden können, so erleichtert dies Eltern eine flexiblere Zeitorganisation. Diese Möglichkeit wird vor allem von Müttern sehr kleiner Kinder genutzt. Die Verstärkung des Angebots von Online-Seminaren würde für Eltern ebenfalls die Zeitplanung erleichtern – diese Seminare lassen sich auch mit im Nebenzimmer spielenden Kindern absolvieren. Im Falle der Krankheit eines Kindes sollte die Verlängerung von Fristen unbürokratisch möglich sein. Auch sollten die Anwesenheitsregelungen für Lehrveranstaltungen die Krankheit eines Kindes berücksichtigen und sie der Krankheit von Studierenden gleich stellen.

Eine *Verbesserung der Vernetzung* von Einrichtungen und Angeboten für Eltern und Kinder steht an vielen Hochschulen noch aus. Die Koordinierung von Initiativen und Aktivitäten ist die Voraussetzung dafür, dass für die unterschiedlichen Bedarfssituationen von Studierenden mit Kind jeweils passgenaue Angebote bereit gehalten werden können. Service und Angebote, Treffen und Termine müssen allerdings auch gut kommuniziert werden – das kann an vielen Hochschulen noch besser werden, so zeigt jedenfalls ein Blick auf die Internetseiten.

Eine wichtige Zeit, in der studierende Eltern von Seiten der Hochschulen bisher wenig unterstützt werden, ist die Zeit des *Übergangs vom Studium in den Beruf*. Das Angebot, die Kinderbetreuung während der Bewerbungszeit weiter nutzen zu können, würde hier helfen.

Die *familienorientierte Infrastruktur* ist von Hochschule zu Hochschule sehr unterschiedlich. Auf jeden Fall aber sind die kinderfreundlichen Angebote ein wichtiges Signal: Familien sind erwünscht! Viele Eltern wünschen sich Kindertische und Spielecken in der Mensa, damit sie mit ihren Kindern mittendrin bleiben können und nicht in Sonderräume ausweichen müssen. Spielplätze auf dem Campusgelände würden die Kinder ebenfalls in das Hochschulleben einbeziehen.

Bei der *Rückzahlung der Studienkredite* sollte der Rückzahlungsbetrag mit einem Familienfaktor berechnet werden.

Auch die *studierenden Eltern* selbst können sich das Leben gegenseitig und miteinander erleichtern. Etwa indem sie sich (besser) miteinander vernetzen, sich im Alltag ganz praktisch unterstützen oder die für ihre Situation spezifischen Informationen austauschen. Gelegentlich ist zu beobachten, dass bestehende Angebote der Hochschulen nicht genutzt werden. Das birgt allerdings die Gefahr der Einstellung universitärer Unterstützungsleistungen. Studierende Eltern sollten ihre Kompetenzen in das Hochschulleben einbringen und die Hochschulen bei ihren Projekten und Initiativen für das Studium mit Kind aktiv beraten.

AutorInnenverzeichnis

Christine Bald, M.A.
Studium der Ethnologie, Psychologie und Biologie an der Universität Freiburg
Wissenschaftliche Mitarbeiterin im Projekt Audit Familiengerechte Hochschule
an der Universität Trier (2001-2004); seit 2004 freiberufliche Unternehmensberaterin und lizenzierte Auditorin
Kontaktadresse:
Organisationsberatung Beruf/ Studium & Familie
Wissenschaftspark Petrisberg
Max-Planck-Str. 6
54296 Trier
Tel.: 0651/ 81009-830
E-Mail: bald@familienaudit.de

Julia Bäumer
Studium der Volkswirtschaftslehre an der Universität Heidelberg
E-Mail: julia-f-baeumer@gmx.de

Waltraud Cornelißen, PD Dr. rer. pol.
Studium der Soziologie
Leiterin der Forschungsgruppe: Gender und Lebensplanung am Deutschen Jugendinstitut in München
Forschungsschwerpunkte: Geschlechterforschung, Berufs- und familienbedingte
Entwicklungen im jungen Erwachsenenalter, Geschlecht und Bildung
Kontaktadresse:
Deutsches Jugendinstitut e. V.
Nockherstr. 2
81541 München
E-Mail: cornelissen@dji.de

Kathrin Dressel, Dipl.-Soziologin
Wissenschaftliche Mitarbeiterin am Institut für Arbeitsmarkt- und Berufsforschung der Bundesagentur für Arbeit (IAB)
Forschungsgebiete: Bildungssoziologie, Soziologie sozialer Ungleichheit
Kontaktadresse:
Institut für Arbeitsmarkt- und Berufsforschung
Regensburger Straße 104
90478 Nürnberg
Tel.: 0911/ 179-3152
Fax: 0911/ 179-3296
E-Mail: Kathrin.Dressel@iab.de

Sibylla Flügge, Prof. Dr.
Fachhochschule Frankfurt am Main, Fachbereich Soziale Arbeit und Gesundheit
Lehrgebiete: Recht der Frau, Familienrecht, Forschungsgebiete: Geschichte der Rechte von Frauen, feministische Rechtspolitik
Kontaktadresse:
FH Frankfurt am Main
Nibelungenplatz 1
60318 Frankfurt
Tel.: 069-1533-2424/ -2822
Fax: 1533-2425
E-Mail: fluegge@fb4.fh-frankfurt.de

Katrin Fox, Dipl.-Soziologin
Wissenschaftliche Mitarbeiterin am Deutschen Jugendinstitut in München
Forschungsschwerpunkt: Studieren mit Kind
Kontaktadresse:
Deutsches Jugendinstitut e. V.
Nockherstr. 2
81541 München
E-Mail: fox@dji.de

Sabine Franke
Studentin der Otto-Friedrich-Universität Bamberg, angehende Diplom-Soziolo-
gin (Abschluss im März 2007)
Studentische Hilfskraft am Staatsinstitut für Familienforschung (ifb)
Forschungsgebiete: Vereinbarkeit von Familie und Beruf bzw. Studium, Famili-
engründung im Studium
Kontaktadresse:
Staatsinstitut für Familienforschung
Heinrichsdamm 4
96047 Bamberg
E-Mail: sabine.franke@yahoo.de
E-Mail: harald.rost@ifb.uni-bamberg.de (Projektleiter)

Marita Gottwald
Studentin der Wirtschaftsmathematik an der Universität Magdeburg
E-Mail: Maritchen@freenet.de

Silke Grunenberg, Dipl.-Päd.
Lehrerin in Ausbildung an einer Fachschule für Sozialpädagogik
Kontaktadresse:
Hauptstrasse 42
69117 Heidelberg
E-Mail: studiummitkind@yahoo.de

Cornelia Helfferich, Prof. Dr.
Professorin für Soziologie und Prorektorin an der Evangelischen Fachhoch-
schule-Hochschule für Soziale Arbeit, Religionspädagogik und Diakonie sowie
Leiterin des Sozialwissenschaftlichen FrauenForschungsInstitut (SoFFI K.)
Forschungsschwerpunkte: Lebenslauf- und Biografieforschung, Familienpla-
nung, Sexualität und Körper Gesundheit und Krankheit, Gender Mainstreaming,
Gewalt, Sucht und Suchtprävention, Soziale Problemlagen
Kontaktadresse:
SoFFI K. – Ev. Fachhochschule
Bugginger Str. 38
79114 Freiburg
E-Mail: helfferich@efh-freiburg.de

Anneliese Hendel-Kramer, M.A.
Wissenschaftliche Mitarbeiterin am Sozialwissenschaftlichen FrauenForschungs-
Institut (SoFFI K.)
Arbeitsschwerpunkte: spezifische Lebenslagen, psychosoziale und gesund-
heitliche Belastungen von Frauen, demographische Entwicklung
Kontaktadresse:
SoFFI K. – Ev. Fachhochschule
Bugginger Str. 38
79114 Freiburg
E-Mail: hendel@efh-freiburg.de

Michaela Mertens
Zweitstudium der Sinologie an der LMU München
E-Mail: michaela.mertens@stusta.de

Elke Middendorff, Dr. phil.
Wissenschaftliche Mitarbeiterin am Hochschul-Informations-System Hannover
(HIS), Abteilung Hochschulforschung, Arbeitsbereich Studentenforschung
Projekte: Sozialerhebung, Europäische Sozialerhebung EUROSTUDENT
Arbeitsschwerpunkte: soziale Ungleichheiten beim Hochschulzugang, Erwerbs-
tätigkeit/ Zeitbudget Studierender, Beratungs- und Informationsbedarf Studie-
render, Studierende mit Kind, Frauen im Studium
Kontaktadresse:
HIS Hochschul-Informations-System
Postfach 2920
30029 Hannover
E-Mail: middendorff@his.de

Beate Mittring, Dipl.-Sozialpädagogin (FH)
Referentin für den Bereich "Studieren mit Kind" beim Studentenwerk München
Kontaktadresse:
Studentenwerk München
Leopoldstraße 15
80802 München
E-Mail: beate.mittring@studentenwerk.mhn.de

Ines Müller, Dipl. oec. troph.
Wissenschaftliche Mitarbeiterin im Modellprojekt "Studieren und Forschen mit Kind" an der Professur für Wirtschaftslehre des Privathaushalts und Familien- wissenschaft, Institut für Wirtschaftslehre des Haushalts und Verbrauchsfor- schung an der Justus-Liebig-Universität Gießen
Forschungsgebiete: Alltagsgestaltung von studierenden und promovierenden Eltern und ihre Rahmenbedingungen, Möglichkeiten der Umsetzung vereinbar- keitsunterstützender Maßnahmen an den Hochschulen und in der Stadt Gießen, Evaluation dieser Maßnahmen
Kontaktadresse:
Bismarckstraße 37
35390 Gießen
Tel.: 0641/ 99-39332
E-Mail: ines.mueller@haushalt.uni-giessen.de

Sabine Sardei-Biermann, Dr. rer. pol.
Diplom-Soziologin; Wissenschaftliche Referentin am Deutschen Jugendinstitut
Forschungsgebiete: Lebensverhältnisse Jugendlicher und junger Erwachsener, Geschlechterforschung, sozialer Wandel
Kontaktadresse:
Deutsches Jugendinstitut e. V.
Nockherstr. 2
81541 München
Tel.: 089/ 62306-242
E-Mail: sardei@dji.de

Agnes Speck, Dr. phil.
Gleichstellungsreferentin an der Universität Heidelberg
Kontaktadresse:
Gleichstellungsbüro Universität Heidelberg
Hauptstrasse 126
69117 Heidelberg
E-Mail: Agnes.Speck@urz.uni-heidelberg.de

Kurt Starke, Prof. Dr. habil.
Soziologe, Sexualwissenschaftler, freiberuflich tätig
Leiter der Forschungsstelle Partner- und Sexualforschung Leipzig, Forschungs-
direktor am Zentralinstitut für Jugendforschung Leipzig (bis zur Schließung
1990), Abteilungsleiter Studentenforschung, dann Abteilungsleiter Partner- und
Sexualforschung
Kontaktadresse:
Reudnitzer Str. 6A
04758 Zeuckritz
Tel./ Fax: 034361/ 55860
E-Mail: kurtstarke@gmx.de

Nina Wehner, M.A.
Studium der Soziologie und Germanistik in Freiburg und Berlin
Wissenschaftliche Mitarbeiterin am Sozialwissenschaftlichen FrauenForschungs-
Institut (SoFFI K.)
Seit Oktober 2005 Kollegiatin im Graduiertenkolleg „Gender in Motion" an der
Universität Basel
Forschungsgebiete: „Familiengründung im Studium" und „Familiengründungs-
prozesse von Studierenden" (Promotionsarbeit)
Kontaktadresse:
SoFFI K. – Ev. Fachhochschule
Bugginger Str. 38
79114 Freiburg
E-Mail: fast@efh-freiburg.de

Neu im Programm
Soziale Arbeit

Fabian Kessl / Christian Reutlinger /
Holger Ziegler (Hrsg.)

Erziehung zur Armut?

Soziale Arbeit und die ‚neue Unterschicht'
2007. ca. 130 S. Br. ca. EUR 16,90
ISBN 978-3-531-15389-6

Die ‚neue Unterschicht' ist entdeckt und
die Erziehung dieser prekarisierten
Gesellschaftsmitglieder wird gefordert.
Fachexpertinnen aus Erziehungswissen-
schaft und Sozialpädagogik gehen in diesem Band der Frage nach, wie angemessen eine solche Diagnose der ‚neuen
Unterschicht' und der damit verbundene
Therapievorschlag einer Erziehung zur
Armut ist: Wie wird hier soziale Ungleichheit in einer veränderten Form zum
Gegenstand? Welche Herausforderungen
sind damit für die Soziale Arbeit verbunden?

Bernd Dollinger / Wolfgang Schröer /
Carsten Müller (Hrsg.),

Die sozialpädagogische
Erziehung des Bürgers

Entwürfe zur Konstitution der modernen
Gesellschaft
2007. ca. 300 S. Br. ca. EUR 26,90
ISBN 978-3-531-15253-0

Seit einigen Jahren wird ausgiebig über
die ‚Bürgergesellschaft' und deren Stär-
kung als Kernproblem der (Sozial-)Päd-

agogik diskutiert. Sehr unterschiedliche
Konzepte prallen hierbei aufeinander.
In dem Sammelband werden die derzeit
diskutierten Modelle historisch rekonstru-
iert und eine Grundlage für die derzeitigen Diskussionen zur Verfügung gestellt.
Um den Entstehungszusammenhang der
modernen Bürgergesellschaft zu erschließen, werden historisch gewordene Konzepte aus dem 19. und 20. Jahrhundert
vorgestellt.

Margeritha Zander / Luise Hartwig /
Irma Jansen (Hrsg.)

Geschlecht Nebensache?

Zur Aktualität einer Gender-Perspektive
in der Sozialen Arbeit
2006. 349 S. Br. EUR 29,90
ISBN 978-3-531-14947-9

Gender, bisher ein Themenfeld unter vielen in den Strukturbeschreibungen Sozialer Arbeit, wird in der vorliegenden
Publikation arbeitsfeldbezogen ausdiffe-
renziert. Die Autorinnen und Autoren stellen thematische Grundlagen und praktische Handlungsanforderungen ins Zentrum einer geschlechterdifferenzierenden
Analyse der Jugendhilfe und der Sozialen
Arbeit mit Erwachsenen.

www.vs-verlag.de

VS VERLAG FÜR SOZIALWISSENSCHAFTEN

Abraham-Lincoln-Straße 46
65189 Wiesbaden
Tel. 0611.7878 - 722
Fax 0611.7878 - 400

Neu im Programm
Bildungswissenschaft

Bernd Dollinger
Klassiker der Pädagogik
Die Bildung der modernen Gesellschaft
2006. 376 S. Br. EUR 26,90
ISBN 978-3-531-14873-1

Von Rousseau bis Herbart, über Diester-
weg, Natorp, Nohl und Mollenhauer bis
Luhmann werden in diesem Band die
Grundlegungen der Pädagogik der
modernen Gesellschaft dargestellt.

Neben einer biografischen Orientierung
im jeweiligen soziokulturellen Kontext
werden die zentralen Aussagen der klas-
sisch gewordenen pädagogischen Akteure dokumentiert. Ergänzt werden die Por-
traits um die Perspektiven, wie sie jeweils
zur sozialen Erziehung entwickelt wurden.

Wissenschaftlich aktuell wird das Buch
durch die Berücksichtigung von Foucault,
Bourdieu und Luhmann als pädagogische
Klassiker der modernisierten Moderne.
Eine kommentierte Literaturauswahl am
Ende jeden Beitrags leitet zu einer vertie-
fenden Arbeit an.

Norbert Ricken
Die Ordnung der Bildung
Beiträge zu einer Genealogie der Bildung
2006. 383 S. Br. EUR 39,90
ISBN 978-3-531-15235-6

Dass Bildung und Macht miteinander
zusammenhängen und einander bedin-
gen, ist offensichtlich; wie aber das Verhältnis beider genauer justiert werden
muss, ist weithin umstritten und oszilliert
meist zwischen Widerspruch und Funkti-
onsbedingung. Vor diesem Hintergrund
unternehmen die Studien zur Ordnung
der Bildung eine machttheoretische Lek-
türe der Idee der Bildung und eröffnen
einen irritierenden Blick in die Macht der
Bildung.

Kernstück ist dabei eine Auseinandersetzung mit den Überlegungen Michel Fou-
caults, in der Bildung als eine spezifische
Strategie der ‚Führung der Führungen'
(Foucault) gelesen und insofern als eine
der zentralen modernen Mechanismen
der Formation von Subjektivität analysiert
wird.

Christian Palentien / Carsten Rohlfs /
Marius Topor (Hrsg.)
Kompetenz-Bildung
Soziale, emotionale und
kommunikative Kompetenzen von
Kindern und Jugendlichen
2008. ca. 280 S. Br. ca. EUR 28,90
ISBN 978-3-531-15404-6

Marius Topor / Christian Palentin /
Carsten Rohlfs (Hrsg.)
Perspektiven der Bildung
Kinder und Jugendliche in formellen,
nicht-formellen und informellen Bildungs-
prozessen
2007. ca. 270 S. Br. ca. EUR 29,90
ISBN 978-3-531-15335-3

Erhältlich im Buchhandel oder beim Verlag.
Änderungen vorbehalten. Stand: Januar 2007.

www.vs-verlag.de

VS VERLAG FÜR SOZIALWISSENSCHAFTEN

Abraham-Lincoln-Straße 46
65189 Wiesbaden
Tel. 0611.7878-722
Fax 0611.7878-400

If you have any concerns about our products,
you can contact us on
ProductSafety@springernature.com

In case Publisher is established outside the EU,
the EU authorized representative is:
**Springer Nature Customer Service Center GmbH
Europaplatz 3, 69115 Heidelberg, Germany**

Printed by Libri Plureos GmbH
in Hamburg, Germany